52주 여행,
초록이 꽃피는
충청도 532

52주 여행,
초록이 꽃피는 충청도 532

2022년 9월 22일 1판 1쇄 인쇄
2022년 10월 3일 1판 1쇄 발행

지은이 김보현, 김건우, 김주용
펴낸이 이상훈
펴낸곳 책밥
주소 03986 서울시 마포구 동교로23길 116 3층
전화 번호 02-582-6707
팩스 번호 02-335-6702
홈페이지 www.bookisbab.co.kr
등록 2007.1.31. 제313-2007-126호

기획·진행 박미정, 권경자
디자인 디자인허브

ISBN 979-11-90641-83-8 (13980)
정가 23,000원

ⓒ 김보현, 김건우, 김주용 2022

이 책은 저작권법에 따라 보호를 받는 저작물이므로 무단전재와 무단복제를 금합니다.
이 책 내용의 전부 또는 일부를 사용하려면 반드시 저작권자와 출판사에 동의를 받아야 합니다.

책밥은 (주)오렌지페이퍼의 출판 브랜드입니다.

52주 여행,
초록이 꽃피는
충청도 532

161개의 스팟 · 매주 1개의 추천 코스 · 월별 2박 3일 코스와 스페셜 여행지 소개

김보현, 김건우, 김주용 지음

책밥

TRAVEL IN CHUNGCHEONG-DO 52WEEK

머리말

"오늘부터 회사를 그만두고 자유롭게 살 거야!!"

그렇게 나는 잘나가던 외국계 회사 홍보팀 과장에서 여행자 킴보로 새롭게 태어났다. 몇 해 전 수술 때문에 생긴 건강 문제와 계속되는 업무 스트레스로 내 삶에 변화가 필요했다. 회사와 서울을 떠나 충청살이를 시작하기까지는 그리 오래 걸리지 않았다. '역시 우리는 어디론가 떠나는 건 잘한단 말이야'라며 스스로 칭찬하기까지 했다. 새로운 삶의 터전을 충청도로 정한 이유는 간단했다. 여전히 서울로 출근해야 하는 남편에게 충청도는 KTX로 출퇴근이 가능한 곳이었고, 자유롭게 여행하고 싶은 나에게는 충청도가 우리나라 정중앙에 위치해 있어 전라도나 경상도, 그 외 어디로든 여행하기에 적격이었기 때문이다. 그리고 무엇보다도 복잡한 서울과 경쟁에서 벗어나 아들을 자유롭게 살게 하고 싶었다. 그렇게 우리 가족의 충청살이 아니 충청도 여행이 시작되었다.

처음 충청도로 이사하고 우리 동네부터 알아야겠다는 마음으로 충청도 이곳저곳을 다녔다. 어쩌면 서울에 살면서 퇴화한 운전실력 때문에 장거리 운전이 어려워 충청도 여행에 집중했던 것은 아닐까 싶다. 주중에는 혼자 혹은 친구들과, 주말에는 가족과 함께 부지런히 충청도 이곳저곳을 돌아봤다. 사람들이 회사로 출근할 때 나는 충청도 곳곳으로 출근했다. 몇 해 동안 다녔던 충청도 여행 기록이 차곡차곡 쌓여 이제는 충청도 여행하면 여기, 이 계절에는 어디를 꼭 가 봐야 하는지 자신 있게 추천할 수 있을 정도가 되었다. 이 책은 그런 경험들을 바탕으로 1년 52주 동안 충청도를 여행한다는 상상을 바탕으로 준비했다. 5~6년 된 자료를 살펴보기도 했지만 요즘 트렌드에 맞는 여행을 이야기하기 위해 노력했다.

이 책을 읽는 사람들의 모든 52주가 최고의 한 주가 되도록 최고의 날, 최고의 장소를 찾아 소개하는 것이 이 책의 가장 중요한 미션이었다. 이 책의 목차를 정하면서 '이 계절 아니 이번 주에는 여기'에 갈 수 있도록 콕 집어 알려줘야 한다는 것이 매우 큰 부담이었다. 하지만 충청도가 가진 수많은 명소의 가장 아름다운 순간을 소개하고 싶었고, 이를 위해 그동안 모아둔 사진 자료 중 최근 5년 치의 평균을 내어 매주 최고의 장소를 정하게 되었다. 5년 이상의 기록을 토대로 통계를 낸 것이기에 정확도가 비교적 높지만 날씨와 환경은 달라질 수 있으니 적어도 1~2주 전 미리 SNS를 통해 그곳을 검색 또는 확인하여 최고로 아름다운 풍경을 맞이하길 바란다.

지역별 유명 관광지보다 사소한 풍경에 집착하는 여행스타일도 책을 만드는데 어려운 점이었다. 여행지를 가면 대표 여행지부터 가야겠지만 들판의 꽃과 나무가 어우러지는 풍경에 더 마음이 가는 취향 때문에 남들이 모두 가는 대표 여행지는 가보지 않은 곳이 많았다. 소소한 풍경에 감동하는 나의 마음과 취향이 이 책을 선택한 독자들과 통했길 기대해 본다.

느린 여행을 즐기는 나로서는 제한된 시간에 다시 한 번 충남, 충북, 대전, 세종을 돌아보는 것도 도전이었다. 그러나 아들과 남편이 함께였기에 기동력이 생기고 동선을 정하기가 수월했다. 책을 쓰느라 한동안 멈추었던 가족 주말여행을 다시 시작하면서 느림보 여행자에게도 속도가 붙었던 것이다. 사춘기를 맞아 방에서 나오지 않던 아들은 여행이라는 공통 관심사를 이야기하며 조금은 수월한 사춘기를 보내고 있다. 물론 아직도 사춘기는 진행형이다. 중년의 우울증을 겪고 있던 남편과 나도 가족여행으로 자연스럽게 흘려보낼 수 있었다. 확실히 여행은 그 어떤 치료제보다 효과적이었다.

충청도는 수도권에서 가까운 여행지지만 그동안 주목받지 못했다. 일몰이 아름다운 서해는 동해에 밀리고 한류 문화의 원조인 공주·부여의 백제문화는 경주의 신라문화에 밀려 소외된 여행지였다. 심지어 일부 도시는 노잼 도시라고 셀프 디스하며 볼거리가 없는 도시로 홍보하기도 했다. 제대로 평가받지 못한 충청도를 소개하다 보면 '이렇게 좋은 곳이 왜 알려지지 않았을까'라는 생각을 하게 된다. 다르게 말하면 충청도 여행은 숨은 보석을 찾는 즐거움이 있다. 그래서 어쩌면 52주 여행 시리즈 중 충청도 편이 가장 마지막으로 나오게 된 것이 아닐까 생각해 본다.

몇 해 동안 참아왔던 여행을 다시 떠날 수 있게 된 지금 이 책이 함께할 수 있어 감격스럽고 행복하다. 책을 읽고 충청도뿐만 아니라 마음속의 여행 욕구가 다시 살아나기를 기대해 본다. 이번 주말 어디로 떠날지 고민할 때 이 책을 보며 쉽게 목적지를 정하고 당신의 여행에 이 책이 작은 나침반이 될 수 있다면 책을 쓴 작가로서 감사하고 행복할 것이다.

어느 가을날
김보현, 김건우, 김주용 드림

TRAVEL IN CHUNGCHEONG-DO 52WEEK

이 책의 구성

52주 동안의 여행을 시작하기 전에 이 책의 구성을 상세히 소개합니다.

1주~52주까지 한 주를 표시한다. 매 주는 최소 2~3개의 볼거리 스팟과 먹거리 스팟 1개, 함께 가면 좋은 여행 코스 1개로 구성된다. 각 스팟은 주소, 가는 법(대중교통), 운영시간, 전화번호, 홈페이지 등의 정보와 함께 소개글, 사진을 수록했다. 더불어 주의할 점과 저자가 개인적으로 강조하고 싶은 여행 포인트 등을 팁으로 구성했다.

각 스팟마다 함께 즐기면 좋을 주변 볼거리·먹거리를 사진 및 정보와 함께 간단히 소개했다. 따라서 스팟 하나만 골라서 떠나도 당일 여행 코스로 손색없다. 단, 다른 주의 스팟에서 소개한 볼거리·먹거리와 중복될 경우엔 장소 이름과 해당 장소가 소개된 페이지, 간략한 정보만 기재했다. 처음 등장하는 새로운 곳일 경우 소개글과 함께 정보를 기입했다.

추천 코스는 효율적으로 테마 여행을 떠날 수 있도록 소개했다. 책에서 소개한 스팟이 포함되어 있는 것도 있고 전혀 새로운 여행지만으로 코스를 짠 것도 있다. 1코스에서 2코스, 2코스에서 3코스로 이동하는 교통편(대중교통 또는 자동차 이용 시 소요시간) 정보를 기입했다.
스페셜 페이지는 본문에서 다루지 못한 충청도의 또 다른 이야기를 담았다.

월별 코스를 소개하는 것으로 한 달간의 여행이 끝난다. 그달에 떠나면 좋을 최적의 여행지를 2박 3일 코스로 도식화하여 한눈에 보여주고, 오른쪽에는 해당 코스에 포함된 여행지의 모습을 사진으로 소개한다.

| 일러두기 |
이 책에 수록한 모든 여행지는 2022년 10월 기준의 정보로 작성되었습니다. 따라서 추후 변동 여부에 따라 대중교통 노선 및 여행지의 입장료, 음식 가격 등의 실제 정보는 책의 내용과 다를 수 있음을 밝힙니다.

TRAVEL IN CHUNGCHEONG-DO 52WEEK

어디에서 찍어도
작품이 되는 사진 명소

일출이 아름다운 곳에서 한 컷

계룡산
36p

왜목마을
38p

대청호 용꼬리
41p

중앙탑사적공원
54p

흑성산
101p

장군봉
326p

구봉산
336p

진악산
338p

오서산
344p

노성산
393p

일몰이 아름다운 곳에서 또 한 컷

간월암
44p

청벽산
242p

대동하늘공원
53p

옥녀봉
82p

성흥산성
90p

보령충청수영성
108p

정북동 토성
182p

장항송림산림욕장
276p

부석사
308p

어사리노을공원
409p

궁리포구
409p

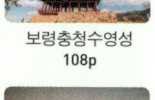
속동전망대
409p

백마강
330p

신성리갈대밭
380p

선도리갯벌마을
381p

춘장대해수욕장
381p

인생 사진 찍으러 떠나는 여행

진천 이팝길 185p   보강천 미루나무숲 185p   대전한밭수목원 186p   파도리해수욕장 264p   제천비행장 275p   연미산자연미술공원 292p

미르섬 294p   청산수목원 306p   유구천 핑크뮬리 311p   장태산자연휴양림 370p   온빛자연휴양림 372p   논산선샤인랜드 386p

아찔하게 전망 좋은 곳

예당호출렁다리 75p   월영산출렁다리 153p   옥순봉출렁다리 321p   천장호출렁다리 332p   탑정호출렁다리 291p   보령충청수영성 108p

만천하스카이워크 240p   공주정지산 백제유적 247p   정방사 250p   장항스카이워크 전망대 277p   식장산전망대 286p   옥마산전망대 297p

한반도지형 전망공원 137p   남당노을전망대 404p   청풍호반케이블카 204p

TRAVEL IN CHUNGCHEONG-DO 52WEEK

꽃놀이하기 좋은 충청도

봄을 맞는 꽃놀이 여행

종학당 112p
서산유기방가옥 118p
마량리동백나무숲 120p
자운대 목련길 125p
카이스트 125p
충청남도역사박물관 130p

테미오래와 테미공원 132p
문암생태공원 141p
홍성거북이마을 142p
코리아플라워파크 148p
홍도마을 153p
옥천금강수변 친수공원 156p

영평사 154p
계화예술공원 159p
개심사 166p
문수사 171p
운산초등학교 171p

꽃구경은 여름이지~

유구색동수국정원 210p
야리숫대마을 218p
조천연꽃공원 222p
아미미술관 228p
삼선산수목원 229p
외암민속마을 230p

팜카밀레 234p
해바라기올래정원 235p
합덕제 236p
궁남지 244p
돈암서원 248p
충곡서원 249p

종학당 253p
장항송림산림욕장 276p
나문재카페 232p

결실의 계절 가을의 꽃놀이

추정리메밀꽃
300p

성주산자연휴양림
318p

신안리핑크뮬리
323p

영평사
329p

백마강
330p

TRAVEL IN CHUNGCHEONG-DO 52WEEK

책과 함께하는
색다른 여행

숲속작은책방
76p

단비책방
78p

오래된미래
80p

블루프린트북
81p

가가책방
81p

책방세간
92p

나태주풀꽃문학관
233p

이월서가
252p

국립세종도서관
270p

세종지혜의숲
271p

김홍신문학관
291p

안녕책
347p

강경산소금문학관
296p

TRAVEL IN CHUNGCHEONG-DO 52WEEK

역사와 문화유적을 찾아 떠나는
시간여행

문화 감성을 채우는 여행

연산문화창고
102p

서산창작예술촌
146p

아미미술관
228p

국립현대미술관
청주 375p

이응노의집
397p

역사탐방으로 떠나는 여행

독립기념관
100p

노근리평화공원
198p

국립공주박물관
247p

태안마애삼존불
269p

부여왕릉원
246p

읍성과 산성으로 떠나는 여행

상단산성
141p

홍주읍성
169p

온달산성
201p

해미읍성
302p

삼년산성
359p

고즈넉한 고택과 서원으로 떠나는 여행

동춘당
106p

현충사
111p

종학당
112p

추사 김정희선생
고택 122p

돈암서원
248p

충곡서원
249p

문헌서원
266p

명재고택
392p

충청의 고대 및 근대로의 시간 여행

강경구락부
86p

논산선사인랜드
386p

온달관광지
388p

백제문화단지
390p

TRAVEL IN CHUNGCHEONG-DO 52WEEK

산과 바다가 있는
자연으로 떠나는 여행

또 다른 매력의 서해로 떠나는 여행

웅도
84p

원산도
258p

꽃지해수욕장
260p

파도리해수욕장
264p

대천해수욕장
297p

춘장대해수욕장
381p

호수와 강을 만날 수 있는 곳

초평호
137p

청풍호반케이블카
204p

글루글루
214p

게으른악어
274p

단양 잔도길
188p

초록 가득한 산으로 떠나자

소백산
200p

두타산 삼형제봉
136p

백월산
168p

제비봉
206p

설화산
231p

광덕산
281p

연미산
293p

옥순봉과 구담봉
320p

팔봉산
324p

칠갑산
332p

오서산
344p

숨 쉬는 것만으로도 힐링이 되는 곳

세계꽃식물원 70p 국립생태원 288p 국립세종수목원 398p 금강자연휴양림 177p 성불산자연휴양림 208p 산막이옛길 278p

보령무궁화수목원 297p 영인산자연휴양림 356p 만뢰산자연생태공원 175p

온 세상이 알록달록 단풍 여행

청라은행마을 342p 배론성지 347p 마곡사 352p 법주사 354p 신원사 357p 갑사 357p

말티재 358p 석종사 360p 독립기념관 단풍나무숲길 363p 현충사곡교천 은행나무길 364p 항천사 366p 공세리성당 369p

현충사 369p 장태산자연휴양림 370p 온빛자연휴양림 372p

눈 내리면 꼭 가야 하는 곳

 소백산 48p
 대둔산 50p
 중앙탑사적공원 54p
 예산성당 72p
 명재고택 392p
 홍예공원 397p
 이응노의집 397p

이국적인 풍경을 만나는 곳

 태안 신두리 해안사구 42p
 고수동굴 49p
 청양알프스마을 60p
 교토리 147p
 천북폐목장 청보리밭 159p
 서산한우목장 171p
 보발재 179p
 수생식물학습원 298p
 금강보행교 (이응다리) 382p

TRAVEL IN CHUNGCHEONG-DO 52WEEK

마음의 평안을 찾는 여행

희망의 성지순례

천주교
진산성지성당 51p

강경성당
87p

천주교황새바위
순교성지 131p

해미읍성
302p

해미순교성지
303p

수리치골성지
311p

솔뫼성지
335p

합덕성당
335p

신리성지
335p

배론성지
347p

아름다운 사찰 여행

동학사
37p

비암사
79p

신원사
114p

각원사
144p

안면암
149p

갑사
150p

금강사
151p

보석사
153p

개심사
166p

보탑사
174p

구인사
178p

정방사
250p

수덕사
268p

광덕사
281p

장곡사
333p

마곡사
352p

법주사
354p

석종사
360p

향천사
366p

TRAVEL IN CHUNGCHEONG-DO 52WEEK

세상 힙한
아이템이 가득한 곳

감성 가득한 카페

수월옥
89p

모디스트임팩트
222p

해피준 카페
265p

카페 림즈
328p

오아시스
385p

구름한조각
390p

브루어스커피
403p

야외공간이 아름다운 카페

토성마을
184p

아르떼물들이다
184p

백설농부
181p

뭐하농하우스
208p

카페모월
309p

카페블루레이크
322p

멋스러움 가득한 한옥 카페

한옥카페 지은
40p

인유카페
71p

간양길카페
123p

카페이와
202p

카페 인주
401p

규모마저 남다른 대형 카페

커피인터뷰 파도리
43p

우유창고
47p

아레피
74p

카페피어라
158p

카페 내재
177p

핀스커피
190p

카페산
216p

나문재카페
232p

카페학현리
238p

원산창고
263p

롤스퀘어
280p

화진담
281p

공간태리
334p

듀레베이커리
361p

로드1950카페
402p

특별함이 가득한 로스터리 카페

하우프
209p

쿠로가베로스터리
337p

미스터브루쓰
340p

TRAVEL IN CHUNGCHEONG-DO 52WEEK

이번엔
먹방 여행이닷!

세월을 품은 노포식당을 찾아

 할머니집 52p
 개천식당 53p
 60년전통 예산장터국밥 73p
 서울식당 77p
 청화집 105p
 봉용불고기 183p

 딴뚝통나무집식당 261p
 단골닭강정 341p
 영동옥 346p

색다른 즐거움을 주는 면식 여행

 엄마손포장마차 39p
 강경해물칼국수 83p
 오양손칼국수 109p
 황해원 159p
 월악칡냉면 202p
 금성제면소 215p

 매향 262p
 신태루 269p
 원미면옥 287p
 영성각 305p
 남포집 319p
 장원막국수 331p

 장순루 357p
 은진손칼국수 387p
 신관짬뽕 391p
 동해원 391p
 청운식당 391p
 정통옥수사 403p

국물이 생각날 땐 국밥로드

충남집순대 105p 오문창순대국밥 107p 원조연산할머니순대 191p 국일순대 396p 영동옥 346p 60년전통 예산장터국밥 73p

신선한 바다의 맛을 찾아서

천북 굴단지 46p 굴비체머무르다 58p 청해회수산 110p 영광횟집 121p 원풍식당 328p 딴뚝통나무집식당 261p

맛있게먹는날 325p

소박하지만 건강한 빵을 찾아 빵지순례

할머니 학화호도과자 104p 갓골빵집 143p 뚜쥬루 빵돌가마마을 310p 성심당 368p

1
일출, 눈꽃, 빙벽 그리고 겨울 바다
월의 충청도

| CONTENTS |

1 week
일출과 함께 한 해를 시작해요

SPOT 1	충청남도 제일의 명산에서 일출을 **계룡산 일출**	36
SPOT 2	서해에서도 일출을 볼 수 있다 **왜목마을 일출**	38
SPOT 3	떡국 맛집은 바로 여기 **한국음식**	40
추천 코스	겨울 대청호 풍경	41

2 week
겨울 바다의 선물

SPOT 1	우리나라에도 사막이 있다 **태안 신두리 해안사구**	42
SPOT 2	바닷물이 밀려오면 섬이 되는 사찰 **간월암**	44
SPOT 3	추운 겨울 굴구이의 유혹 **천북 굴단지**	46
추천 코스	겨울철 천북 돌아보기	47

3 week
눈꽃 세상

SPOT 1	꽃보다 아름다운 눈꽃을 보러 떠나자 **소백산 눈꽃 산행**	48
SPOT 2	케이블카를 타고 만나는 눈꽃 **대둔산 눈꽃 산행**	50
SPOT 3	50년을 지켜온 그 맛 **할머니집**	52
추천 코스	대전 도심의 겨울	53

4 week
겨울에도 볼거리는 많다

SPOT 1	물안개와 일출을 동시에 **중앙탑사적공원**	54
SPOT 2	아찔한 출렁다리와 물돌이마을 **수주팔봉**	56
SPOT 3	내륙에서 만나는 굴요리 맛집 **굴비체머무르다**	58
추천 코스	추운 겨울을 즐기는 법	59

5 week
겨울왕국으로의 초대

SPOT 1	빙벽과 눈썰매를 즐기자 **청양알프스마을**	60
SPOT 2	폭포가 꽁꽁 얼어도 괜찮아 **수옥폭포**	62
SPOT 3	저수지를 품은 카페 **카페엔학고레**	64
추천 코스	이색체험으로 색다른 겨울을 즐기는 법	65

2박 3일 코스 일출을 보며 새해를 맞는 일출여행   66

2 월의 충청도
겨울과 봄의 공존

6 week
겨울과 봄 사이
SPOT 1	추운 날에는 따뜻한 온실로 **세계꽃식물원**	70
SPOT 2	눈 내리는 날 가고 싶은 곳 **예산성당**	72
SPOT 3	예술 작품 같은 건물 **아레피**	74
추천 코스	예산에 눈이 내리면 가기 좋은 곳	75

7 week
아직은 추워 책방여행
SPOT 1	우리나라 최초의 가정식 서점 **숲속작은책방**	76
SPOT 2	세종시 1호 독립출판 서점 **단비책방**	78
SPOT 3	학교 앞 자전거포의 변신 **오래된미래**	80
추천 코스	공주 책방 투어	81

8 week
강경으로 떠나는 근대역사여행
SPOT 1	일몰이 아름다운 곳 **옥녀봉**	82
SPOT 2	하루 두 번 바다에 잠기는 다리로 이어지는 섬 **웅도**	84
SPOT 3	1900년대로 타임슬립 **강경구락부**	86
추천 코스	걸어서 즐기는 강경근대화여행	87

9 week
과거와 레트로의 공존
SPOT 1	청년들의 도시 재생으로 힙하게 다시 태어난 마을 **규암마을(자온길)**	88
SPOT 2	하트나무가 있다? 없다? **성흥산성**	90
SPOT 3	자온길 프로젝트의 시작 **책방세간**	92
추천 코스	규암마을 돌아보기	93

| SPECIAL | 레트로 감성여행 | 94 |
| 2박 3일 코스 | 겨울과 봄 사이 레트로여행 | 96 |

3 월의 충청도
봄꽃으로 설레는 마음

10 week
잊지 말자! 대한독립만세!

SPOT 1	역사를 잊은 자 미래는 없다 **독립기념관**	100
SPOT 2	논산의 새로운 문화 공간 **연산문화창고**	102
SPOT 3	휴게소 호두과자와 비교하지 말라 **할머니 학화호도과자**	104
추천 코스	병천순대국밥 베스트 3	105

11 week
봄의 시작은 매화 향기로부터

SPOT 1	대전에서 가장 먼저 만나는 봄 **동춘당**	106
SPOT 2	성곽길을 따라 걸으며 바다를 한눈에 **보령충청수영성**	108
SPOT 3	보령의 맛을 풀코스로 즐기자 **청해회수산**	110
추천 코스	아산의 봄	111

12 week
짙어지는 매화향

SPOT 1	논산에서 가장 먼저 봄이 찾아오는 곳 **종학당**	112
SPOT 2	계룡산을 품은 사찰 아래 매화가 가득 **신원사**	114
SPOT 3	진한 멸치 육수와 쫄깃한 면발의 우동 **영광이네**	116
추천 코스	대전에서 봄맞이	117

13 week
꽃과 함께 봄이 왔나봄

SPOT 1	노란 별들이 가득한 고택의 봄 **서산유기방가옥**	118
SPOT 2	충청남도에서 만나는 동백군락지 **마량리동백나무숲**	120
SPOT 3	수선화와 매화가 아름다운 **추사 김정희선생 고택**	122
SPOT 4	예산에서 맛보는 돼지곱창 **할머니곱창**	124
추천 코스	대전의 꽃은 목련이다	125

2박 3일 코스 독립운동가의 발자취를 따라서 ... 126

4월의 충청도

우리, 꽃길만 걸어요

14 week

벚꽃으로 화려해지는 도시

SPOT 1	100년 세월을 품은 벚꽃 **충청남도역사박물관**	130
SPOT 2	수도산 전체를 뒤덮은 벚꽃 **테미오래와 테미공원**	132
SPOT 3	테라스에 앉아 소제동 벚꽃 구경 **블루부코**	134
추천 코스	공주 벚꽃 명소	135

15 week

진달래꽃 피는 계절

SPOT 1	충청북도 진달래 등산은 여기로 **두타산삼형제봉**	136
SPOT 2	천년을 이어온 돌다리 **진천농다리**	138
SPOT 3	전국에서 찾는 순대곱창전골 **김천식당**	140
추천 코스	청주의 봄꽃 여행	141

16 week

늦게 만나는 봄꽃

SPOT 1	수선화와 벚꽃이 가득한 시간이 천천히 흐르는 마을 **홍성거북이마을**	142
SPOT 2	수양벚꽃과 겹벚꽃을 볼 수 있는 곳 **각원사**	144
SPOT 3	가로림만 해양 정원이 앞마당 **카페만조**	146
추천 코스	천안의 알프스 돌아보기	147

17 week

화려해지는 봄 풍경 속 인생 사진

SPOT 1	형형색색 튤립 물결 **코리아플라워파크**	148
SPOT 2	황매화가 가득한 사찰의 봄 **갑사**	150
SPOT 3	배꽃 가득한 과수원 카페 **카페이목**	152
추천 코스	금산에 물들다	153

18 week

파스텔색 꽃들로 물드는 산과 들

SPOT 1	겹벚꽃과 철쭉이 가득한 산사 **영평사**	154
SPOT 2	금강변을 가득 채운 유채꽃 **옥천금강수변친수공원**	156
SPOT 3	청보리와 겹벚꽃의 콜라보 **카페피어라**	158
추천 코스	보령의 늦은 봄 풍경	159

| SPECIAL | 우리 동네 특별한 벚꽃 | 160 |
| 2박 3일 코스 | 벚꽃으로 물드는 꽃세상 | 162 |

5 월의 충청도
연둣빛 낭만으로 전하는 충청의 봄

19 week
늦게까지 봄을 누릴 수 있는 곳
SPOT 1	겹벚꽃과 철쭉이 가득한 산사 **개심사**	166
SPOT 2	백월산에서 만나는 비밀의 화원 **백월산**	168
SPOT 3	당진의 토속음식 꺼먹지 **아미여울농가**	170
추천 코스	이국적인 서산을 만나다	171

20 week
5월은 가정의 달
SPOT 1	목장도 구경하고 놀이공원도 가고 **벨포레**	172
SPOT 2	작은 연등과 불두화가 가득한 **보탑사**	174
SPOT 3	보랏빛 등나무꽃이 계곡 따라 가득한 **동학사 식당가**	176
추천 코스	금강을 따라 만나는 5월의 풍경	177

21 week
부처님오신날의 산사여행
SPOT 1	웅장한 사찰 **구인사**	178
SPOT 2	들판 가득 파란 물결 **아그로랜드태신목장**	180
SPOT 3	일출과 일몰을 볼 수 있는 곳 **정북동 토성**	182
SPOT 4	샤스타데이지와 오두막의 만남 **토성마을**	184
추천 코스	진천과 증평의 새로운 발견	185

22 week
계절의 여왕 인생 사진을 남기다
SPOT 1	아담한 장미원이지만 인생 사진 포인트가 가득 **대전한밭수목원**	186
SPOT 2	남한강의 암벽을 따라 걷는 아찔한 산책로 **단양 잔도길**	188
SPOT 3	커피도 마시고 밀밭도 구경하고 **핀스커피**	190
추천 코스	논산 초여름 즐기기	191

| SPECIAL | 이색학교 | 192 |
| 2박 3일 코스 | 서위스라 불리는 서산 | 194 |

6월의 충청도
짙어지는 녹음, 싱그러운 초여름 정취

23 week
장미와 철쭉이 피는 계절
SPOT 1	아름답지만 슬픈 역사를 품은 **노근리평화공원**	198
SPOT 2	6월에 피는 철쭉 가득한 **소백산**	200
SPOT 3	이것은 짬뽕인가? 냉면인가? **월악칡냉면**	202
|추천 코스| 세종의 장미원을 만나다	203

24 week
산과 청풍호가 어우러지는 풍경
SPOT 1	청풍호를 한눈에 내려다볼 수 있는 곳 **청풍호반케이블카**	204
SPOT 2	젊은 여행자들을 등산하게 만드는 곳 **제비봉**	206
SPOT 3	괴산에서 찾은 리틀 포레스트 **뭐하농하우스**	208
|추천 코스| 금강을 따라 즐기는 세종	209

25 week
수국수국해지는 계절
SPOT 1	충청권에서 만나는 다양한 수국 **유구색동수국정원**	210
SPOT 2	하늘을 나는 기분은 바로 이런 것 **단양패러글라이딩**	212
SPOT 3	청풍호를 오롯이 품은 카페 **글루글루**	214
SPOT 4	하늘과 맞닿은 카페 **카페산**	216
|추천 코스| 태안의 초여름	217

26 week
능소화가 피는 계절
SPOT 1	능소화와 깜찍한 벽화를 만나는 마을 **야화리솟대마을**	218
SPOT 2	시원한 와인터널 속에서 만나는 영동의 와인 **영동와인터널**	220
SPOT 3	조치원에서 만나는 힙한 감성 카페 **모디스트임팩트**	222
|추천 코스| 연꽃 보고 조치원 원도심 여행까지	223

2박 3일 코스	제천으로 떠나는 웰니스여행	224

7월의 충청도
더워도 나갈 수밖에 없는 이유

27 week
더위도 이기는 꽃놀이
- SPOT 1 미술관으로 다시 태어난 폐교 **아미미술관** ... 228
- SPOT 2 돌담 너머 만나는 정겨운 마을 **외암민속마을** ... 230
- SPOT 3 정원이 아름다운 카페 **나문재카페** ... 232
- | 추천 코스 | 공주 원도심에서 만나는 능소화 ... 233

28 week
더워져야 만날 수 있는 꽃들의 향연
- SPOT 1 태안에서 최고의 수국을 만날 수 있는 곳 **팜카밀레** ... 234
- SPOT 2 무더워져야 활짝 피는 연꽃 **합덕제** ... 236
- SPOT 3 제대로 된 미국식 바비큐를 맛보자 **카우보이그릴** ... 238
- | 추천 코스 | 도고를 돌아보자 ... 239

29 week
높이 올라가 내려다보자
- SPOT 1 단양을 한눈에 내려다보는 **만천하스카이워크** ... 240
- SPOT 2 금강 너머 일몰과 인생 사진 **청벽산** ... 242
- SPOT 3 충청남도에서 연꽃은 여기 **궁남지** ... 244
- SPOT 4 영양밥으로 건강하게 **연잎담** ... 246
- | 추천 코스 | 공주의 여름 ... 247

30 week
고택과 서원으로 떠나는 배롱투어
- SPOT 1 유네스코 지정 서원 **돈암서원** ... 248
- SPOT 2 청풍호를 내려다보는 사찰 **정방사** ... 250
- SPOT 3 산속 아름다운 북카페 **이월서가** ... 252
- | 추천 코스 | 논산 배롱나무 코스 ... 253

| 2박 3일 코스 | 날아올라 단양여행 ... 254

8 여름 휴가는 충청도에서
월의 충청도

31 week
여름 휴가는 충청남도 바다로
SPOT 1	더 이상 섬이 아닌 섬 **원산도**	258
SPOT 2	밤과 낮이 매력적인 바다 **꽃지해수욕장**	260
SPOT 3	100% 메밀로 만든 평양냉면 **매향**	262
|추천 코스|	원산도 즐기기	263

32 week
산과 바다에서 맞는 여름 휴가
SPOT 1	서해가 이렇게 맑다고? **파도리해수욕장**	264
SPOT 2	서천 서원에서 만나는 배롱나무꽃 **문헌서원**	266
SPOT 3	건강한 산채정식 **산촌식당**	268
|추천 코스|	태안의 여름	269

33 week
무더운 여름을 보내는 방법
SPOT 1	무더운 여름엔 북캉스 **국립세종도서관**	270
SPOT 2	낮과 밤이 매력적인 저수지 **의림지**	272
SPOT 3	악어섬을 내려다보며 먹는 라면 **게으른악어**	274
|추천 코스|	제천 도심의 여름	275

34 week
여름 끝자락의 풍경
SPOT 1	소나무 그늘 아래 맥문동 보라 물결 **장항송림산림욕장**	276
SPOT 2	산과 강, 숲을 보며 걷는 길 **산막이옛길**	278
SPOT 3	미래의 농촌과 카페가 만난다면 **룰스퀘어**	280
|추천 코스|	광덕에서 힐링의 시간	281
2박 3일 코스	**77번 도로 따라 서해를 즐겨보자**	282

9월의 충청도

프로필 사진 바꾸려면 충청도로

35 week
야경으로 더위를 식혀요
- SPOT 1 대전의 야경을 제대로 즐기는 **식장산전망대** ... 286
- SPOT 2 살아있는 생태교육은 이곳에서 **국립생태원** ... 288
- SPOT 3 80년 역사를 품은 양조장 **목도양조장** ... 290
- |추천 코스| 논산 즐기기 ... 291

36 week
인생 사진 찍으러 떠나는 공주
- SPOT 1 자연 미술 작품과 인생 사진 **연미산자연미술공원** ... 292
- SPOT 2 사계절 화려한 꽃과 함께 인생 사진 한 컷 **미르섬** ... 294
- SPOT 3 복어가 통째로 들어있는 **태평식당** ... 296
- |추천 코스| 자연을 만나는 곳 대천 ... 297

37 week
초록빛 가득한 여행
- SPOT 1 대청호를 품은 천상의 정원 **수생식물학습원** ... 298
- SPOT 2 가을에 만나는 하얀 눈꽃 세상 **추정리메밀꽃** ... 300
- SPOT 3 돌담 안 역사를 품은 곳 **해미읍성** ... 302
- SPOT 4 우리나라에도 있다, 미식 투어 **가스트로투어** ... 304
- |추천 코스| 해미읍성 맛집 투어 ... 305

38 week
가을의 시작
- SPOT 1 은빛 물결 팜파스그라스와 인생 사진 **청산수목원** ... 306
- SPOT 2 일몰이 아름다운 사찰 **부석사** ... 308
- SPOT 3 빵집이 마을로 **뚜쥬루빵돌가마마을** ... 310
- |추천 코스| 유구 한 바퀴 ... 311

- SPECIAL 백제역사유적지구 ... 312
- 2박 3일 코스 한류의 원조 백제를 만나다 ... 314

10월의 충청도
넉넉하고 풍성한 가을

39 week
붉은 꽃의 유혹
SPOT 1	충청도에서 피는 꽃무릇 **성주산자연휴양림**	318
SPOT 2	하늘을 걷는 기분을 느끼다 **옥순봉과 구담봉**	320
SPOT 3	청천저수지 앞 뷰 맛집 **카페블루레이크**	322
추천 코스	조치원 핑크뮬리 구경 가기	323

40 week
황금 들판을 찾아서
SPOT 1	8개의 봉우리 너머 황금 들판과 바다 **팔봉산**	324
SPOT 2	짧은 등산으로 물돌이와 일출을 한 번에 **장군봉**	326
SPOT 3	시원한 박속밀국낙지탕 **원풍식당**	328
추천 코스	구절초 가득한 영평사	329

41 week
가을 속으로
SPOT 1	코스모스와 억새가 가득 **백마강**	330
SPOT 2	노래가 저절로 나오는 **칠갑산과 천장호출렁다리**	332
SPOT 3	U자 모양의 건물 **공간태리**	334
추천 코스	버그네순례길	335

42 week
운해의 계절
SPOT 1	운해 너머 일출을 **구봉산**	336
SPOT 2	운해, 일출, 동굴 사진 모두 가능한 **진악산**	338
SPOT 3	아메리카노가 없어요 **미스터브루쓰**	340
추천 코스	공주 산성시장 맛집	341

43 week
가을의 시작
SPOT 1	3,000여 그루의 은행나무가 있는 **청라은행마을**	342
SPOT 2	산에서 만나는 은빛 억새물결 **오서산**	344
SPOT 3	100년이 넘은 선지해장국 **영동옥**	346
추천 코스	배론성지의 단풍과 함께	347

2박 3일 코스 내포 천주교순례길을 따라 걷는다 · · · 348

11월의 충청도
깊어가는 충청도의 가을

44 week
사찰의 가을
SPOT 1	경내를 가득 채운 애기 단풍 **마곡사**	352
SPOT 2	세조길 단풍길을 따라 만나는 산사의 가을 **법주사**	354
SPOT 3	은행나무와 메타세쿼이아의 조화 **피나클랜드수목원**	356
추천 코스	갑사 가는 길	357

45 week
깊어가는 가을
SPOT 1	구불구불 단풍길 **말티재와 말티재전망대**	358
SPOT 2	충주 시민들의 단풍 명소 **석종사**	360
SPOT 3	추억의 경양식집 **훼미리레스토랑**	362
추천 코스	천안의 가을	363

46 week
은행나무길을 걸어 봐
SPOT 1	아름다운 10대 가로수길 **현충사곡교천은행나무길**	364
SPOT 2	차분한 단풍 구경은 여기서 **향천사**	366
SPOT 3	대전 빵지순례지 **성심당**	368
추천 코스	아산의 가을	369

47 week
주황빛으로 물드는 메타세쿼이아숲
SPOT 1	최고의 뷰 포인트를 찾아 **장태산자연휴양림**	370
SPOT 2	이국적인 메타세쿼이아숲 **온빛자연휴양림**	372
SPOT 3	덕산 온천수를 프라이빗 숙소에서 **온연 프라이빗빌라 앤 스파**	374
추천 코스	청주에서 문화와 예술로 채우는 하루	375

2박 3일 코스 지하철로 만나는 천안 아산 단풍 ... 376

12 월의 충청도
서해 일몰을 보며 한 해를 마무리

48 week
겨울의 시작
SPOT 1	해 질 무렵 은빛 물결 **신성리갈대밭**	380
SPOT 2	세종의 새로운 랜드마크 **금강보행교(이응다리)**	382
SPOT 3	돈가스에 황태국, 돌솥밥이 나오는 식당 **여러분고맙습니다**	384
추천 코스	소제동으로 가자~	385

49 week
드라마 세트장에서 나만의 영화 한 편
SPOT 1	1900년대 한성으로 떠나는 시간여행 **논산선샤인랜드**	386
SPOT 2	삼국시대로 시간여행을 하다 **온달관광지**	388
SPOT 3	부여시장에서 발견한 보물 같은 카페 **구름한조각**	390
추천 코스	공주 짬뽕 로드	391

50 week
눈 내린 고택
SPOT 1	수백 개의 장독대 위로 흰눈이 쌓이면 **명재고택**	392
SPOT 2	공주의 대표 여행지 **공산성**	394
SPOT 3	SNS 감성 순대전골 **국일순대**	396
추천 코스	눈 내린 홍성	397

51 week
추운 날은 실내로
SPOT 1	온실에서 만나는 크리스마스 **국립세종수목원**	398
SPOT 2	대한민국을 대표하는 가장 아름다운 성당 **공세리성당**	400
SPOT 3	당진으로 떠나는 미국 여행 **로드1950카페**	402
추천 코스	젊은 천안의 도심 여행	403

52 week
올해의 마지막 일몰은 여기에서
SPOT 1	천수만을 품은 **남당항과 남당노을전망대**	404
SPOT 2	세종의 상징 **세종호수공원**	406
SPOT 3	추운 겨울 맛보는 빙수 **미세스피베리**	408
추천 코스	천수만을 따라 일몰 드라이브	409

2박 3일 코스 한 해 마무리는 서해를 바라보며 410

겨울의 절정인 1월, 추위로 움츠러드는 시기이지만 한 해를 시작하는 달이기에 집에만 있을 수는 없다. 추위 속에서만 만날 수 있는 1월의 일출, 거대한 빙벽으로 변하는 겨울 폭포, 새하얀 눈으로 뒤덮여 겨울왕국이 되는 산과 들, 초록이 사라져 드넓은 사막으로 변신하는 사구 등은 추워야만 그 매력이 돋보인다. 추운 겨울에 가장 맛있는 굴밥, 굴구이 등을 맛보며 겨울 바다를 보면 어느새 추운 겨울을 기다리게 될 것이다. 거기에 추운 겨울바람을 맞으며 만난 새해 일출은 더욱 소중하다.

1월의 충청도

일출, 눈꽃, 빙벽 그리고
겨울 바다

1월 첫째 주

일출과 함께 한 해를 시작해요

1 week

SPOT 1

충청남도 제일의 명산에서
일출을

계룡산 일출

주소 충청남도 공주시 반포면 동학사1로 327-6 · **가는 법** 공주종합버스터미널에서 버스 125번(옥룡동 방향) 승차 → 옥룡동주민센터(산성시장) 하차 → 옥룡동주민센터(시목동 방면)에서 버스 350번 환승 → 동학사 하차 · **운영시간** 하절기(4~10월) 04:00~17:00, 동절기(11~3월) 05:00~15:00 · **입장료** 성인 3,000원(동학사를 통한 등반 시 입장료 지불) · **주차요금** 4,000원

충청남도 최고의 명산이라 불리는 계룡산에서 일출을 보고 한 해를 시작한다면 그 해는 여느 해보다 더 힘차게 시작할 수 있을 것이다.

천황봉, 관음봉, 삼불봉 등 20개의 봉우리로 되어 있고 전체 능선의 모양이 닭 볏을 쓴 용의 모습을 닮았다 하여 계룡산이라 부른다. 천황봉이 해발 845.1m로 최고봉이지만 군사시설이 있어 현재 오를 수 있는 가장 높은 봉우리는 766m 관음봉이다.

계룡산을 오르는 데는 다양한 코스가 있지만 동학사 주차장

근방 천정탐방지원센터에서 시작해 삼불봉까지 가는 코스를 추천한다. 남매탑을 지나 가파른 삼불봉으로 올라 일출을 기다리거나 더 좋은 시야를 원한다면 그곳에서 자연 능선 방향으로 걷다 보면 좋은 포인트가 나타난다. 일출을 보고 올라온 코스로 내려와도 좋고 자연 능선을 따라 관음봉을 지나 동학사로 하산해도 좋다.

주변 볼거리·먹거리

동학사 계룡산 자락에 자리 잡은 동학사는 통일신라시대에 창건되었다. 천년고찰인 이곳은 우리나라에서 가장 오래된 최초의 비구니 승가대학으로 150여 명의 비구니 스님들이 부처님의 가르침을 되새기며 실천하고 있다. 동학사 계곡의 물소리를 들으며 산사를 산책하기 좋다.

Ⓐ 충청남도 공주시 반포면 동학사1로 462 Ⓞ 05:00(계룡산 탐방 시간부터 가능) Ⓣ 042-825-2570 Ⓒ 성인 3,000원 Ⓗ http://www.donghaksa.kr

TIP

- 일출을 제대로 즐기려면 일출 예상 시간 30분 전에 도착할 수 있도록 준비하자. 국립공원은 탐방객 안전을 위해 입산 시간이 정해져 있으므로 동절기 기준으로 새벽 5시에는 출발하자.
- 일출 등산 시 헤드랜턴은 필수이며 겨울에는 눈이 오지 않아도 아이젠은 필수다.
- 등산할 때는 옷을 여러 겹 입어 체온 차이에 대비하자. 겨울 등산도 땀이 날 수 있으니 등산할 때는 가볍게 입고 정상에서 입을 방한용 재킷을 하나 더 준비하자.
- 등산코스로는 천정탐방지원센터 – 문골삼거리 – 큰배재 – 남매탑 – 삼불봉을 추천한다. 동학사를 거치지 않고 오르기에 별도의 문화재 관람료를 지불하지 않아도 되고 돌계단이 아닌 산길을 걸어 오르기에 체력 소모가 덜하다.

SPOT 2
서해에서도 일출을 볼 수 있다
왜목마을 일출

주소 충청남도 당진시 석문면 왜목길 15-5 · **가는 법** 당진버스터미널 → 왜목마을행 버스 130번 탑승 → 왜목마을번영회 하차 → 도보 7분(450m)

 서해에서 일출을 본다고 하면 불가능하다고 말하는 이들이 많다. 그러나 가늘고 길게 뻗어 나간 서해의 특이한 지형 덕분에 이곳에서도 일출을 볼 수 있다. 사실 당진 왜목마을은 일출뿐만 아니라 일몰도 가능해 매년 12월 31일, 1월 1일에는 왜목마을 해넘이 해맞이 축제가 열리는데, 이 행사에 매년 10만 명이 다녀가곤 해 우리나라의 대표적인 해돋이 명소로 불린다.
 왜목마을은 해안이 동쪽을 향해 돌출되어 있고 남양만과 아산만이 내륙으로 깊숙이 자리 잡고 있어 왜가리의 목처럼 안쪽으로 얇게 휘어져 있다 하여 왜목이라는 이름이 붙었다.
 왜목마을 랜드마크인 새빛 왜목 조형물과 다양한 포토존이

마련되어 있어 사진을 남기기에도 좋은 곳이라 새해가 아니어도 사계절 일출, 일몰 명소라 할 수 있다.

TIP
- 당진 왜목마을 외에도 당진 한진포구, 장고항, 그리고 서천 마량포구에서 바다 너머 일출을 볼 수 있다.
- 11월과 2월은 촛대바위 뒤쪽으로 해가 뜨는 시기다. 바다에서 뜨는 해도 좋지만, 기암괴석 너머 해가 떠오르는 풍경으로 사진을 찍는 이들은 1월을 찾는다. 왜목마을 최고의 일출 시기를 찾는다면 11월과 2월을 추천한다.
- 해수욕장 주변에 편의점이 있으니 일출 전후 따뜻한 커피와 컵라면은 꿀조합이다.
- 왜목해수욕장에서 왜목항으로 걸어가면 작은 해식동굴이 있다. 규모가 작아 동굴 안에서는 사진을 찍을 수 없어 카메라를 동굴 안에 두고 동굴 밖 인물 사진을 찍으면 멋진 동굴 샷이 된다. 왜목항으로 가는 갈림길에서 10m면 바로 접근이 가능하다. 단, 물이 빠졌을 때만 접근 가능하다.

주변 볼거리·먹거리

엄마손포장마차 당진 안섬포구에는 포장마차들이 가득하다. 바지락칼국수, 회무침이 주메뉴인 식당인데 그중 이곳을 추천한다. 해감이 잘된 바지락에 시원한 국물이 일품이다. 또한 별도로 낙지나 주꾸미를 칼국수에 넣어 먹을 수 있으니 꼭 추가해서 바다가 보이는 창가에 앉아 먹어볼 것을 추천한다.

Ⓐ 충청남도 당진시 송악읍 안섬포구길 78-1 Ⓞ 10:00~18:00/매월 둘째, 넷째 주 화요일 휴무 Ⓣ 010-3116-6496 Ⓜ 바지락칼국수 10,000원(낙지 추가 시가), 간재미무침 35,000원 Ⓟ 주차 가능

석문산 80m의 낮은 산이지만 짧은 등산으로 높은 곳에 올라 왜목해수욕장을 내려다보기 좋다. 바다 반대편은 당진의 넓은 들판을 볼 수 있다. 해수욕장을 지나 왜목선착장으로 가는 길 마지막에 있는 왜목 해맞이마트 옆에 데크 계단이 있다. 그곳에서 도보로 5분 정도 소요되는데 그리 가파르지 않지만 산길이라 운동화는 필수다.

Ⓐ 충청남도 당진시 석문면 교로리 산27-4

SPOT 3

떡국 맛집은 바로 여기
한국음식

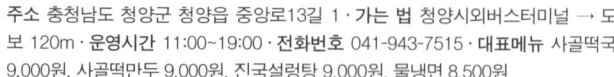

주소 충청남도 청양군 청양읍 중앙로13길 1 · 가는 법 청양시외버스터미널 → 도보 120m · 운영시간 11:00~19:00 · 전화번호 041-943-7515 · 대표메뉴 사골떡국 9,000원, 사골떡만두 9,000원, 진국설렁탕 9,000원, 물냉면 8,500원

    대부분의 만둣집에는 구색을 맞추기 위해 떡국이 메뉴에 포함되어 있지만 이곳은 대표메뉴가 떡국으로 원래 설렁탕집이라 육수는 사골육수다. 6개의 테이블이 전부인 이곳은 실내 및 가게 외관에서 풍기는 오랜 세월을 품은 모습에서 한눈에 노포 맛집임을 알 수 있다.

    떡국은 집에서도 종종 먹는 음식이기에 굳이 밖에서 사 먹냐며 반문할 수도 있겠지만 이곳에서라면 떡국 맛보기를 추천한다. 퍼지지 않고 쫀득한 떡의 식감과 진득한 국물이 잘 어울리고 함께 곁들여 나오는 배추김치, 깍두기, 무생채 등 김치 3종 세트가 맛의 깊이를 더해주기에 충분하다.

주변 볼거리·먹거리

한옥카페 지은 조선시대 전통가옥 방기옥고택(충청남도문화재 279호)에 있는 한옥카페이며 현재 후손이 직접 운영하고 있다. 주문한 음료를 방에 앉아 마시며 고택의 아름다움을 즐기는 시간이 좋다. 마당에는 700년 넘은 은행나무가 있어 만약 가을에 이곳을 찾는다면 황금빛으로 물든 한옥을 볼 수 있다.

Ⓐ 충청남도 청양군 남양면 나래미길 60-4 1층 ⓗ 11:00~21:00/매주 월요일 휴무 ⓣ 041-942-0388 ⓜ 십전대보 수제쌍화차 8,000원, 수제 대추차 8,000원, 커피 5,500원

추천 코스 겨울 대청호 풍경

1 COURSE — 문의문화재단지
도보 10분

2 COURSE — 대청호 용꼬리
도보 14분

3 COURSE — 문의천주교회

주소	충청북도 청주시 상당구 문의면 대청호반로 721
운영시간	3~10월 09:00~18:00, 11~2월 09:00~17:00/매주 월요일 휴무
입장료	어른 1,000원, 청소년 800원, 어린이 500원(7세 미만, 65세 이상 무료), 청주 및 동 주시민 50% 할인
전화번호	043-201-0915
가는 법	청주시외버스터미널에서 버스 311번 승차 → 문의 종점 하차 → 도보 11분

사라져가는 고유 전통문화를 재현한 곳으로 대청호를 한눈에 내려다볼 수 있다. 단지 안에는 선사유적과 문산관을 비롯한 전통가옥, 대장간, 주막집 등이 있어 충청도의 한국민속촌이라 할 수 있다. 눈이 내린다면 하얗게 눈 덮인 초가집, 기와집을 볼 수 있다.

주소	충청북도 청주시 상당구 문의면 미천리 61

이른 아침 물안개 너머 용꼬리 모양을 한 조형물을 볼 수 있는 곳이다. 문의체육공원을 이정표로 삼고 도보로 터널을 지나면 대청호를 가까이에서 볼 수 있다. 일출 명소이기도 한 이곳은 사진작가들에게 인기 명소이기도 하다.

주소	충청북도 청주시 상당구 문의면 문의시내1길 33-4
전화번호	043-297-7014

문의에 있는 작은 천주교 성당이다. 조용한 동네를 타박타박 걷다 보면 만나는 이국적인 성당 풍경에 발걸음을 멈춰 잠시 쉬어가기 좋은 곳이다.

1월 둘째 주

겨울 바다의 선물

2 week

SPOT 1

우리나라에도 사막이 있다

태안 신두리 해안사구

주소 충청남도 태안군 원북면 신두해변길 201-54 · **가는 법** 태안공용버스터미널에서 버스 310번, 311번, 312번, 316번 승차 → 신두리사구센터앞 하차 · **운영시간** 09:00~18:00/신두리사구센터 매주 월요일 휴무 · **전화번호** 041-672-0499

    태안 신두리 해안사구는 우리나라 최고의 사구지대로 사막처럼 펼쳐진 넓은 모래벌판이 특징이다. 해변을 따라 길이 약 3.4km, 폭 500m~1.3km 규모로 원형 보존이 잘된 북쪽 지역은 환경적, 생태적 중요성을 인정하여 천연기념물 431호로 지정되었다.

    신두리 해안사구는 빙하기 이후 약 1만 5천 년 전부터 서서히 형성된 것으로 추정되며 강한 바람에 모래가 해안가로 운반되면서 오랜 세월을 거쳐 모래언덕으로 만들어졌다.

    이곳의 사구가 중요한 이유는 해안 사구만이 가지고 있는 독특한 생태계 때문인데, 다른 곳에서는 보기 힘든 해당화, 통보리사초 등 희귀식물과 맹꽁이, 쇠똥구리 등을 볼 수 있다. 더불어 사구는 육지와 바다의 완충지대로 해안에서부터 불어오는 바람으로부터 농토를 보호하고 바닷물의 유입을 막아주는 역할을 한다.

TIP
- 신두리 해안사구의 핵심코스를 보고 싶다면 가장 짧은 A코스, 조금 더 사구를 보고 느끼고 싶다면 B, C코스를 추천한다.
- 빨리 모래사막을 보고 싶다면 A코스의 역방향으로 가서 모래언덕을 먼저 보고 산책을 이어가자.
- 모랫길과 데크길이 이어져 있어 신발에 모래가 들어갈 수 있으니 편한 신발을 신도록 하자.
- 가장 사막 같은 풍경을 보고 싶다면 초록 풀이 자라기 전인 겨울을 추천한다.

신두리해안사구 탐방로
- A코스(1.2km, 소요시간 30분) : 신두리사구센터 - 모래언덕입구 - 초종용군락지 - 순비기언덕 - 탐방로 출구
- B코스(2km, 소요시간 1시간) : 신두리사구센터 - 모래언덕입구 - 초종용군락지 - 고라니동산 - 염랑게달랑게 - 순비기언덕 - 탐방로 출구
- C코스(4km, 소요시간 2시간) : 신두리사구센터 - 모래언덕입구 - 초종용군락지 - 고라니동산 - 곰솔생태숲 - 작은별똥재 - 억새골 - 해당화동산 - 염랑게달랑게 - 순비기언덕 - 탐방로 출구

주변 볼거리·먹거리

커피인터뷰 파도리
커피인터뷰는 파도리해수욕장의 풍경을 고스란히 담아 만든 카페다. 실내 공간도 넓어 추운 겨울에 방문해도 바다를 바라보며 커피를 즐길 수 있다.

Ⓐ 충청남도 태안군 소원면 파도길 61-9 Ⓞ 11:00~19:00 Ⓣ 0507-1370-1912 Ⓜ 아메리카노 5,500원, 카페라테 6,000원

만리포 해수욕장
2.5km에 달하는 모래사장이 있는 이곳은 바닷물이 맑은 데다 모래질이 곱고 경사가 완만해 우리나라 서해 3대 해변으로 꼽히며 물놀이 장소로 인기가 높다. 최근 수심은 얕지만 파도가 다양

Ⓐ 충청남도 태안군 소원면 모항리 Ⓣ 041-672-9662

SPOT 2
바닷물이 밀려오면
섬이 되는 사찰
간월암

주소 충청남도 서산시 부석면 간월도1길 119-29 · 가는 법 서산공용버스터미널에서 버스 610번 승차 → 간월도 하차 · 운영시간 간조 시 입장 가능

　　바닷물이 밀려오면 섬이 되고 빠져나가면 육지가 되는 곳이 바로 간월암이다. 바다가 허락해야만 들어갈 수 있는 사찰이다. 밀물일 때는 간월암으로 가는 길이 사라져 암자가 마치 외로이 떠 있는 섬처럼 보인다. 그래서 이곳에 가기 위해서는 물때를 꼭 확인해야 한다.

　　간월암은 조선 태조 이성계의 왕사였던 무학대사가 창건한 암자로, 무학이 이곳에서 달을 보고 깨달음을 얻었다 해서 간월암이라는 이름이 유래하였다. 간월도에서 유명한 간월도 어리굴젓은 이곳을 창건한 무학대사가 간월암에서 수도하면서 태조에게 진상한 후 서산의 대표 특산물로 이어지고 있다. 간월도 어리굴젓은 다른 지역 어리굴젓보다 조금 더 익혀서 먹는다.

　간월암은 탁 트인 조망으로 일출과 일몰 모두 가능한 곳이다. 특히 안면도 방향으로 해가 지기 때문에 일몰을 감상하기 좋다. 해 질 무렵 노을과 함께 간월암을 담으려는 사진작가들이 많이 찾는다.

TIP
- 간월암에 들러 보고 싶다면 꼭 인터넷을 통해 물때 시간을 확인하고 간조 시에 방문하자.
- 만조 시에는 가는 길이 물로 가득 차 통행이 불가능한 완벽한 섬이 된다.

주변 볼거리·먹거리

큰마을영양굴밥 간월도에서는 굴밥과 어리굴젓을 꼭 먹어봐야 한다. 간월도의 수많은 굴밥집 중에서도 이곳은 40년을 훌쩍 넘은 식당이다. 따로 주문하지 않아도 굴전이 먼저 나오고 돌솥에 갓 지은 굴밥이 뒤이어 나온다. 달래간장을 넣거나 어리굴젓을 넣어 비벼 먹어도 좋다.

Ⓐ 충청남도 서산시 부석면 간월도 1길 65 Ⓞ 09:00~19:30 Ⓣ 041-662-2706 Ⓜ 영양굴밥 15,000원, 바지락밥 15,000원

카페간월 간월암 가는 길 2층에 있는 전망 좋은 카페다. 삼면으로 넓은 창 덕분에 홍성 방향, 안면도 방향 바다 조망이 가능하며 일몰 또한 실내에서 가능하다. 바다를 제대로 보고 싶다면 밀물 때에 방문하길 추천한다. 베이커리류도 다양하고 야외 테라스에는 애견 동반이 가능하다.

Ⓐ 충청남도 서산시 부석면 간월도1길 117 2층 Ⓞ 월~금요일 10:30~19:00, 토~일요일 10:30~20:00 Ⓣ 041-664-4501 Ⓜ 흑임자라테 7,500원, 간월슈페너 7,500원 Ⓗ https://www.instagram.com/cafeganwol

SPOT 3

추운 겨울 굴구이의 유혹
천북 굴단지

주소 충청남도 보령시 천북면 장은리 · **가는 법** 홍성 광천역 신진에서 버스 750번 승차 → 장은3리 하차 · **운영시간** 10:00~22:00(업체별 상이) · **대표메뉴** 굴찜 40,000원, 굴구이 45,000원, 굴구이반찜반 45,000원, 굴칼국수 7,000원

추운 겨울, 뜨거워지는 바다가 있다. 바로 보령 천북 굴단지다. 굴은 가을 찬바람이 불기 시작해 이듬해 봄까지가 가장 싱싱하고 맛있기에 이를 맛보려는 사람들로 이곳은 문전성시를 이룬다.

몇 해 전까지만 해도 무허가 불법 임시 건물이었지만 2018년 상가 건물부터 주차 공간까지 새로 정비하면서 명실상부한 보령의 관광지로 자리매김하고 있다.

굴구이와 굴찜 외에도 돌솥 영양굴밥, 굴칼국수, 굴물회, 굴전 등 다양한 굴요리를 맛볼 수 있다.

주변 볼거리·먹거리

천북양조장카페 오래된 양조장이 카페로 변신했다. 곳곳에 이곳의 역사를 느낄 수 있는 항아리 등 소품이 가득하고 드넓은 천북의 들판에 자리 잡아 들판이 한눈에 보인다. 넓은 공간과 오래된 소품 덕분에 추운 겨울에 방문해도 실내 공간에서 시간을 보내기 좋다.

ⓐ 충청남도 보령시 천북면 동산동길 9-2 ⓞ 11:00~19:00/매주 월요일 휴무 ⓣ 0507-1392-0830 ⓜ 아메리카노 4,500원, 카페라테 5,000원, 크로크무슈 6,000원

> **TIP**
> - 굴구이는 껍질이 튀고 조리과정이 불편할 수 있으니 편하게 먹고 싶다면 굴찜을, 타닥타닥 불 위에 구우며 맛보고 싶다면 굴구이/굴찜 반반 메뉴를 추천한다.
> - 굴구이나 굴찜은 20kg 한 망 기준으로 양이 넉넉하니 4~5인이 함께하면 좋다.
> - 굴구이는 굴이 신선한 3월까지 운영한다.
> - 80여 개의 가게가 있으니 한 바퀴 둘러보고 마음에 드는 곳으로 들어갈 것을 추천한다.

추천 코스 겨울철 천북 돌아보기

1 COURSE 천북 굴단지

🚗 자동차 8분

2 COURSE 우유창고

🚗 자동차 11분

3 COURSE 학성리 공룡발자국화석

주소	충청남도 보령시 천북면 장은리
운영시간	10:00~22:00/업체별 상이
대표메뉴	굴구이 45,000원, 굴찜 40,000원, 굴구이반찜반 45,000원, 굴칼국수 7,000원

1월 2주 소개(046쪽 참고)

주소	충청남도 보령시 천북면 홍보로 574
운영시간	11:00~19:00
대표메뉴	우유아이스크림 4,300원, 목장크림라테 7,000원, 우유한잔 4,000원

보령우유를 생산하는 개화목장에서 운영하는 유제품 복합 문화공간이다. 귀여운 우유팩 모양의 외관으로 인기를 끌었는데 현재는 건너편으로 카페를 옮겨 또 다른 느낌의 우유창고를 경험할 수 있다.

주소	충청남도 보령시 천북면 학성리 산45

보령시 천북면 학성리 염성해변에 위치한 맨삽지에서 중생대 백악기로 추정되는 공룡발자국화석 13개체가 발견되면서 충청남도기념물로 등록되었다. 물이 빠진 간조 시에만 맨삽지로 넘어가 확인할 수 있으니 물때를 반드시 확인하고 가야 한다. 근처에 실제 공룡 크기의 공룡 모형을 세워 공룡을 좋아하는 아이들과 찾기에 좋다. 물론 일몰이 아름다운 곳이다.

1월 셋째 주

눈 꽃 세 상

3 week

SPOT 1

꽃보다 아름다운
눈꽃을 보러 떠나자

소백산
눈꽃 산행

주소 충청북도 단양군 단양읍 소백산등산길 12 다리안국민관광지 · **가는 법** 단양시외버스터미널에서 당동-다리안(제천역-다리안, 모녀티-다리안)행 버스 승차 → 다리안국민관광지 하차 → 도보 76m · **운영시간** 09:00~19:00 · **전화번호** 043-423-0708

    소백산은 1987년 18번째 국립공원으로 지정되었으며 면적은 322.011㎢로 지리산, 설악산, 오대산에 이어 산악형 국립공원 가운데 네 번째로 넓다. 해발 1,439.5m인 비로봉을 중심으로 국망봉(1,420.8m), 연화봉(1,383m), 도솔봉(1,314.2m) 등이 있다.
    소백산 능선의 바람은 사계절 거칠지만 겨울에는 더욱 심해 방풍에 특별히 신경 써야 한다. 새하얀 눈 사이로 350년 이상 되는 주목 군락지도 볼 수 있다. 추천코스는 다리안국민관광지에서 출발해 천동탐방안내소를 지나 비로봉으로 가는 코스다. 완만해서 누구나 비로봉으로 갈 수 있는 코스이지만 15km라는 절대적인 거리가 있기에 체력과 시간을 잘 안배해야 한다.

TIP
- 소백산과 같은 높은 산은 눈이 오지 않더라도 습도가 높고 바람이 많이 불지 않는다면 상고대를 볼 수도 있다.
- 눈꽃 산행은 일반 산행보다 체력 소모가 크니 소백산 등산을 계획하고 있다면 미리 등산 연습으로 체력을 쌓아두자.
- 겨울 산행에는 아이젠, 방한장갑, 물과 간식 등을 미리 준비하자.
- 등산 시에는 면보다는 울 양말이 땀 배출을 빨리하고 체온을 유지할 수 있다.
- 중간 지점인 천동쉼터에서 간식을 먹고 보온/방한준비를 해 비로봉 능선 칼바람에 대비하는 것이 좋다.
- 기상 상황이 무엇보다 중요한 눈꽃 산행에서는 홈페이지를 통해 국립공원 탐방로 통제 정보를 실시간으로 확인하자.

주변 볼거리·먹거리

고수동굴 5억 년의 역사를 품고 200만 년 전에 생성된 것으로 알려진 석회암 동굴로 천연기념물 제256호다. 총 길이 1,395m로 약 940m의 석회암 동굴을 직접 걸으며 신기한 모양의 종유석, 석순 등을 볼 수 있다. 동굴 안은 연중 14~15도의 기온을 유지하고 있어 추운 겨울에는 덜 춥고 더운 여름에는 시원해 사계절 찾기 좋다. 계단이 많고 미끄러울 수 있으니 미끄럼방지 운동화를 추천한다.

Ⓐ 충청북도 단양군 단양읍 고수동굴길 8 Ⓞ 하절기 09:00~18:30(마지막 입장 17:30), 동절기 09:00~18:00(마지막 입장 17:00) Ⓣ 043-422-3072 Ⓒ 어른 11,000원, 청소년 7,000원, 어린이 5,000원, 경로 5,500원 Ⓟ 주차 3,000원(주차장 주변 식당 이용 시 무료)

SPOT 2
케이블카를 타고 만나는 눈꽃
대둔산
눈꽃 산행

주소 충청남도 금산군 진산면 묵산리 산87-11(케이블카 이용 시 : 전라북도 완주군 운주면 대둔산공원길 55)·**가는 법** 대둔산공용버스터미널 → 도보 5분·**운영시간** 동절기(12~2월) 09:00~17:00(16:00까지 입장 가능)/하절기(3~11월) 09:00~18:00(17:00까지 입장 가능)·**케이블카 이용료** 성인(왕복) 14,000원, 성인(편도) 11,000원, 어린이(왕복) 11,000원, 어린이(편도) 9,000원

　　대둔산은 금산군, 논산시, 완주군 3개 시군에 걸쳐 있는 산으로 충청남도 도립공원, 전라북도 도립공원으로 나뉘어 있다. 완주에서는 편하게 케이블카를 타고 출렁다리까지 접근할 수 있기에 이번에는 충청권이 아닌 다른 지역에서 시작하는 일정이지만 최종 목적지는 금산 대둔산이다.
　　케이블카에서 내려 편하게 출렁다리를 구경하고 마천대로 가는 대신 능선을 따라 금산 방면 장군봉을 거쳐 대둔산의 제대로 된 암봉과 암벽을 접해볼 추천한다. 능선에 올라 내려다보면 기암괴석과 소나무, 새하얀 눈이 어우러져 최고의 풍경을 선사할 것이다.

> TIP
> - 마천대 정상을 오르고 싶다면 출렁다리인 구름다리와 아찔한 경사도를 자랑하는 삼선계단을 지나게 된다. 고소공포증이 있다면 삼선계단 대신 조금 돌아서 가는 일반 등산로를 추천한다.
> - 눈꽃 산행은 일반 산행보다 시간이 오래 걸리니 여유롭게 시간을 안배해서 움직이자.

대둔산 등산코스
- 1코스(5.2km, 소요시간 3시간 30분) : 대둔산주차장-매표소-동심바위-구름다리-천대-칠성봉-용문골입구-주차장(케이블카 이용 시 매표소에서 구름다리로 바로 이동 가능)
- 2코스(2.2km, 소요시간 1시간 50분) : 용문골 입구-장군봉 갈림길-능선안부-마천대
- 3코스(5.7km, 소요시간 3시간 50분) : 운주면 완창리 안심사-주능선안부-829봉-마천대-주차장

주변 볼거리·먹거리

천주교 진산성지성당 천주교 역사에서 최초의 박해였던 신해박해(1791년)의 진원지다. 절충식 한옥 성당으로 작고 소박한 규모이지만 충청남도지역 천주교의 시작을 알린 의미 있는 공간이다.

Ⓐ 충청남도 금산군 진산면 실학로 257-8 사제마을 ⓣ 041-754-7285 Ⓗ http://jinsan.djcatholic.or.kr/

SPOT **3**

50년을 지켜온 그 맛
할머니집

주소 충청북도 진천군 이월면 화산동길 18 · **가는 법** 이월터미널에서 택시 이동(2.4km) 또는 자동차 이용 추천 · **운영시간** 11:00~19:00(14:30~16:10 브레이크 타임)/매주 화요일 휴무 · **전화번호** 0507-1432-7906 · **대표메뉴** 오리목살 참숯화로구이 19,000원, 보리쌀고추장 오리주물럭 19,000원, 오리목살 감자짜글이 19,000원(2인 이상 주문), 흑미 오리탕 65,000원

주변 볼거리·먹거리

이월성당 1995년 6월 24일 설립된 성당이지만 뾰족한 첨탑 등 현대적인 건축 재료와 공법으로 만나는 새로운 성당이라 조용하게 산책하며 돌아보기 좋다.

Ⓐ 충청북도 진천군 이월면 진광로 895-26
Ⓣ 043-536-2333

코너버거 이월에 있는 수제버거집으로 돈가스도 판매한다. 버거집이 인기가 있을까 걱정했지만, 점심시간이면 지역주민들로 붐비는 인기 맛집이다.

Ⓐ 충청북도 진천군 이월면 문화마을길 2
Ⓞ 11:00~21:00/매월 둘째, 넷째 주 일요일 휴무 Ⓣ 043-536-1317 Ⓜ 코너버거 7,000원(세트 9,000원), 더블버거 8,500원(세트 10,500원), 수제돈가스 10,000원

1974년부터 50년 가까운 세월 동안 3대째 운영하고 있는 식당이다. 처음에는 저수지를 찾는 낚시꾼들에게 음료수나 낚시용품 등을 판매하며 빠개장(속성된장)찌개와 텃밭 겉절이, 보리밥을 베풀면서 시작되었다. 일명 욕쟁이 할머니집이다.

오리 목에서 손가락 크기로 한두 마디밖에 나오지 않는 귀한 오리목살 부분만 발골하여 먹는 오리목살 참숯구이는 이 집을 찾는 사람들에게 1순위 추천 메뉴다. 1인분을 시키면 18~20마리의 오리목살을 먹게 되는데 진천 백곡에서 유명한 백탄으로 화롯불에 구우니 맛이 없을 수가 없다. 소금, 들기름 소금장, 보리쌀 고추장 순으로 함께 곁들여 먹어보자. 오리목살 참숯구이와 함께 옛날 맛 그대로의 배추 겉절이와 보리밥, 된장찌개를 먹으면 든든하고 기분 좋은 식사가 된다. 부모님 모시고 가고 싶은 맛집이다.

추천 코스 대전 도심의 겨울

1 COURSE 🚗 자동차 9분 → 개천식당

2 COURSE 🚶 도보 1분 → 대동하늘공원

3 COURSE → 파이브퍼센트

주소	대전광역시 동구 대전로779번길 39-2
운영시간	11:00~20:30
전화번호	042-256-1003
대표메뉴	만두국 8,000원, 떡만두국 8,000원, 갈비탕 12,000원, 부추만두튀김 7,000원, 개천김치만두 7,000원, 부추고기만두 7,000원
가는 법	대전역 1번 출구 → 도보 이동(395m)

함경도식 만두를 맛볼 수 있는 곳이다. 전쟁 때 개천을 따라 잃어버린 아들을 찾으러 온 할머니의 만두 전문 한식당으로 70년 역사를 지닌 곳이다. 대전 중앙시장 내에 있어 시장 구경도 함께하고 추운 날 진한 사골육수의 만두국으로 몸을 녹이기 좋다.

주소	대전광역시 동구 동대전로110번길 182
운영시간	상시운영이나 주민 거주공간으로 조용한 관람 필요

대전 시내를 한눈에 내려다볼 수 있는 하늘과 가까운 곳이다. 전쟁 후 피난민들이 배골산 언덕을 삶의 터전으로 잡으면서 형성된 이곳은 아직 주민들이 사는 곳이다. 골목길을 오르는 동안 곳곳에 있는 벽화를 구경하는 재미가 있다. 오르막을 오르면 풍차가 보이는데 이곳이 전망대로 일몰과 야경을 볼 수 있는 곳이다.

주소	대전광역시 동구 동대전로110번길 177
운영시간	12:50~22:50
대표메뉴	아메리카노 5,000원, 스페셜 아메리카노 6,300원
etc	계단이 많아 노키즈존

격자창 너머로 대전을 한눈에 담을 수 있는 곳이라 야경과 일몰 맛집이다. 대동하늘공원 맞은편에 위치해 꽁꽁 언 몸을 녹이며 야경을 즐기기 좋다.

1월 넷째 주

겨울에도 볼거리는 많다

4 week

SPOT 1

물안개와 일출을 동시에

중앙탑 사적공원

주소 충청북도 충주시 중앙탑면 탑정안길 6 · **가는 법** 충주공용버스터미널에서 버스 112-1번 승차 → 중앙탑 하차 → 도보 338m · **운영시간** 하절기 09:30~17:30, 동절기 10:00~17:00 · **전화번호** 043-842-0532

    국보 제6호로 지정된 통일신라시대 탑평리 칠층석탑을 기념하기 위해 만들어진 공원이다. 이 탑은 우리나라의 중앙에 있어 중앙탑이라고도 부른다. 앞으로는 남한강이 흐르고 야외 조각공원이 있으며 공원 곳곳에는 포토존이 가득해 데이트 장소로도 좋다.

    이곳은 〈사랑의 불시착〉, 〈빈센조〉 등 다양한 드라마의 촬영지로도 알려져 있다. 남한강 너머로 일출을 볼 수도 있는데 겨울에는 물안개 너머 일출이 환상적이다. 화려한 조명과 야경으로도 유명하며, 무지개다리와 중앙탑 앞 달 조형물은 야간 인생 사진 명소로 인기를 끌고 있다.

> **TIP**
> - 주차장에 내리면 1분 거리에서 일출을 볼 수 있어 겨울철 일출 보기에 좋은 장소다.
> - 물안개는 일교차가 큰 날 해가 뜨고 난 후에 만날 수 있으니 일기예보 확인 후 물안개를 기다리자.

주변 볼거리·먹거리

탄금대 우륵이 가야금을 탔다고 해서 이곳을 탄금대라 부른다. 달천과 남한강이 만나는 지점 해발 108m에 위치해 전망이 좋다. 탄금대공원 주차장에 차를 세워두고 소나무 길을 따라 걷다 보면 남한강을 마주한 탄금대가 나온다. 이곳은 임진왜란 시 신립 장군이 8천여 명의 병사들과 왜군에 맞서 싸우다 장렬하게 전사한 전쟁터이기도 하다.

Ⓐ 충청북도 충주시 탄금대안길 105 Ⓣ 043-848-2246

SPOT 2

아찔한 출렁다리와 물돌이마을
수주팔봉

주소 충청북도 충주시 살미면 팔봉로 669 두룽산등산로관리사무소 · 가는 법 충주공용버스터미널 하이마트 앞에서 버스 202-1번 승차 → 토계 하차 → 도보 2분 (139m)

충주시민의 식수원인 탄천은 물맛이 달아 '감천', '달래강'이라 불리기도 한다. 달천을 따라 병풍처럼 웅장한 바위 능선이 있는데 이곳이 바로 수주팔봉이다. 수주팔봉은 '물 위에 선 8개의 봉우리'라는 뜻이다. 이곳은 조선시대 철종이 8개의 봉우리가 비치는 물가에서 노는 꿈을 꾸고 수소문해서 찾은 곳으로도 잘 알려져 있다.

8개의 암봉이 만들어 내는 장관과 그 사이로 출렁다리가 새로 만들어져 봉우리를 편하게 건너며 경관을 즐길 수 있다. 출렁다리를 지나 짧은 등산을 하면 전망대가 나오는데 그곳에서 물돌이 팔봉마을을 한눈에 내려다볼 수 있다. 그 앞 너른 자갈밭에는 달천에서 유일하게 캠핑이 가능한 수주팔봉 캠핑장이 있다.

TIP
- 수주팔봉을 제대로 보는 방법으로는 출렁다리에서 내려다보는 달천, 전망대에서 내려다보는 물돌이 팔봉마을, 팔봉마을에서 출렁다리를 바라보는 것 등 다양하다.

주변 볼거리·먹거리

성봉채플교회 수안보에 있는 작은 채플로 수안보파크호텔에서 운영하는 곳이다. 크고 화려한 곳은 아니지만 이국적인 건축물로 인생 사진을 남기기 좋다. 특히 눈이 쌓이면 더욱 이국적인 풍경이 된다. 산에 둘러싸여 있어 해가 빨리 지니 오후 방문이라면 너무 늦지 않게 방문하자.

ⓐ 충청북도 충주시 수안보면 탑골1길 36 ⓣ 043-8462-3311

SPOT 3

내륙에서 만나는 굴요리 맛집
굴비체
머무르다

주소 충청남도 천안시 서북구 성환읍 성환2로 140 · **가는 법** 성환역 1번 출구 → 도보 863m · **운영시간** 10:00~21:00(15:00~17:00 브레이크 타임)/매주 일요일 휴무 · **전화번호** 041-581-7898 · **대표메뉴** 얼큰이굴뚝배기 10,000원, 굴뚝배기 9,000원, 생굴전 22,000, 미니굴전 12,000원, 생굴회무침 25,000원 · **주차** 가게 앞 3대 가능

겨울이 가기 전에 꼭 먹어야 하는 굴요리를 바닷가에 가지 않고도 제대로 맛볼 수 있는 곳이다. '굴비체'는 '굴빛에 머무르다'라는 뜻으로 30년 경력 주인장의 굴에 대한 애정을 엿볼 수 있는 부분이다. 추운 날씨 뜨끈한 굴뚝배기 한 그릇이면 언 몸을 녹이고 감기마저도 떨쳐낼 수 있을 듯하다. 밀가루 가득한 굴전이 아닌 굴로 가득 채운 생굴전은 SNS 취향 저격이다. 미니굴전도 있어 굴뚝배기와 함께 혼밥을 하기에도 좋다.

주변 볼거리·먹거리

성환이화시장 100년 전통의 전통시장으로 매월 1일, 6일에만 열리는 오일장이다. 오일장 주변에는 벽화도 다양해 시장 구경과 함께 벽화 구경하는 재미도 있다. 오일장이 열리는 전날과 당일에는 중심에 있는 성환이화시장 순대타운이 열린다. 이름도 없이 첫 번째 집, 두 번째 집으로 불리다 그렇게 간판으로 굳어진 모습이 정겨움을 더한다.

Ⓐ 충청남도 천안시 서북구 성환읍 성환중앙로 50 Ⓓ 매월 1, 6일에만 열리는 오일장 Ⓣ 041-583-0290

추천 코스 추운 겨울을 즐기는 법

1 COURSE 🚗 자동차 11분
상소동산림욕장

2 COURSE 🚗 자동차 5분
봉이호떡

3 COURSE
너구리의 피난처

주소 대전광역시 동구 산내로 714
운영시간 하절기 09:00~20:00, 동절기 09:00~19:00
전화번호 042-273-4174
가는 법 대전복합버스터미널에서 버스 501번 승차 → 산정마을 하차 → 도보 15분(910m)

만인산과 식장산 자락에 있는 이곳은 여름과 가을에는 메타세쿼이아로 유명하지만, 겨울에는 빙벽으로 유명해진다. 인위적으로 물을 뿌려 만든 얼음벽 덕분에 멀리 가지 않아도 이국적인 빙벽을 만날 수 있다. 산림욕장 안으로 들어가면 이국적인 돌탑이 있어 사계절 사진명소로 유명하다.

주소 대전광역시 동구 산내로 111 만인산자연휴양림
운영시간 10:30~21:00
전화번호 042-274-0700
대표메뉴 봉이호떡 2,000원, 가래떡 1,500원, 어묵 4,000원

이곳의 호떡을 먹기 위해 만인산자연휴양림을 찾는다는 사람들이 있을 정도로 유명하다. 세련된 포장재 등에서 호떡집이 이렇게 진화할 수 있는지를 알 수 있으며, 2호점은 수통골에 고급스러운 카페로 운영 중이다.

주소 충청남도 금산군 금성면 적우실길 28
운영시간 11:30~19:30(14:50~17:30 브레이크 타임, 14:20, 19:00 라스트 오더)/매주 일요일 휴무
전화번호 0507-1427-3290
대표메뉴 해물수제비 8,000원(2인 이상 주문 가능), 돈가스 12,000원, 파전 14,000원(단독 주문 불가)

2층 통나무집 식당으로 재미난 이름 덕에 기억하기 쉽다. 잘 해감된 바지락이 가득한 해물 수제비와 지글지글 불판에 나오는 파전은 비가 오지 않아도 저절로 생각나게 하는 메뉴다. 금산이지만 대전에서 가까워 찾기 쉽고 주말 대기가 긴 편이니 주말에는 오픈 시간 방문을 추천한다.

1월 다섯째 주

겨울왕국으로의 초대

5 week

SPOT 1

빙벽과 눈썰매를 즐기자

청양 알프스마을

주소 충청남도 청양군 정산면 천장호길 223-35 · **가는 법** 청양시외버스터미널에서 버스 700번 승차 → 알프스마을 하차 · **운영시간** 09:00~17:00, 야간 개장 시 22:00까지 · **입장료** 7,000원, 썰매이용료 18,000원 · **전화번호** 041-942-0797 · **홈페이지** http://m.alpsvill.com/

충청남도의 알프스라 불리는 칠갑산 아래 자리 잡은 천장리는 천장호수가 어우러지는 풍경으로 천장리 알프스마을로 불린다. 2004년부터 농촌마을 개발사업을 시작해 2008년 제1회 칠갑산얼음분수축제를 개최하고 현재까지 대표 겨울 축제를 이어오고 있다.

더 추워야 더 아름다워지는 곳이 바로 청양 알프스마을이다. 매년 12월부터 2월 중순까지 물을 뿌려 만든 인공빙벽과 수십 개의 얼음조각상 그리고 눈썰매 등 다른 곳에서는 만날 수 없는 겨울 나라 풍경을 볼 수 있다. 거기에 얼음 썰매, 군밤 굽기, 깡통열차 타기 등 다양한 체험도 가능해 아이들과 함께하기 좋다.

TIP

- 주차장이 입구 가까이에 있지만 금방 만차가 되기 때문에 가능하면 마을 입구에서 200~300m 떨어진 주차장에 차를 세우고 걸어가는 것이 좋다.
- 인터넷으로 사전 결제 시 빠르게 입장 가능하니 사전 예매를 추천하며, 아이들과 함께 방문 시 체험이 포함된 통합권 구매를 추천한다.
- 미끄러우니 안전하고 따뜻한 신발을 추천하며 핫팩은 필수다.
- 입구보다는 집라인이 있는 안쪽으로 들어가면 펜스 없이 사진을 찍을 수 있다.

주변 볼거리·먹거리

농부밥상 청양 지역 농민들이 직접 재배하고 공급하는 로컬 푸드 식당이기에 재료가 신선하다. 창가에서 칠갑저수지를 내다보며 넓은 실내에서 식사할 수 있어 더욱 좋다.

Ⓐ 충청남도 청양군 대치면 칠갑산로 704-18 Ⓞ 화~금요일 10:00~22:00(21:00 라스트 오더), 토~일요일 11:00~19:30(19:00 라스트 오더)/매주 월요일 휴무 Ⓣ 041-944-0900 Ⓜ 버섯전골 한상 15,000원, 청양농부 한상 19,900원, 스페셜 한상 24,000원(2인 이상), 구기자떡갈비 한상 15,000원. 평일 점심특선 12,000원(1인 이상)

SPOT 2
폭포가 꽁꽁 얼어도 괜찮아
수옥폭포

주소 충청북도 괴산군 연풍면 원풍리 86-1 · 가는 법 수안보 시외버스터미널에서 버스 401-3번 승차 → 수옥정 하차 → 도보 5분(276m)

폭포는 무더운 여름에 가는 것이 보통의 상식이지만 추운 겨울에 가야 하는 폭포가 있다면 바로 이곳이다. 위쪽에 원풍 저수지와 연결되어 겨울에도 수량 걱정 없이 영하의 날씨가 며칠씩 이어지면 폭포는 새하얀 빙벽으로 변신하기 때문이다.

높이 20m의 3단 폭포는 고려시대 공민왕이 홍건적을 피해 이곳으로 피신했다고도 전해진다. 폭포 아래 언덕진 곳에 정자가 있었는데 1711년에 연풍 현감으로 있던 조유수가 청렴했던 삼촌 동강 조상우를 기리기 위해 정자를 짓고 이를 수옥정이라 이름 지었다.

추운 겨울이 아니라면 깎아지른 듯한 절벽을 따라 3단으로 시원한 물줄기가 떨어진다. 이런 폭포 모습 덕에 '씻어내린 구슬'이라는 폭포 이름을 얻었다. 절벽과 울창한 숲이 무대 세트장 같아 이곳은 드라마 <선덕여왕>, <다모> 등 수많은 사극의 촬영지로 이용되었다.

폭포 위쪽에 있는 수옥정은 여름철에만 운영하는 수옥정 물놀이장으로 유명해 여름철 가족 단위 여행자들이 많이 찾는 곳이다.

주변 볼거리·먹거리

조령산묵밥청국장
조령산자연휴양림 앞에 있는 식당이다. 이름처럼 묵밥과 청국장이 대표메뉴이며 깻잎, 고들빼기 김치 등 직접 만든 밑반찬 하나하나가 밥도둑이다. 물론 청국장과 묵밥도 시골 할머니 집에서 먹는 손맛이 그대로 담긴 맛이다. 청국장 등은 직접 구매도 가능하다.

Ⓐ 충청북도 괴산군 연풍면 새재로 1854 Ⓞ 10:00~19:00 Ⓣ 043-833-4687 Ⓜ 청국장 8,000원, 묵밥 8,000원

TIP
- 주차장에서 도보로 400m만 이동하면 되기 때문에 아이들과 함께 가기에 좋다.
- 빙벽은 미끄러우니 주의가 필요하다.
- 한파가 일주일 이상 지속되어야 폭포에 빙벽이 만들어지니 일기예보에서 한파주의보가 지속된다면 그때가 바로 수옥폭포 빙벽을 보러갈 때다.
- 얼음이 덜 얼었거나 폭포물이 떨어질 때 폭포 사진을 찍는다면 촬영 시간을 3초 이상 장노출로 촬영해 폭포수가 떨어지는 모습을 담아보자. 핸드폰도 수동으로 촬영 시간 조정이 가능하다.
- 도로를 따라 데크길이 잘 조성되어 있어 산책하기에도 좋다.

SPOT 3

저수지를 품은 카페

카페
엔학고레

주소 충청남도 공주시 반포면 불장골길 113-12 · 가는 법 자동차 이용 · 운영시간 11:00~19:00(18:30 라스트 오더) · 전화번호 0507-1338-6449 · 대표메뉴 엔학고레 7,000원, 아메리카노 6,000원 · 홈페이지 https://www.instagram.com/cafe.enhakkore/

성경 속 '목마른 자의 샘'이란 뜻을 가진 이곳은 불장골저수지를 품은 카페로 사계절 아름다운 곳이다. 몇 년 전까지만 해도 삼겹살로 유명한 고깃집이었지만 물안개와 일출로 입소문을 타면서 카페로 바뀌었다.

전면 유리창 덕분에 추운 겨울에도 커피 한 잔 하며 눈 구경하기 좋은 곳이다. 특히 겨울철 영하의 날씨가 이어지면 저수지가 꽁꽁 얼어 그 위로 눈이 쌓인 풍경을 볼 수 있다. 엔학고레를 가장 조용히 볼 수 있는 시기이기도 하다.

주변 볼거리·먹거리

충현서원 충청남도에 세워진 최초의 서원이다. 작은 서원이지만 가을에는 단풍으로 붉게 물들고 눈이 내리는 겨울에는 기와 담장 위로 하얗게 눈 쌓인 풍경을 만나 볼 수 있는 곳이다.

Ⓐ 충청남도 공주시 반포면 공암장터길 28-6 ⓣ 041-840-8224

TIP
- 1km 정도 시골 외길을 따라가야 하니 운전이 익숙하지 않은 사람들은 주의해야 한다.

추천 코스 이색체험으로 색다른 겨울을 즐기는 법

1 COURSE 조령산자연휴양림 🚗 자동차 7분
2 COURSE 수옥폭포 🚗 자동차 8분
3 COURSE 연풍순교성지

주소: 충청북도 괴산군 연풍면 새재로 1700
운영시간: 09:00~18:30(입장 마감 16:30)
전화번호: 043-833-7994
홈페이지: www.foresttrip.go.kr/indvz
가는 법: 수안보시외버스터미널에서 버스 104-8번 승차 → 고사리 하차 → 도보 700m

울창한 소나무숲과 기암괴석이 조화를 이루는 백두대간 고개 아래에 자리 잡은 자연휴양림이다. 깔끔하게 새 단장한 숲속의집, 복합휴양관이 있어 숲속에서 숙박하며 숲체험을 할 수 있고 일부 숲속의집에는 발코니에 족욕 시설이 있어 이색체험이 가능하다. 옛 선비들이 넘나들던 새재 과거길, 조령 제3관문을 걸어서 볼 수 있으며 걷다 보면 어느새 경상북도 문경에 도착해 있을 수도 있다.

주소: 충청북도 괴산군 연풍면 원풍리 86-1

1월 5주 소개(062쪽 참고)

주소: 충청북도 괴산군 연풍면 삼풍리 187-2
운영시간: 09:30~17:30
전화번호: 043-833-5064

1791년 신해박해를 피해 연풍지역에 은거하던 신자들이 1801년 신유박해 때 처형당한 장소이다. 성지에는 옛 연풍향청, 높이 8.5m의 십자가상, 황석두 성인의 입상과 묘, 다블뤼 주교 등 5인의 성인상 등이 있다. 연풍향청도 예배소로 이용되고 있으며 당시 순교자들을 처형했던 처형석이 전시되어 있다.

1월의 충청도
일출을 보며 새해를 맞는 일출여행

한 해를 시작할 때면 매년 '일찍 일어나겠다', '운동을 해보겠다'는 다짐을 한다. 그래도 일 년 중 다짐을 실천하기 위해 가장 노력하는 때가 바로 1월이 아닌가? 두 가지 모두를 실천하는 방법이 바로 일출 산행이다. 일출 산행이 어렵다면, 운동을 위해 등산을 시작해보는 것은 어떨까? 또는 일찍 일어나기 위해 가까운 공원에서 일출을 보는 것은? 일 년 중 해가 가장 늦게 뜨는 시기이기에 조금 게으름을 피우더라도 일출을 볼 수 있기 때문이다. 일출을 보러 나와 있는데 새하얀 눈이 쌓여 있다면 더 좋겠다. 새하얀 눈밭 너머로 주황빛의 일출을 보면서 차분하게 새해를 맞이해 보자.

2박 3일 코스 한눈에 보기

첫째 날
1. 16:00 단양시외버스공영터미널 → 버스 죽령-평동행 → 군농협앞 승차 도담삼봉 하차 → 16:30 도담삼봉 389p → 숙소

둘째 날
2. 09:00 다리안 국민관광지 → 등산 약 6.8km → 14:00 소백산 비로봉 48p → 등산 약 6.8km → 17:00 다리안 국민관광지 → 숙소

셋째 날
3. 07:00 중앙탑사적공원 일출 54p → 버스 412번 → 중앙탑 승차 탄금대 입구 하차 → 08:30 탄금대 55p → 버스 202-1번 → 터미널 승차 토계 하차 → 11:00 수주팔봉 56p → 버스 240-1번 → 토계 승차 수안보 하차 → 14:00 성봉채플교회 57p → 버스 247번 → 수안보시외버스 정류장 승차 터미널 하차 → 16:00 충주공용버스터미널

2월은 꽃 피는 봄이 오기를 기다리는 마음과 그럼에도 추운 겨울의 풍경을 보고 싶은 마음이 공존하는 달이다. 겨울의 쓸쓸한 풍경이 아쉽다면 따뜻하고 초록 가득한 식물원으로, 책방에서 책 한 권 골라 읽으며 차 한잔 해도 좋고 레트로 감성의 마을로 골목여행을 하거나 카페 투어를 해도 좋다. 봄을 기다리지만 눈이 쌓이면 아름다운 설경에 감탄하면서 이렇게 겨울이 가나 싶어 아쉬운 마음이 공존하는 그런 2월이다.

2월의 충청도

겨울과
봄의 공존

2월 첫째 주

겨 울 과 봄 사 이

6 week

SPOT 1
추운 날에는 따뜻한 온실로
세계꽃식물원

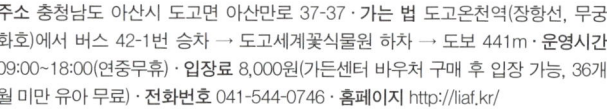

주소 충청남도 아산시 도고면 아산만로 37-37 · **가는 법** 도고온천역(장항선, 무궁화호)에서 버스 42-1번 승차 → 도고세계꽃식물원 하차 → 도보 441m · **운영시간** 09:00~18:00(연중무휴) · **입장료** 8,000원(가든센터 바우처 구매 후 입장 가능, 36개월 미만 유아 무료) · **전화번호** 041-544-0746 · **홈페이지** http://liaf.kr/

　추운 겨울에도 봄을 느끼고 싶다면 실내 온실을 추천한다. 세계꽃식물원은 연중 3,000여 종의 원예종 관상식물을 관람할 수 있는 국내 최대 규모의 실내 온실 식물원이다. 2004년 개장해 요즘 생긴 식물원에 비하면 투박하고 세월의 흐름을 느낄 수 있지만 추운 겨울 속 화사한 봄을 느끼기엔 부족함이 없다. 2월 초부터는 실내에서 알록달록 튤립도 볼 수 있어 이른 봄을 만나고 싶다면 추천한다. 관람하고 나오는 길 바우처로 이른 꽃 화분 하나를 구매해 집에서 봄기운을 더해 보자.

TIP
- 입장부터 퇴장까지 약 40분 정도 소요되지만 사진을 찍는다면 더 소요될 수 있다.
- 바우처는 합산으로 구매할 수 있으니 그동안 사고 싶은 화분이 있다면 구매해도 좋다.

주변 볼거리·먹거리

인유카페 1912년 지어진 100년 넘은 고택이 카페로 대변신했다. 통유리창으로 답답하지 않고 따스한 햇볕을 받으며 힐링할 수 있다. 한옥과 잘 어울리는 인절미크림라테, 흑임자크림라테 한 잔 마시는 것을 추천한다. 정원이 아름다운 곳이어서 초록빛이 짙어지는 계절도 좋다.

Ⓐ 충청남도 아산시 도고면 아산만로198번길 23 1층 Ⓞ 11:00~19:30/매주 월요일 휴무 Ⓗ http://instagram.com/inew__cafe Ⓜ 인절미크림라테 6,500원, 흑임자크림라테 6,500원, 아메리카노 5,000원

SPOT 2

눈 내리는 날 가고 싶은 곳
예산성당

주소 충청남도 예산군 예산읍 예산로161번길 10 · **가는 법** 예산종합터미널에서 버스 200번 승차 → 경남주유소에서 하차 → 도보 260m · **전화번호** 041-332-2564

　예산성당은 1933년에 착공하여 1934년에 준공한 성당 건축물이다. 한국인 신부에 의해 건립된 건축물로 원형이 잘 보존되어 있고 일본의 건축문화를 거치지 않고 서양 건축문화를 직접 수용하여 토착화한 건축물이라 근대 건축사 연구의 중요한 자료가 된다.

　붉은벽돌의 고딕양식으로 아치형 출입문, 뾰족한 첨탑 덕분에 눈이 내리면 제대로 된 인생 사진을 찍을 수 있다.

주변 볼거리·먹거리

60년전통예산장터국밥 예산에는 국밥과 국수집이 밀집해 있는 백종원거리가 있다. 예산시장 앞에 있어 넓은 주차장도 이용할 수 있다. 여러 국밥집이 있지만 이곳이 TV 유명세로 손님이 제일 많다. 한약재 향이 가득한 맑은 육수에 두툼하게 썬 고기가 듬뿍 들어가 있는 소머리국밥 한 그릇이면 추위에 언 몸도 녹일 수 있다.

Ⓐ 충청남도 예산군 예산읍 관양산길 12-1 Ⓣ 05:00~20:00 Ⓣ 041-332-3664 Ⓜ 소머리국밥 8,000원, 국수 6,000원, 소머리수육(大) 30,000원, 소머리수육(小) 20,000원

TIP
- 도심에서 가깝고 주차장에서 성당까지도 가까워 눈이 내리는 날에 가보는 것을 추천한다.

SPOT 3

예술 작품 같은 건물
아레피

주소 충청남도 아산시 영인면 영인로 187-15 · **가는 법** 아산시외버스터미널에서 버스 614번, 610번, 601번 승차 → 아산 갈매지 하차 · **운영시간** 10:00~22:00(라스트 오더 21:00) · **전화번호** 0507-1363-2568 · **대표메뉴** 카페라테 8,000원, 아메리카노 7,000원, 플레인 마들렌 3,000원, 클래식 파운드케이크 4,500원

영인저수지 앞에 자리 잡은 아레피 카페는 깔끔하고 아름다운 3층 건축물로 한편의 대형 예술품을 보는 듯하다. 전국에서 유명한 대형카페와 리조트를 많이 디자인하고 한국건축대상을 수상한 곽희주 건축가의 작품이다.

넓은 영인저수지 앞에 위치해 바다가 아니어도 아름다운 물빛을 감상하며 커피를 즐길 수 있다. 야외 좌석은 온돌로 되어 있어 추운 겨울에도 따뜻하며, 일몰 맛집으로 저녁 시간이 되면 저녁 햇살에 반짝이는 물빛을 볼 수 있다. 커피 가격은 다른 곳에 비해 비싼 편이지만 공간 이용 비용이 포함되어 있다고 생각해도 좋겠다.

주변 볼거리·먹거리

여민뜰 영인산자연휴양림 근처에 있는 식당으로 지역에서 나는 제철 나물과 텃밭의 유기농 채소, 건강한 고기 등 자연주의 식자재로 건강한 밥상을 담아내는 한옥식당이다. 영월 곤드레솥밥은 비건 메뉴라 채식주의자와 함께 즐기기에도 좋다.

Ⓐ 충청남도 아산시 영인면 여민루길 62 Ⓣ 041-546-6565 Ⓜ 법성포 보리굴비 한상 30,000원, 영월 곤드레솥밥 15,000원, 제육쌈밥과 보리된장 15,000원, 한우떡갈비 반상 20,000원

추천 코스 예산에 눈이 내리면 가기 좋은 곳

1 COURSE 예산성당 → 자동차 6분 → **2 COURSE** 향천사 → 자동차 16분 → **3 COURSE** 예당호출렁다리

주소 충청남도 예산군 예산읍 예산로161번길 10
전화번호 041-332-2564
가는 법 예산종합터미널에서 버스 200번 승차 → 경남주유소 하차 → 도보 260m

2월 6주 소개(072쪽 참고)

주소 충청남도 예산군 예산읍 향천사로 117-20

예산 금오산 자락에 있는 삼국시대 백제 승려 의각이 창건한 천년고찰로 수덕사의 말사이다. 창건 설화에 따르면 경내 전각 중 천불전 근처에 '향기로운 냄새가 흘러나오는 샘물'인 향천이 있어 샘물 자리에 사찰을 지어 향천사라 이름하였다고 전해진다. 가을에는 단풍이 아름다운 곳이며 눈이 오면 하얀 눈이 경내에 쌓여 아름다운 곳이 된다.

주소 충청남도 예산군 응봉면 후사리 39
운영시간 하절기(3~11월) 09:00~22:00, 동절기(12~2월) 09:00~20:00/매월 첫째 주 월요일 휴무
전화번호 041-339-8287
etc 동절기에는 다리를 건널 수는 없으나 예당호 산책로를 따라 출렁다리 관람 가능

2019년 개통한 예당호출렁다리는 총 길이 402m를 자랑한다. 겨울 동안 얼어붙은 예당호 위로 새하얀 눈이 쌓인 풍경이 웅장한 출렁다리와 함께 잘 어우러진다.

2월 둘째 주

아직은 추워 책방여행

7 week

SPOT 1
우리나라 최초의 가정식 서점
숲속작은책방

주소 충청북도 괴산군 칠성면 명태재로미루길 90 · **가는 법** 괴산시외버스터미널에서 버스 141-22번 승차 → 미루마을 하차 → 도보 200m · **운영시간** 13:00~18:00 · **입장료** 방문자는 책 한 권씩 구매 필수 · **전화번호** 043-834-7626 · **홈페이지** https://blog.naver.com/supsokiz

　마당을 통과해 서점으로 들어간다? 바로 괴산 칠성면 전원마을에 자리 잡은 숲속작은책방 이야기다. 이곳은 2014년 우리나라에서 가장 먼저 가정식 서점과 북스테이를 선보인 곳이다. 서울에서 괴산으로 내려오면서 그동안 모은 책으로 주인장의 취향이 고스란히 담긴 작은 책방을 열었다. 책을 좋아하는 이들은 책과 함께 하룻밤 머물며 북스테이를 할 수도 있다. 책방이지만 작은 음악회도 열리면서 책과 함께 문화를 공유하는 공간이 되고 있다. 또한 괴산군 학생들과 함께하는 프로그램도 진행하고 있어 의미 있는 공간이 되어가고 있다.

도서관처럼 책 분류에 따른 진열이 아닌 관심을 불러일으키는 책 진열과 가정집에서 책 읽는 분위기에 책에 관심이 없던 아이도 이곳에 간다면 책과 친해질 수 있는 그런 책방이다.

대신 이곳에 들어온다면 무조건 책을 구매해야 한다. 대문 앞에는 '책을 좋아하는 분들의 방문을 환영합니다. 책방에 들어오시면 누구나 책을 꼭 사가셔야 하는 원칙을 지켜주시면 시골마을 작은 책방이 아주 오래도록 행복하겠습니다.'란 안내문이 있다. 그래서 실제로 이곳의 유명세로 사진을 찍으러 왔던 이들은 이 안내문을 보고 발길을 돌리는 경우도 있다고 한다. 책을 구매하기 위해 책방 안으로 들어오는 이들을 위해 책방지기는 아낌없이 책을 추천하고 공간을 소개한다. 일단 책방 안으로 들어왔다면 분명 책을 좋아하는 사람이기 때문이다.

주변 볼거리·먹거리

서울식당 괴산시외버스터미널 근처에 있어 괴산 여행 시 대표 음식인 올갱이국을 맛보기 좋은 곳이다. 올갱이는 다슬기의 방언으로 괴산 괴강 근처에서 많이 잡힌다. 다슬기를 계란물에 살짝 담가 된장 국물에 풀어 끓여낸다. 국내산 재료로만 만든 장아찌 반찬들과 곁들여 먹으면 더욱 좋다. 40년 가까이 운영하여 백년가게로 지정되었다.

ⓐ 충청북도 괴산군 괴산읍 읍내로 283-1 ⓞ 07:00~20:30 ⓣ 043-832-2135 ⓜ 올갱이해장국 10,000원

TIP
- 전원주택단지 안에 있어 다른 곳도 궁금하겠지만 개인 주택이니 출입을 삼가자.
- 안방에는 아이들만을 위한 그림책 공간도 있다.

SPOT 2
세종시 1호 독립출판 서점
단비책방

주소 세종특별자치시 전의면 비암사길 75 · 가는 법 조치원역에서 버스 86번 승차 → 다방1리 마을회관 하차 → 도보 600m · 운영시간 수~일요일 10:00~19:00/매주 월~화요일 휴무 · 전화번호 010-9447-1267 · 홈페이지 https://www.instagram.com/danbi_2018/

　　　　세종시 1호 독립출판 서점은 전의면 전원주택단지에 자리 잡고 있다. 세종시 1호 독립출판 서점답게 실제로 1인 독립출판 서적을 이곳에서 볼 수 있다. 음료 한 잔 주문해 두고 책방을 둘러보며 맘에 드는 책을 골라 계산하고 이곳에서 편히 책을 읽을 수 있다. 자연 속에서 독서하며 힐링할 수 있기를 바라는 주인장의 문구가 마음에 와닿는 그런 곳이다. 책을 보다 보면 작가의 친필 사인이 있는 책도 있고 책방지기가 직접 쓴 책에 대한 메모도 있어 다른 대형서점에서는 경험할 수 없는 소소한 즐거움이 있다. 북스테이도 겸하고 있어 자연을 느끼며 책과 함께 하룻밤 묵어갈 수 있다.

TIP
- 단비책방으로 가는 길에 있는 도깨비 도로도 놓치지 말자.
- 작가들의 북토크도 종종 열리는데, 북토크 일정은 책방지기의 인스타그램으로 안내되니 관심이 있다면 방문 전 확인해 보자.
- 신간도서 등에 대한 안내도 인스타그램에서 확인할 수 있으니 원하는 책이 있다면 미리 주문할 수 있다.
- 2층 다락방에서 차 한잔 마시며 책방지기가 모아둔 중고책을 읽을 수 있고 구매도 가능하다.

주변 볼거리·먹거리

비암사 운주산 자락에 자리 잡은 삼국시대에 창건된 천년고찰이다. '아니온 듯 다녀가소서'라는 말과 함께 850년이 훌쩍 넘은 느티나무가 입구에서 반기는데 이 나무는 잎이 나는 모습으로 한해 농사의 풍흉을 점치는 나무였다고 전해진다. 경내를 돌아보고 바로 돌아가지 말고 잠시 화장실 옆으로 난 등산로를 따라 2~30m 정도만 올라가 보자. 한눈에 비암사를 내려다볼 수 있다.

Ⓐ 세종특별자치시 전의면 비암사길 137 Ⓣ 044-863-0230

SPOT 3

학교 앞 자전거포의 변신
오래된미래

주소 충청남도 당진시 면천면 동문1길 6 · 가는 법 당진버스터미널에서 버스 430번, 420번 승차 → 면천정류소 하차 · 운영시간 11:00~18:30/매주 월요일 휴무 · 전화번호 0507-1316-1830

당진 면천읍성에 자리 잡은 책방으로 학교 앞 오래된 자전거포를 개조해 책방으로 만들었다. 1층에서는 여느 서점처럼 책을 골라 구매할 수 있고, 서점이지만 2층은 감성 가득한 카페로 음료 주문 후 구매한 책을 읽으며 시간을 보낼 수 있다.

책방 이름의 '오래된미래'는 환경운동가 헬레나 노르베리 호지가 쓴 책 제목에서 따왔다. 이 책방 또한 면천의 지역과 유대관계를 맺고 서로 협력하기를 바라는 마음이 아니었을까? 도서관 프로그램을 만들어 운영하고 책 만들기 수업도 하면서 책방이 아닌 면천의 문화를 만들어가고 있다. 면천읍이 레트로 여행지로 주목받으면서 이곳은 꼭 들러야 할 여행지로 자리매김했다.

주변 볼거리·먹거리

진달래상회 80년 된 대폿집을 개조해서 만든 소품 가게다. 가게 이름은 당진을 대표하는 꽃 진달래에서 따왔으며, 지역 수공예 작가들의 유리 공예, 액세서리, 뜨개 작품 등 다양한 작품들을 판매·홍보하고 있다. 이곳을 돌아보다 보면 사고 싶은 작품이 많아 주머니가 가벼워질 수 있으니 주의가 필요하다.

Ⓐ 충청남도 당진시 면천면 동문1길 4

추천 코스 공주 책방 투어

1 COURSE 블루프린트북
🚶 도보 4분

2 COURSE 가가책방
🚶 도보 3분

3 COURSE 가가상점

주소 충청남도 공주시 제민천1길 55 3층
운영시간 10:30~19:00
전화번호 0507-1363-6163
가는 법 공주종합버스터미널에서 버스 130번 승차 → 중학동 하차 → 도보 3분

제민천변에 자리 잡은 모던한 책방으로 1층에 인기 카페 프론트가 있고 그곳에서 구매한 음료를 이곳 서점에서 마실 수 있다. 서점에서 제민천을 한눈에 내려다볼 수 있다. 서점과 카페가 있는 건물 자체가 독특해 제민천 건너에서 건물 사진도 남겨보자.

주소 충청남도 공주시 당간지주길 10
운영시간 10:00~20:00/무인 이용
입장료 5,000원/카카오페이나 공주페이로 결제
전화번호 0507-1486-4982
홈페이지 https://brunch.co.kr/@captaindrop

공주 제민천을 걷다 보면 독립서점이 많이 보인다. 그중 이곳은 무인으로 운영되는 곳이다. 입구에 있는 전화번호로 연락하면 비밀번호를 안내해 주고 혼자 문을 열고 들어가 책방을 이용하면 된다. 책방이지만 테이블 위에는 색연필과 메모지 그리고 새하얀 종이가 있어 책을 읽으며 이곳의 추억을 글과 그림으로 남길 수 있다. 책방이라기보다는 잠깐이나마 나만의 아지트를 찾은 듯하다.

주소 충청남도 공주시 감영길 3
운영시간 11:00~19:00/매주 월요일 휴무
전화번호 010-3083-0361

가가책방 사장님이 운영하는 상점이다. 책뿐만 아니라 공주지역에서 활동하는 단체, 화가, 공방들이 기획한 소품을 판매한다. 소소한 즐거움을 찾는 이들에게 추천한다.

2월 셋째 주

강경으로 떠나는
근대역사여행

8 week

SPOT 1

일몰이 아름다운 곳

옥녀봉

주소 충청남도 논산시 강경읍 북옥리 · **가는 법** 강경역 → 도보 20분 · **전화번호** 041-730-4601 · **주차장** 무료 공영주차장

    강경읍 북쪽에 자리 잡은 낮은 야산이다. 봉우리에 오르면 낮지만 금강을 한눈에 내려다볼 수 있고 저녁이 되면 금강 너머로 지는 일몰을 볼 수도 있다. 큰 나무 아래 전망대가 있어 벤치에 앉아 일몰 보기에 안성맞춤이다.
    달 밝은 보름날 하늘나라 선녀들이 이 산마루에 내려와 아름다운 경치를 즐겼고 맑은 강물에 목욕하고 놀았다는 전설이 있을 만큼 전망 좋은 곳이니 논산에 왔다면 이곳에 들러보기를 추천한다.

주변 볼거리·먹거리

강경해물칼국수 푸짐한 양의 해산물이 들어있는 해물칼국수집으로 메뉴도 해물칼국수 딱 하나뿐이다. 계절에 따라 다르지만 굴, 홍합, 바지락이 먹어도 먹어도 끝없이 나오는 신기한 경험을 하게 된다. 좌석은 넉넉하지만 인기 식당이라 주말에는 대기를 각오해야 한다. 포장도 가능하다.

ⓐ 충청남도 논산시 강경읍 계백로147번길 7 ⓞ 10:30~21:00 ⓣ 041-745-3940 ⓜ 해물칼국수 10,000원

TIP
- 부여 성흥산성과 비슷한 구도에 금강까지 내려다볼 수 있는 일몰 포인트지만 아직은 많이 알려지지 않아 조용하게 일몰을 볼 수 있다.
- 2월 중순이 되면 나무 아래 벤치로 해가 지므로 이 시기 일몰을 추천한다.
- 차가운 금강 바람을 맞을 준비를 하고 따뜻하게 옷을 챙겨 입고 가길 추천한다.
- 공영주차장에 차를 세우고 계단을 올라오면 왼쪽에 있는 강경침례교회 최초예배지도 놓치지 말자.

SPOT 2

하루 두 번 바다에 잠기는
다리로 이어지는 섬

웅도

주소 충청남도 서산시 대산읍 웅도리 · 가는 법 서산공용버스터미널 삼성생명 정류장에서 버스 230번 승차 → 웅도리입구 정류장 하차 → 도보 40분(2.8km, 자동차 이용 추천) 또는 대산버스터미널에서 버스 246번 승차 → 웅도리 하차 → 도보 464m

하루에 두 번 바다에 잠기는 다리가 있다. 실제 주민들이 섬으로 오가기 위해 이용하는 서산 웅도로 가는 유두교 이야기다. 섬의 모양이 웅크리고 있는 곰같이 생겼다 해서 웅도 또는 곰섬이라 불린다. 조수 간만의 차에 따라 때로는 섬이 되었다, 때로는 육지와 연결되기도 한다. 그래서 유두교를 보고 모세의 기적이 펼쳐지는 다리라고도 한다.

유두교에 물이 차는 것을 보고 싶다면 물론 만조에 가야 하지만 다리를 건너 섬에 들어가고 싶다면 간조에 방문해야 한다. 웅도에 들어갔다 다시 나오려면 물이 빠지는 간조시간에 나와야 하니 물때를 잘 보고 섬에 들어가자. 만조 1시간 전후로는 차량 통행이 불가능하다.

웅도의 유두교만 보고 돌아가는 여행자들이 많지만 만조 후 물이 빠지는 2시간 후 섬으로 들어가 한 바퀴 돌아보자. 웅도 반송은 밑에서부터 줄기가 여러 갈래로 갈라져 쟁반 같은 모양이다. 400년 정도 된 웅도 반송은 야산 기슭에 있지만 안내문이 잘 되어 있어 찾기 어렵지 않다. 소원을 들어준다는 전설도 있으니 소원을 빌어보자.

바지락, 굴 등이 많이 나오는 섬으로 다양한 갯벌체험도 진행되고 있으니 아이들과 함께 방문하기도 좋다.

바다에 잠기는 웅도 유두교는 2025년이면 더 이상 볼 수 없다. 여행자들에게는 바다에 잠겼다 나타나는 신기한 다리지만 바닷물이 다리 아래로 소통할 수 없어 갯벌 퇴적, 수산물 감소 등 해양 생태 환경 문제가 지속적으로 발생하고 있어 폐쇄형 유두교를 철거하고 다리 아래로 바닷물이 잘 통하는 교량을 만들 예정이다. 유두교 철거가 2025년이지만 그사이 공사가 진행될 수도 있으니 참고하자.

TIP
- 웅도로 가기 위해서는 인터넷에서 물때 시간을 읽을 수 있어야 한다. 만조는 밀물이 들어와 물이 가득 차는 때, 간조는 썰물로 물이 빠져나가 해수면이 낮아지는 때를 말한다.
- 유두교에 물이 차는 것을 보고 싶다면 만조 전에 여유 있게 방문해 물이 차오르는 것을 천천히 보기를 추천한다.
- 별도로 주차장이 없으니 유두교 가기 전에 있는 주변 공터에 안전하게 주차해야 한다.
- 물에 잠긴 유두교에 살짝 들어가 보고 싶다면 안전을 위해 만조가 지난 시간을 추천하며, 장화 또는 슬리퍼, 수건 등을 준비하자.

주변 볼거리·먹거리

벌천포해수욕장 자갈해변으로 서산에서 맑은 바다를 볼 수 있는 곳이다. 해수욕장 끝에는 솔밭 야영장이 있어 조용하게 여름 바다를 즐기고 싶은 이들이 많이 찾는 곳이다. 솔밭 야영장으로 가는 쪽 앞에는 흰발농게 조형물이 있는데 바로 멸종위기 해양생물인 흰발농게 서식지이기 때문이다.

Ⓐ 충청남도 서산시 대산읍 오지리

웅도집밥 최근 생긴 웅도 식당으로 마트를 함께 운영하고 있다. 바지락이 많이 생산되는 웅도의 식당답게 바지락을 이용한 칼국수, 바지락전이 대표적이며 1시간 전 예약하면 해물탕, 닭볶음탕 등도 가능하다. 마트에는 라면 끓이는 기계가 있어 한강라면이 아닌 웅도라면을 맛볼 수 있다. 야외 테이블도 있어 날씨 좋은 날 야외에서 웅도를 느끼며 식사할 수도 있다.

Ⓐ 충청남도 서산시 대산읍 웅도1길 32 102호 Ⓞ 09:00~21:00 Ⓣ 0507-1357-5139 Ⓜ 백반 9,000원, 바지락전 5,000원, 바지락칼국수 8,000원, 해물탕 15,000원(2인 이상, 1시간 전 주문)

SPOT 3

1900년대로 타임슬립
강경구락부

주소 충청남도 논산시 강경읍 계백로167번길 46-11 · 가는 법 강경역 대흥시장 정류장에서 버스 707번 승차 → 강경우체국 하차 → 도보 100m

강경에는 근대화 건물과 적산가옥이 곳곳에 남아 있어 100년 전으로 돌아간 듯한 착각이 든다. 그 중심에 있는 구 한일은행 강경지점(현 강경역사관) 뒤쪽에 강경구락부가 있다. 구락부는 클럽의 일본식 표현으로 100여 년 전 강경 개화기를 상징하는 복합문화공간이다.

마치 드라마 〈미스터 선샤인〉에 나올 법한 호텔과 커피하우스, 양과자점, 돈가스 식당, 광장 등이 한데 모여 있어 특별한 시간여행을 하고 싶은 여행자들에게 추천한다.

주변 볼거리·먹거리

커피인터뷰 강경
100년 전 카페는 이런 모습이 아니었을까? 대전 충청권에서 유명한 카페 커피인터뷰에서 운영하는 곳으로 각각 지역의 특색에 맞춰 인테리어를 하는데 이곳은 1900년대 카페다. 강경구락부에 위치한 양과자점이 바로 이곳에서 운영하는 곳이다. 옆에 있는 강경호텔은 스테이인터뷰에서 운영한다.
ⓐ 충청남도 논산시 강경읍 계백로167번길 46-11 ⓞ 09:00~18:00/17:30 라스트 오더 ⓣ 0507-1390-8788 ⓜ 아메리카노 4,500원, 리얼딸기라테 7,000원

하나네 수제돈까스
논산에서 인기 있던 돈가스집인데 강경구락부가 문을 열면서 이곳으로 이전했다. 깔끔한 분위기에서 돈가스를 먹고 싶다면 이곳을 추천한다.
ⓐ 충청남도 논산시 강경읍 계백로167번길 46-11 ⓞ 11:00~20:00(15:00~17:00 브레이크 타임)/매주 화요일 휴무 ⓣ 041-735-5257 ⓜ 돈가스 9000원, 치즈돈가스 11,000원, 파돈가스 12,000원, 매운돈가스 10,000원

추천 코스 걸어서 즐기는 강경근대화여행

1 COURSE
🚶 도보 3분

▶ 강경역사관
(구 한일은행 강경지점)

주소	충청남도 논산시 강경읍 계백로167번길 50
운영시간	10:00~17:00(12:00~13:00 휴게시간)/매주 월요일 휴관
가는 법	강경역 → 도보 20분

1913년 건축한 건물로 한호농공은행, 조선식산은행, 그리고 한일은행 강경지점으로 사용되었다. 현재는 강경의 근대문화유산을 살펴볼 수 있는 강경역사관으로 사용되고 있다.

2 COURSE
🚶 도보 3분

▶ 강경젓갈시장

주소	충청남도 논산시 강경읍 옥녀봉로27번길 30-3
운영시간	08:00~20:00
전화번호	041-745-1985

강경젓갈시장은 200년 전통을 지닌 곳이다. 1930년대까지 활발하게 거래되던 포구 덕분에 평양, 대구와 더불어 전국 3대 젓갈시장이었다. 젓갈 가게가 즐비하며 늦가을에는 젓갈 축제도 열린다.

3 COURSE

▶ 강경성당

주소	충청남도 논산시 강경읍 옥녀봉로27번길 13-3
전화번호	041-745-1298

강경성당은 1961년에 건립된 것으로, 일반적인 건축 구조 형식을 벗어나 아치 형식의 구조 프레임을 사용해 건축적, 종교사적 가치가 높다. 강경 지역은 일찍이 김대건 신부가 중국에서 사제서품을 받고 서해를 거쳐 첫발을 내디딘 곳으로 김대건 신부 기념관이 있다. 조용하게 이국적인 성당의 모습을 즐기기에 좋다.

2월 넷째 주

과거와 레트로의 공존

9 week

SPOT 1

청년들의 도시 재생으로
힙하게 다시 태어난 마을

규암마을
(자온길)

주소 충청남도 부여군 규암면 규암리 155-9(공영주차장) · **가는 법** 부여시외버스터미널에서 버스 300번, 301번, 35번, 31번 승차 → 규암시장 하차 → 도보 1분 · 운영시간 업체마다 다르나 매주 월~화요일 휴무가 많음

　백마강을 마주한 규암마을은 아주 오래전 나루터를 통해 물자가 오가던 시절 사람들로 북적이던 마을이었다. 그러나 백제대교가 개통되고 중심지가 이동하면서 사람들이 하나둘 떠나고 집들이 버려지면서 마을은 잊혔지만 지금 이곳이 변신하고 있다.
　오래된 규암마을의 근현대 건물을 문화 공간으로 개조해 이곳에 알맞은 콘텐츠로 채워가는 '자온길프로젝트'라는 기업형 도시 재생 프로젝트로 변신을 꾀하기 시작했다.
　2019년 처음 방문했을 때만 해도 4~5개의 상점만이 운영하고 있었는데 2년 만에 다시 찾은 이곳은 청년예술가들의 발길이 이어져 20여 개의 공방, 10여 개의 식당, 5개의 카페 그리고 사진관 등이 하나둘 생겨나고 있다. 이곳에 상점들이 하나둘 늘어날 때마다 이 마을은 점점 더 젊어지고 힙(hip)해지고 있다.

TIP
- 마을 입구나 가게에 비치된 규암마을 지도를 들고 구석구석 숨은 가게들을 찾아보자.
- 구옥을 그대로 살린 수월옥, 책방 세간, 선화핸즈 등 레트로 감성의 상점들 앞에서는 인생 사진을 남겨보길 추천한다.

주변 볼거리·먹거리

수월옥 사람의 손길이 끊긴 지 오래되어 흉가 같던 요정을 개조해 새롭게 태어난 카페다. '빼어난 달'이란 뜻을 지닌 수월옥은 세월의 흐름을 그대로 살리면서 그동안 시멘트로 가려져 있던 서까래를 찾아내 전통가옥을 복원하였다. 콘크리트의 모던함과 색동방석의 좌식 인테리어가 공존한다. 영화감독 출신의 바리스타가 내려주는 핸드드립 커피를 추천한다.

Ⓐ 충청남도 부여군 규암면 수북로 37 Ⓞ 12:00~18:00/매주 월요일 휴무 Ⓣ 010-5455-8912 Ⓜ 아메리카노 4,000원, 수월옥라테 4,500원, 수월옥드립커피 5,500원 Ⓗ https://instagram.com/swokheart

SPOT **2**

하트나무가 있다? 없다?
성흥산성

주소 충청남도 부여 임천면 군사리 산7-10 · **가는 법** 부여시외버스터미널에서 버스 300번, 314번 승차 → 임천 하차 → 도보 2.2km

　　성흥산성은 동성왕 때 사비성을 지키기 위해 268m의 성흥산에 쌓은 둘레 1,350m, 높이 3~4m의 석성이다. 축조 당시에는 가림성이었으나 성흥산의 이름을 따서 지금은 성흥산성으로 불린다.
　　주차장에 차를 세우고 오르다 보면 <서동요>, <호텔 델루나> 등 수많은 드라마 촬영 안내문이 있어 이곳이 인기 드라마 촬영지임을 알 수 있다. 그곳에서 5~10분 정도를 걸어 올라 숨이 찰 때쯤 거대한 느티나무 한 그루를 만날 수 있다. 이것이 성흥산성 사랑나무라 불리는 느티나무다. 이 나무는 400년 이상 된 것으로 추정되며 나뭇가지가 오묘한 형태로 꺾여 있어 멀리서 보면 하트의 반쪽처럼 보이는 까닭에 사랑나무라 불린다. 특히 나뭇잎이 떨어지고 가지가 앙상해지는 겨울에는 하트모양이 더욱 선명해진다.

해의 위치는 계절에 따라 다르지만 촬영 각도를 잘 맞춘다면 지는 해를 하트 속으로 넣어 인생 사진을 남길 수 있다.

TIP
- 마을 입구에서 2.2km 임도를 따라 오르거나 자동차로 이동이 가능하며 주차장은 450m 전에 위치, 마지막 100m는 가파른 계단을 따라 올라야 하니 안전하고 편한 신발 추천한다.
- 주말 일몰 시간에는 인생 사진을 남기려는 커플 여행자들이 줄을 서서 사진을 찍으니 참고하자.
- 일몰 명소이기도 하지만 일출 명소이기도 하니 이른 아침의 사랑나무와 일출을 추천한다. 운이 좋다면 운해와 일출을 동시에 감상할 수 있다.
- 사진을 두 장 촬영하고 붙여서 한 장의 하트나무를 만들어야 하니 삼각대는 필수다. 삼각대를 이용해 나무 아래에 서서 하트 절반을 찍고 같은 자리에 서서 다른 포즈로 찍는다. 그런 다음 한 장을 좌우 반전하고 반전한 사진과 또 다른 사진을 콜라주로 합성해 하트를 완성한다.

주변 볼거리·먹거리

사랑나무돈까스 성흥산성으로 가는 마을 입구에 있는 돈가스집으로 시골마을에 어울리지 않는 외관과 인테리어에 눈길이 가고 유튜버인 주인장(실버 버튼)의 이력에 놀라게 된다. 정갈한 세팅, 계절 장아찌와 반찬을 제공한다.

Ⓐ 충청남도 부여군 임천면 성흥로87 ⓞ 11:00~15:00/매주 화~수요일 휴무 Ⓣ 010-7936-8340 Ⓜ 등심돈가스 10,000원, 치즈돈가스 13,000원 Ⓗ https://instagram.com/lovetree_cutlet

SPOT 3
자온길 프로젝트의 시작
책방세간

주소 충청남도 부여군 규암면 자온로82 · 가는 법 부여시외버스터미널에서 버스 300번, 301번, 35번, 31번 승차 → 규암시장 하차 → 도보 1분 · 운영시간 11:00~19:00/매주 화요일 휴무 · 전화번호 041-834-8205 · 대표메뉴 블렌딩차 6,500원, 아메리카노 4,500원, 알밤쉬폰케이크 6,000원

자온길 프로젝트의 시작이 바로 이곳 책방세간이다. 80년 된 '임씨네 담배가게'는 레트로와 힙함이 더해진 서점 그리고 카페로 변신했다.

오래된 고택의 서까래 등을 최대한 살리면서 유지하고 추억의 소품과 감성적인 소품을 인테리어에 활용해 레트로 여행이 가능하다. 특히나 담뱃가게 이미지를 살리고자 담뱃갑 은박지를 재현해 벽면에 홀로그램 벽지를 이용한 것이 인상적이다.

책방이란 이름답게 단행본과 독립출판물이 가득하고 한켠에는 아기자기한 소품들이 가득하다. 물론 책을 차를 마시며 읽을 수도 있고 책, 소품 모두 구매 가능하다.

케이크 전문점으로 거듭나고 있는 이곳에서 부여의 특산물인 알밤이 더해진 케이크와 음료, 그리고 다양한 블렌딩 차를 맛볼 수 있다.

주변 볼거리·먹거리

백마강황포돛배타기 백마강은 백제의 제일 큰 강이란 뜻으로 금강의 하류인 규암면 호암리의 천정대부터 부여읍 세도면 반조원리까지 약 16km를 말한다. 황포돛대는 백제시대의 고증을 거쳐 만든 백마강 유람선으로 백마강 유람선 선착장, 구드래나루터 선착장, 고란사 선착장을 이용하며 백마강을 따라 낙화암, 고란사를 돌아볼 수 있다.

Ⓐ 충청남도 부여군 부여읍 나루터로72 Ⓒ 성인(왕복) 8,000원, 백마강 일주 코스(성인) 13,000원

추천 코스 규암마을 돌아보기

1 COURSE
▶ 선화핸즈

🚶 도보 1분

2 COURSE
▶ 부여서고

🚶 도보 2분

3 COURSE
▶ 부여제철소

주소	충청남도 부여군 규암면 수북로 57
운영시간	10:00~19:00/매주 일요일 휴무
대표메뉴	쌍화차 8,000원, 대추차 7,000원, 젤라또 5,000원
가는 법	부여시외버스터미널에서 버스 300번, 301번, 35번, 31번 승차 → 규암시장 하차

강변 주차장에 차를 세우면 제일 먼저 만나게 되는 상점인 선화핸즈는 생활공예 브랜드이다. 단순히 예쁜 소품을 판매하는 것이 아니라 백제금동대향로를 품은 나전칠기 소품, 곱돌로 만든 다기, 보자기 아트 등 일반 매장에서는 만날 수 없는 백제의 전통을 살린 수공예품을 판매하고 있다.

주소	충청남도 부여군 규암면 자온로 84
운영시간	10:30~20:00(식사시간 11:30~12:30, 17:30~18:30)

각 분야의 문화가 서고의 책처럼 많이 모인다는 의미를 담은 편집숍이다. 가족이 운영하는 근처에 있는 염색공방 '목면가게'에서 만든 패브릭 제품부터 동남아시아에서 만든 대나무 바구니까지 다양한 물건을 판매하고 있어 인테리어, 아기자기한 소품을 좋아하는 사람이라면 꼭 들러보길 추천한다.

주소	충청남도 부여군 규암면 자온로 72-1
운영시간	11:30~20:00(14:30~18:00 브레이크 타임)/화요일 휴무, 예약제 운영
홈페이지	http://instagram.com/season_of_buyeo

부여의 제철 식재료를 이용한 퓨전 레스토랑이다. 부여에서 나오는 방울토마토, 알밤, 취나물, 한우를 이용한 아란치니, 스테이크, 냉파스타 등 기존에 맛보기 힘들었던 퓨전 메뉴를 맛볼 수 있다. 자극적이지 않고 건강한 맛을 좋아하는 이들에게 추천한다.

SPECIAL

오랜 세월을 품은 마을로
레트로 감성여행

때로는 화려하고 유명한 명소보다 작은 마을에서 행복을 찾는다. 몇십 년 전부터 자리를 지켜 온 오랜 가게가 젊은 감성을 입고 감성 여행지로 재탄생하곤 한다. 세상은 바쁘게 돌아가지만 이곳의 시간은 다른 것만 같다. 천천히 걷고 기웃거리며 미소 짓게 되는 작은 마을을 소개한다.

면천읍성, 당진의 감성 여행지

조선시대의 읍성이다. 읍성 복원작업이 진행되고 '면천읍성 그 미술관', 책방 '오래된미래', 잡화점 '진달래상점' 등 조용한 시골마을에서 보기 드문 감성적인 가게들이 하나둘 생겨나면서 이곳은 감성 여행지가 되었다. 읍성 안에는 1100년이 훌쩍 넘은 은행나무 2그루가 있어 가을에 방문하면 황금빛 은행나무를 볼 수 있다. 봄철 벚꽃이 아름다운 군자정이 있고 박지원이 직접 설계한 골정지가 있다.

Ⓐ 충청남도 당진시 면천면 성상리 930-1

판교마을, 시간이 멈춘마을

이곳은 경기도 판교가 아니라 서천 판교마을이다. 판교역은 1930년대 일제강점기시대, 식량수탈 및 징용 등을 위해 만든 장항선 중 하나였다. 철로 직선화 작업으로 판교역이 이전하면서 쇠락하던 판교마을이 어느덧 판교여행의 중심이 되었다. 역사는 '판교 특화 음식촌'이 되었고 사라진 역사 대신 역사모형이 있어 포토존 역할을 하고 있다. 한때 충청남도의 3대 우시장이었던 판교 옛우시장, 100년이 훌쩍 넘은 주조장과 일본식 적산가옥 장미사진관 등은 마치 시간이 멈춘 듯 교과서에서 본 모습 그대로다. 그래서 이곳을 걷다 보면 50년 전으로 타임머신을 타고 시간여행을 하는 듯하다. 이곳에서는 급한 것도 없고 천천히 걸어서 여행해 보자. 마을 한켠에 이곳 지도가 있다면 핸드폰으로 사진을 찍어 들고 다니며 옛 건물 찾기를 해보자. 구판교역 앞에는 냉면, 콩국수 가게가 3~4곳 정도 있으니 출출하다면 냉면이나 콩국수 한 그릇 먹고 여행을 이어가도 좋다.

Ⓐ 충청남도 서천군 판교면 종판로 882-8

삽교호놀이동산, 레트로 감성 놀이공원

아마존 익스프레스도 없고, 아찔한 롤러코스트도 없지만 이곳은 화려한 대형 회전관람차와 회전목마로 레트로 감성을 자극한다. 이곳에서 실제로 놀이기구를 타는 이들은 방문하는 이들에 비해 많지 않다. 놀이기구를 타러 이곳에 오는 것이 아니라 이곳의 감성을 느끼러 오는 것이라 할 수 있다. 이곳이 가장 인기가 좋을 때는 모내기철 논에 물을 대었을 때 회전관람차 반영을 물 채운 논에서 볼 수 있을 때와 들판이 황금빛으로 물들 때다. 거기에 해 질 무렵 일몰이 더해진다면 이곳은 전국에서 사진작가와 인생 사진을 찍으려는 여행자들이 찾는 곳이 된다.

Ⓐ 충청남도 당진시 신평면 삽교천3길 15 Ⓞ 10:00~22:00 Ⓗ http://www.sghland.com/

공주 제민천

공주 원도심의 도시 재생으로 제민천이 달라지고 있다. 학구열 높은 공주에는 하숙생이 많았는데 그때를 떠올릴 수 있는 숙박시설 '공주하숙마을'을 중심으로 6070 감성을 만들어가고 있다. 거기에 청년들이 원도심으로 와서 책방, 카페 등을 운영하면서 힙한 감성이 더해지고 있다. 위험한 뒷골목은 도시재생 프로젝트 '잠자리가 놀다가 골목' 덕분에 골목여행하기 좋은 곳이 되었다. 그 중심에 흥차가게 '루치아의뜰'이 있다. 6070 향수를 불러일으키는 제민천에 젊은 감각이 더해져 경주 황리단길 못지않은 인기 골목이 되길 기대해본다.

Ⓐ 충청남도 공주시 당간지주길 21

2월의 충청도
겨울과 봄 사이 레트로여행

2월에는 추운 겨울이 빨리 끝나고 화사한 꽃 피는 봄이 왔으면 하는 마음이 간절하다. 이런 마음을 시샘이라도 하듯 가끔 함박눈도 펑펑 내린다. 영하의 날씨도 이어지지만 그래도 낮 기온은 따뜻해지니 잠깐 패딩은 벗어두고 멋스러운 코트를 꺼내입은 후 드라마 세트장으로 또는 레트로 감성의 공간으로 여행을 떠나보자. 레트로는 과거의 추억이나 전통을 그리워해 다시 그 시절로 돌아가려는 흐름이다. 개발되지 않아 옛 추억을 떠올릴 수 있는 자연스러운 곳도 있고 복고열풍에 맞춰 인위적으로 만들어진 카페나 가게도 있다. 둘 다 우리의 추억을 자극하고 향수를 느끼게 하기에는 충분하다.

🚩 2박 3일 코스 한눈에 보기

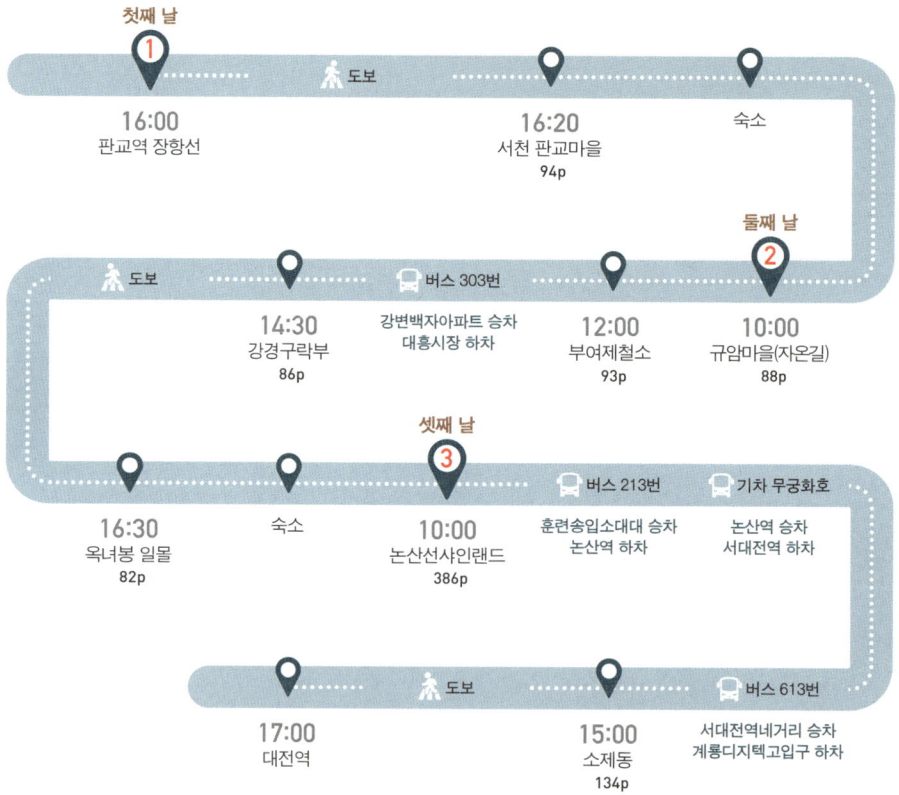

3월 중순이 되면 곳곳에 매화, 산수유, 목련 등 봄꽃이 피기 시작한다. 대전의 동춘당과 논산 종학당의 매화 개화 소식에 벌써부터 마음이 설렌다. 곧 경쟁이라도 하듯 꽃망울을 터트리고, 노란 별 같은 수선화가 피면서 3월 꽃놀이는 절정을 이룬다. 제주도와 남도에서만 볼 수 있다 생각했던 빨간 동백꽃을 서천에서도 만날 수 있다는 사실에 놀라기도 한다. 언제 꽃이 피나 기다리던 맘은 어느덧 조금씩 천천히 피어 모두 볼 수 있었으면 하는 마음으로 바뀌게 되는 3월이다.

3월 첫째 주

잊지 말자! 대한독립만세!

10 week

SPOT 1

역사를 잊은 자 미래는 없다
독립기념관

주소 충청남도 천안시 동남구 목천읍 독립기념관로 1 · **가는 법** 천안종합버스터미널에서 버스 383번, 390번, 400번 승차 → 독립기념관 하차 · **운영시간** 하절기(3~10월) 09:30~18:00, 동절기(11~2월) 09:30~17:00/매주 월요일 휴관, 휴관일에도 야외시설 이용 가능 · **전화번호** 041-560-0114 · **주차** 소형 2,000원, 대형 3,000원, 장애인 · 경차 · 하이브리드카 · 저공해차 등 1,000원 · **홈페이지** https://i815.or.kr/

삼일절과 광복절이 되면 생각나는 곳이다. 1987년 국민 성금으로 개관해 지난 30년 동안 대한민국의 역사관을 확립하는 중심이 되고 있다. 나라의 광복을 위해 목숨을 바친 수많은 애국지사의 희생과 독립운동의 역사 및 나라의 역사에 대해 알 수 있는 곳이다.

6개의 상설전시관과 특별전시관, 함께하는 독립운동(체험관), MR 독립영상관이 있다. 특히 고문실, 감옥 등을 실제처럼 꾸며놓아 선조들의 고통과 아픔을 간접적으로 체험할 수 있다. 어렸을 때 의무감에 누구나 한번은 가봤을 독립기념관이지만 찬찬히 다시 한 번 돌아본다면 그 모습과 의미가 다르게 다가올 것이다.

TIP
- 주차장과 버스 정류장에서 도보로 1km 이상 걸어야 하니 편한 신발은 필수다.
- 걷기 힘들다면 유료(성인 1,000원)로 운영중인 태극열차를 이용해 겨레의 집으로 갈 수 있다(겨레의탑-단풍나무숲길 입구-솔숲쉼터-추모의자리-독립군학교-통일의길-겨레의집).
- 홈페이지에 다양한 교육 프로그램이 있으니 아이들과 방문 예정이라면 미리 교육 일정을 확인해 보자.
- 독립기념관 서편에 자리한 조선총독부 철거 부재 전시공원은 놓치기 쉬우나 꼭 들러보자.
- 4km에 이르는 단풍나무길은 가을철 단풍 명소로 산책하기 좋은 곳이다.

주변 볼거리·먹거리

흑성산 일출 독립기념관을 한눈에 내려다볼 수 있는 높이 519m의 산이다. 봄, 가을 일교차가 클 때면 운해 너머 일출을 볼 수 있는 곳이기도 하다. 독립기념관 단풍나무 숲길에서 이어진 등산로(편도 1시간 소요)를 따라 1.5km 정도 가면 흑성산 정상이 나온다. 정상에는 TV 중계소가 있어 차로도 이동할 수 있지만 비포장도로로 상태가 좋지 않아 추천하지 않는다. 흑성산 정상보다는 가는 길에 있는 전망대가 일출과 독립기념관을 보기에는 더 좋다.

Ⓐ 충청남도 천안시 동남구 목천읍 교촌리 산 32

SPOT 2

논산의 새로운 문화 공간
연산문화창고

주소 충청남도 논산시 연산면 선비로231번길 28 · **가는 법** 연산역 → 도보 2분 · 운영시간 09:00~18:00(12:00~13:00 휴게시간)/매주 월요일 휴무 · **전화번호** 0507-1326-5746 · 홈페이지 https://www.nonsan.go.kr/goyeonsan/

　연산면에 자리 잡은 오래된 곡물창고를 개조해 2022년 새롭게 문을 연 '연산문화창고'는 지역민들의 문화예술 공간이 되어 지역의 문화예술 불균형을 해소하고 지역 활성화에 도움을 주고 있다. 실제로 연산을 찾는 이들은 돈암서원만 들렀다 가고 연산역은 굳이 찾지 않았었는데 연산문화창고가 생긴 후에는 여행자들이 가장 좋아하는 필수 코스가 되었다.
　5개 동의 창고는 문화, 예술, 전시, 교육 공간으로 활용되고 있으며, 특히 담쟁이 예술학교는 지역 유아나 청소년의 예술 활동을 위한 교육의 장으로 의미가 있다. 스튜디오, 연산부엌, 술공방은 시간제로 대관도 가능하다.

TIP
- 지속해서 공연과 전시가 열리고 있으니 홈페이지에서 공연 전시 일정을 확인해 보자.
- 대전 토종 카페인 '그린 브라우니'가 있어 차 한잔 하면서 전시 및 체험을 함께하기 좋다.

주변 볼거리·먹거리

연산역 기차문화체험관 실제로 연산역은 호남선 무궁화호가 5회 정도 운행하는 역이며 한쪽에 철도를 개조해 만든 기차문화체험관이 있다. 입장료를 지불하고 들어가면 철도의 역사를 살펴보며 짧게 레일바이크 체험을 할 수 있어 아이들과 방문하면 좋다. 입구에는 우리나라에서 가장 오래된 급수탑이 있으니 놓치지 말자.

Ⓐ 충청남도 논산시 연산면 선비로275번길 31-2 Ⓞ 10:00~17:00 Ⓣ 1544-7788 Ⓒ 1,000원

SPOT 3

휴게소 호두과자와
비교하지 말라

할머니 학화 호도과자

주소 충청남도 천안시 동남구 만남로 62 · **가는 법** 천안종합터미널 → 도보 5분 · **운영시간** 07:00~21:30(연중무휴) · **전화번호** 1811-6363 · **대표메뉴** 15개 박스 5,000원, 30개 박스 10,000원, 60개 박스 20,000원, 9개 간식봉투 3,000원(붉은팥앙금, 흰앙금 2가지)

여행길 휴게소에서 늘 호두과자를 사 먹게 되지만 천안에 온다면 꼭 이곳을 찾아가 사 먹어 보기를 추천한다. 1934년부터 시작되어 4대째 이어오고 있는 곳으로 천안호두과자의 대표라 할 수 있다. 호두과자라는 말 대신 호도과자라 부른다. 호도는 호두의 한자식 표기에서 따온 것이고 이것으로 상표등록을 했다. 그래서 이곳은 호도과자다.

TIP
- 할머니가 처음 운영하던 곳은 천안역점이고, 현재 소개한 본점은 손주가 이어받아 운영하고 있다.
- 이곳에서만 붉은앙금과 흰앙금 중 선택이 가능하다.

주변 볼거리·먹거리

 **천안옛날호두과자** 천안역에 자리 잡은 호두과자점으로 천안 우리밀을 사용하는 곳이며 호두과자 외에도 튀김 소보로를 맛볼 수 있다.

Ⓐ 충청남도 천안시 동남구 대흥로 237-1 Ⓞ 07:00~23:00 Ⓣ 041-561-5000 Ⓜ 천안밀 천안팥 흥타령 호두과자 20개입 10,000원, 옛날호두과자 32개 10,000원, 튀김소보로 호두과자 7개 6,000원 Ⓗ http://www.hodoonara.com/

추천 코스 | 병천순대국밥 베스트 3

1 COURSE 도보 1분 ▶ 청화집

2 COURSE 도보 1분 ▶ 충남집순대

3 COURSE ▶ 박순자 아우내순대

- **주소** 충청남도 천안시 동남구 병천면 충절로 1749
- **운영시간** 09:00~18:30/매주 월요일 휴무
- **전화번호** 041-564-1558
- **대표메뉴** 순대국밥 8,000원, 모둠순대 13,000원, 모둠순대(반접시) 7,000원(포장 가능)
- **가는 법** 천안종합버스터미널에서 버스 493번 승차 → 병천3리 하차 → 도보 2분

1968년에 문을 열어 4대에 걸쳐 운영하고 있는 식당이다. 병천순대 골목을 있게 만든 곳이라 할 수 있다. 방송에도 자주 출연했으며 옛날 방식 그대로의 순대국밥을 맛볼 수 있다.

- **주소** 충청남도 천안시 동남구 병천면 충절로 1748
- **운영시간** 08:00~19:00
- **전화번호** 041-564-1079
- **대표메뉴** 순대국밥 8,000원, 순대접시 15,000원(포장 가능)

병천순대 거리에서 가장 유명한 곳 중 한 곳으로 청화집 길 건너에 위치해 있다. 대기는 길지만 넓은 실내 덕에 회전이 빠른 편이고 포장도 가능하며 쉬는 날이 없어 언제든 식사할 수 있다.

- **주소** 충청남도 천안시 동남구 병천면 아우내순대길 47
- **운영시간** 08:10~18:00/매주 월요일 휴무
- **전화번호** 041-564-1242
- **대표메뉴** 순대국밥 8,000원, 모둠순대 14,000원

실내가 좁아 평일 점심에도 대기가 많은 곳이다. 길을 걷다 대기 줄이 긴 집이 보이면 바로 이 집이다. 먹기 적당한 온도로 제공되어 팔팔 끓여 나오는 국밥을 먹고 싶다면 미리 이야기해야 한다. 평일 점심시간이나 주말에는 포장이 불가능하니 포장을 위해 방문한다면 이 시간은 피하도록 하자.

3월 둘째 주

봄의 시작은 매화 향기로부터

11 week

SPOT 1

대전에서 가장 먼저 만나는 봄

동춘당

주소 대전광역시 대덕구 동춘당로 80 · 가는 법 대전 KTX역에서 버스 314번 승차 → 동춘당 하차 · 운영시간 08:00~17:00

  동춘당은 대전에서 제일 먼저 매화를 만날 수 있는 곳으로 대전 동구 도심 한가운데 위치해 있다. 동춘당은 조선 후기 병조판서 송준길의 별당으로 서북쪽에는 송준길의 고택인 사랑채와 안채 사당 등이 별도의 건물로 위치해 도심 한가운데 고택을 중심으로 공원처럼 조성되어 있다.

  도심에 있어서인지 햇살이 잘 들어 이곳의 봄꽃은 대전의 다른 곳보다 빠르다. 매화가 피기 시작하면 산수유와 살구꽃 등 색색의 꽃이 피면서 화려한 도심 속 정원으로 변신한다.

  동춘당은 송준길의 호를 따서 지은 이름이다. 동춘당의 현판은 어린 시절부터 송준길과 함께 공부하며 우의를 다졌던 송시

주변 볼거리·먹거리

오문창순대국밥 오랜 세월을 지켜 온 순대국밥집으로 저렴한 가격, 푸짐한 양으로 가벼운 주머니에도 부담 없이 즐길 수 있다. 순대보다는 머릿고기와 내장이 더 많이 들어가 있어 진한 순대국밥을 좋아하는 이들에게 특히나 인기가 많으며 내장을 좋아하는 사람이라면 특으로 주문할 것을 추천한다. 24시간 영업으로 언제든지 찾을 수 있는 식당이다.

ⓐ 대전광역시 대덕구 한밭대로 1153 ⓞ 00:00~24:00/연중무휴 24시간 영업 ⓣ 042-621-4325 ⓜ 순대국밥(특) 7,000원, 순대국밥(보) 6,500원, 돼지미니족발 8,000원

열 선생의 글씨이니 이곳에 들른다면 현판을 보도록 하자.

> **TIP**
> • 뒤편에 있는 주차장은 협소해 혼잡할 수 있으니 주변 유료 공영주차장(송촌 공영주차장) 이용을 추천한다.

SPOT 2

성곽길을 따라 걸으며
바다를 한눈에

보령
충청수영성

주소 충청남도 보령시 오천면 소성리 661-1 · **가는 법** 보령종합버스터미널에서 1km 도보 이동 → 대남초등학교 정류장에서 버스 718-1, 714-1번 승차 → 오천면사무소 하차 → 도보 300m · **운영시간** 09:00~19:00(연중 무휴)

드라마 〈동백꽃 필 무렵〉 촬영장으로 유명세를 치르고 있는 이곳이지만, 10여 년 전 복원 작업을 할 때부터 보령에서 가장 좋아하는 장소였다. 드라마로 찾는 사람들이 늘어나 아쉽기도 하지만 이렇게 멋진 풍경은 더 많은 사람이 봐야 한다는 생각도 든다.

충청수영성은 서해로 침입하는 외적을 막기 위해 돌을 쌓아 올린 석성이다. 조선 중종 4년(1509년) 수군절도사 이장생이 축성한 1,650m의 성으로 자라 모양의 지형을 이용해 바다와 섬의 동정을 살피는 해안방어 요충지였다.

성곽을 따라 걷다 보면 탁 트인 풍경과 오천항에 정박된 배들이 어우러져 마치 유명 항구 도시에 요트가 정박된 듯한 모습에 반하게 된다. 이 풍경은 지금 우리만 반한 게 아니다. 조선시대 글 좀 쓴다는 시인들도 이곳에 있는 영보정에서 이 풍경을 보고 감탄했다고 전한다.

TIP
- 이곳은 해 질 무렵 오천항 너머로 지는 일몰을 감상할 수 있는 일몰 맛집이다. 드라마 〈동백꽃 필 무렵〉 3~4회에서 노을 진 성곽을 따라 주인공이 걷던 곳이 바로 이곳이다.
- 곳곳에 동백꽃이 있어 2월부터 4월까지는 빨간 동백을 볼 수 있으니 시기를 맞춰 동백을 찾아보자.

주변 볼거리·먹거리

오양손칼국수 저렴한 가격에 신선한 바지락칼국수를 맛볼 수 있는 곳이다. 또한 비빔칼국수와 보리밥 모든 메뉴를 무한 리필로 먹을 수 있는 곳이기도 하다. 무한리필이니 맛이 떨어질 거라 생각했다면 오산이다. 주말이면 긴 대기 줄을 서야 하는 오천항의 인기 식당이다.

Ⓐ 충청남도 보령시 오천면 소성안길 55 Ⓣ 041-932-4110 Ⓜ 바지락칼국수 (보리밥) 9,000원, 비빔국수와 바지락칼국수 10,000원

SPOT 3
보령의 맛을 풀코스로 즐기자
청해회수산

주소 충청남도 보령시 오천면 오천해안로 782-16 · 가는 법 보령종합터미널에서 버스 100번 승차 → 명문당 사거리 하차 → 버스 716번 환승 → 오천면사무소 하차 → 도보 100m · 운영시간 11:30~12:00 · 전화번호 041-934-0480 · 대표메뉴 회 코스 (2인당) 80,000원, 키조개전골 50,000원, 키조개무침 50,000원, 회덮밥 12,000원, 키조개덮밥 12,000원

보령에서 회를 먹는다면 오천항에서 먹기를 추천한다. 오천항은 낚싯배가 많이 드나드는 항이라 신선한 해산물이 가득하다. 회 코스를 주문하면 두툼하게 썰어낸 회가 먼저 나오고 이후 복어껍질무침, 간재미무침, 전복과 성게 등 해산물 한 접시, 산낙지, 생선구이, 우럭탕수, 튀김까지 풀코스로 나온다. 보령의 특미 간재미무침, 키조개 요리도 모두 맛볼 수 있기에 같은 값이라면 이곳을 추천한다. 10년 넘는 세월, 1년에도 몇 번씩 이곳을 찾는데 끝없이 나오는 해산물 코스 요리로 우럭탕수가 나올 때쯤에는 매번 배가 부르다.

주변 볼거리·먹거리

충청수영해안경관 전망대 500m 가파른 산길을 오르면 오천항과 충청수영성을 한눈에 내려다볼 수 있는 전망대가 나온다. 2단으로 되어 있어 다른 높이에서 풍경을 감상할 수 있는데 날씨가 좋은 날은 멀리 안면도까지 볼 수 있으며 저녁 천수만 낙조도 볼 수 있다.

Ⓐ 충청남도 보령시 오천면 충청수영로 623-25

추천 코스 아산의 봄

1 COURSE 온양민속박물관
도보 1분

2 COURSE 카페온양
자동차 10분

3 COURSE 현충사

주소	충청남도 아산시 충무로 123
운영시간	10:00~17:30(매표 마감 16:30)/매주 월요일 휴관
입장료	일반인 5,000원, 청소년 4,000원, 초등학생 3,000원, 경로 1,000원
전화번호	041-542-6001
가는 법	온양역 → 도보 20분

한국인의 생활문화를 한눈에 체험할 수 있는 복합문화공간이다. 상설전시실은 3개의 전시실로 되어 있으며 관람 시간은 1시간 내지 1시간 30분 정도 소요된다. 계몽사 창립자인 구정 김원대 선생이 아이들의 책 사랑에 보답하기 위해 설립했다. 창립자의 호를 딴 구정 아트센터가 있으며 제주도의 포도호텔을 건축한 이타미 준의 작품으로 놓치지 말고 방문해 보자.

주소	충청남도 아산시 충무로 123
운영시간	화~금요일 11:00~18:00, 토~일요일 11:00~20:00/매주 월요일 휴무
대표메뉴	아메리카노 5,000원, 크림라테 6,000원, 레몬민트에이드 6,000원

온양민속박물관의 야외를 정원처럼 바라볼 수 있는 카페다. 기존 식당과 카페가 분리 운영되던 것을 통합한 카페로 2022년 리뉴얼 오픈해 더욱 넓게 이용할 수 있다.

주소	충청남도 아산시 염치읍 백암리
운영시간	하절기 09:00~18:00, 동절기 09:00~17:00/매주 월요일 휴무
전화번호	041-539-4600

충무공 이순신의 사당이 있는 곳으로 잘 관리되는 덕에 사계절 찾기 좋은 곳이다. 홍매화가 피는 3월 초부터 3월 말 한시적으로 한 시간 이른 오전 8시에 개방한다. 홍매화의 위치는 충무공고택 앞이다.

3월 셋째 주

짙어지는 매화향

12 week

SPOT 1

논산에서 가장 먼저 봄이
찾아오는 곳

종학당

주소 충청남도 논산시 노성면 병사리 산41-10 · **가는 법** 논산시외버스터미널 승강장에서 버스 517번, 514번 승차 → 병사1리/종학당 정류장 하차 → 도보 7분(394m) · 운영시간 09:00~19:00

 여름에는 배롱나무꽃과 연꽃으로 유명해 사람들이 많이 찾는 종학당은 햇살이 잘 드는 곳에 위치해 이른 봄꽃을 만나기 좋은 곳이다.
 종학당은 파평 윤씨 문중의 자녀와 내외척, 처가의 자녀들이 모여 합숙교육을 받던 곳이다. 인조 21년(1643년) 윤순거가 문중의 자녀교육을 위해 세웠으나 화재로 인해 소실되었다가, 1970년 윤정규가 지금의 종학당을 다시 지었다.
 홍살문 근처에 있는 종학당이 초등반이라면 뒤쪽에 있는 정수루는 고등반이라 할 수 있다. 봄에는 이 정수루로 가야 봄꽃 구경을 제대로 할 수 있다. 작은 공간이지만 홍매화, 청매화, 백매화, 살구꽃 그리고 산수유까지 다양한 꽃이 피어 알록달록 꽃대궐이 된다.

신발 벗고 정수루에 올라 앉아 밖을 보면 봄 풍경이 그림처럼 펼쳐지고 병사저수지를 한눈에 내려다볼 수 있다.

TIP
- 매화와 산수유는 정수루 뒤쪽에 가득하다.
- 꽃이 아직 피고 있는 단계라면 언덕 위에 올라가 보자. 풍성한 꽃과 함께 고택을 사진에 담을 수 있다.

주변 볼거리·먹거리

황산항아리보쌈 부드러운 수육과 신선한 쌈채소, 정갈한 밑반찬이 항아리에 담긴 공기밥과 함께 나온다. 메뉴 고민 없이 모두 먹을 수 있는 보쌈정식 또는 굴비보쌈정식을 주문하자.

Ⓐ 충청남도 논산시 노성면 읍내리 453-4 Ⓞ 10:30~21:00/매월 둘째, 넷째 주 일요일 휴무 Ⓣ 041-735-8933 Ⓜ 보쌈정식 11,000원, 굴비보쌈정식 17,000원

SPOT 2

계룡산을 품은 사찰 아래
매화가 가득

신원사

주소 충청남도 공주시 계룡면 신원사동길 1 · **가는 법** 공주종합버스터미널에서 버스 500번 승차 → 옥룡동주민센터 하차 → 버스 310번 환승 → 신원사 하차 · **운영시간** 연중무휴 · **입장료** 성인 3,000원, 청소년 1,500원, 어린이 1,000원, 경로 무료 · **전화 번호** 041-852-4230

　계룡산 아래 자리 잡은 신원사는 백제 의자왕 때 보덕화상이 창건한 사찰로 마곡사의 말사이다. 계룡산 3대 사찰로 꼽히는 신원사는 동학사나 갑사와 달리 아담하고 붐비지 않아 조용히 산사의 봄을 즐길 수 있다. 대웅전에서 50m 정도 떨어져 있는 중악단 덕분에 신원사가 더욱 유명하다. 중악단은 묘향산 상악단, 남쪽의 지리산 하악단과 함께 통일신라시대 이래로 나라의 제사 공간이기도 하다. 명성황후가 기울어가는 국가를 위해 단을 세우고 기도해 작은 왕실 건물 형태로 지어졌다.

　경내에는 백매화, 산수유가 가득하고 3월 중순이 되면 목련과

동백꽃이 어우러진다. 3월 말에서 4월 초가 되면 대웅전 앞에 백년 세월을 품은 벚꽃이 만개한다.

TIP
- 경내로 차량 진입이 가능하니 문화재 이용료를 지불하고 차량으로 이동해도 좋다.
- 대웅전 앞 경내에서 계룡산을 바라보면 부처님 얼굴을 볼 수 있으니 경내의 안내문을 잘 살펴보자.
- 다른 곳보다 이른 시기에 매화가 피는데 3월 초부터 대웅전 옆에 분홍 매화가 피기 시작하니 이른 봄 풍경을 즐길 수 있다.

주변 볼거리·먹거리

밥꽃하나피었네 직접 재배하는 재료로 건강한 밥상을 준비하는 식당이다. 음식이 전반적으로 자극적이지 않아 부모님과 함께 가기에 좋다. 씨앗이 꽃을 피우듯 음식으로 정성을 담아 밥꽃을 피우고자 하는 요리사의 마음이 담겨있다. 유리창으로 너머로 계룡산을 보며 식사할 수 있다.

Ⓐ 충청남도 공주시 계룡면 신원사로 502 Ⓞ 11:30~20:00/매주 월요일 휴무 Ⓣ 041-855-0696 Ⓜ 밥꽃정식 돼지숯불볶음 19,000원, 미나리떡갈비 23,000원, 천년초 떡갈비 29,000원, 밥꽃한상 50,000원(예약 메뉴)

SPOT 3

진한 멸치 육수와
쫄깃한 면발의 우동
영광이네

주소 충청북도 청주시 상당구 수암로 43 · **가는 법** 청주시외버스터미널에서 버스 513-2번, 913번, 101번 승차 → 방아다리 하차 → 도보 10분 · **운영시간** 11:00~21:00 · **전화번호** 043-224-2332 · **대표메뉴** 서문우동 7,500원, 쫄면 8,000원, 옛날짜장 7,500원, 수제돈가스 10,000원

　일본식 가쓰오부시 육수의 우동이 아니라 진한 멸치 육수에 쫄깃한 우동 면발을 맛볼 수 있다. 성안길에서 유명한 60년 전통의 서문우동을 더 다양한 메뉴와 함께 이곳에서 맛볼 수 있다. 드라마 <영광의 재인> 촬영지라 곳곳에 드라마 촬영의 흔적이 남아 있다. 분식을 판매하는 식당이지만 계산대 한켠에는 다양한 종류의 빵을 판매하고 있다. 빵은 웰빙빵도 아니고 화려한 빵도 아닌 소박한 팥빵, 꽈배기, 크로켓이 주를 이룬다. 감자샐러드가 들어가 묵직한 크로켓과 팥빵을 추천한다.

주변 볼거리·먹거리

수암골 벽화마을 우암산 자락에 있는 동네로 수암골목 1번지에 있어 수암골이라 불린다. 한국전쟁 당시 피란민들이 살면서 생겨난 곳이다. 다닥다닥 집들이 붙어 있는데 2007년 공공미술 프로젝트 사업으로 인해 골목에 벽화가 생겨나기 시작했다. 드라마 촬영지로 인기를 끌며 곳곳에서 드라마 촬영의 흔적을 만날 수 있다.

Ⓐ 충청북도 청주시 상당구 수동로 15-4

추천 코스 대전에서 봄맞이

1 COURSE 🚶 도보 1분
계룡산 도덕봉

2 COURSE 🚗 자동차 10분
수통골감나무집 본점

3 COURSE
국립대전현충원

주소 대전광역시 유성구 덕명동 475-8 수통골탐방지원센터
주차장 탐방센터 주차장 무료
가는 법 대전복합터미널에서 버스 102번 승차 → 수통골기점지 하차 → 도보 600m

대전에서 오르는 계룡산 도덕봉(535m)이다. 더 높은 다른 계룡산과 비교해도 난이도가 높은 편에 속하지만 거리는 1.5km 정도로 짧은 편이다. 정상에는 금수정 정자가 있다. 능선을 따라 빈계산으로 종주를 할 수도 있고 올라갔던 코스대로 내려와도 좋다. 중간에 데크 전망대가 있어 대전 시내를 내려다볼 수 있다.

주소 대전광역시 유성구 수통골로 69
운영시간 11:20~21:00(20:30 라스트 오더, 15:00~17:00 브레이크 타임)
전화번호 042-823-0223
대표메뉴 오리수육(大) 65,000원, 오리수육(小) 45,000원, 오리누룽지백숙 57,000원, 토종닭 누룽지백숙 49,000원

웅장한 2층 건물을 식당 단독으로 사용하고 있다. 쉽게 접할 수 없는 오리수육을 맛볼 수 있다. 맛은 오리훈제와 오리백숙의 중간쯤이라 할 수 있는데, 초장과 머스타드소스, 들깨가루를 섞어 만든 양념장과 같이 먹으면 좋다. 보양식으로 수육을 먹고 난 후 오리탕을 추가해 먹을 것을 추천한다.

주소 대전광역시 유성구 갑동 산 23-1
운영시간 하절기(3~10월) 06:00~18:00, 동절기(11~2월) 07:00~18:00
전화번호 042-718-7114

국가 추모 시설이지만 3월 중순이면 벚꽃처럼 크고 풍성한 매화를 볼 수 있다. 20여 그루가 있는 매화군락지는 탱크 헬기 등이 전시된 보훈장비 전시장이다.

3월 넷째 주

꽃과 함께 봄이 왔나봄

13 week

SPOT 1
노란 별들이 가득한 고택의 봄
서산 유기방가옥

주소 충청남도 서산시 운산면 이문안길 72-10 · **가는 법** 서산공용버스터미널 삼성생명 정류장에서 버스 9600번(매일 1회) 승차 → 여미리 하차 → 도보 13분(850m) · **운영시간** 수선화 개화 시즌 07:00~19:00, 일반 09:00~18:00 · **입장료** 수선화 시즌 성인 7,000원, 소인 5,000원(4세~초등학생), 경로 6,000원(65세 이상), 유아(36개월 미만) 무료 · **전화** 041-663-4326

　꽃이 늦게 개화하는 서산에서 화사한 수선화가 피기 시작한다. 국내에서 가장 큰 규모의 수선화 군락지가 있는 이곳은 1900년대 초 건립된 일제강점기의 전통가옥이다. 이곳은 서해안의 전통가옥 구조를 볼 수 있어 2018년 충청남도 민속문화재 제23호로 등재되었다. 서산유기방가옥은 한옥 민박 체험부터 민화 그리기 체험, 궁중의상, 한복과 교복 사진 촬영 등 다양한 체험을 할 수 있는 곳이기도 하다.

　3월 중순이 되면 별 같은 수선화가 100년 고택 뒤편의 언덕 1만 평을 노랗게 물들인다. 워낙 넓어 위치별로 개화 시기가 다

TIP

- 수선화는 해가 보이는 방향으로 꽃이 피니 꽃을 마주 보며 사진을 찍어야 별 모양의 수선화를 담을 수 있다.
- 4월 중순에 방문하면 벚꽃과 함께 수선화가 어우러진 풍경을 만날 수 있다.
- 수선화가 피는 계절이 되면 운영시간도 연장되고 입장료도 인상되니 확인하고 방문해 보자.

주변 볼거리·먹거리

안국사지 고려시대에 번창했던 것으로 추정되는 안국사의 절터로 원래는 은봉산 중턱에 위치하지만 현재 안국사는 안국사지에서 500m 산 아래에 위치해 있다. 안국사지 석불입상, 안국사지 석탑 그리고 배바위가 있으며, 봄에는 진달래, 매화, 수선화로 화려해진다. 은봉산 진달래 등산과 연계해서 일정을 잡아도 좋다.

Ⓐ 충청남도 당진시 정미면 원당골1길 188 Ⓣ 041-356-8405

른데 3월 중순부터 4월 중순까지는 수선화를 오래 볼 수 있다. 수선화 너머에는 소나무 산책길이 조성되어 있어 숲길을 걸으며 힐링의 시간을 보낼 수 있다.

SPOT 2

충청남도에서 만나는
동백군락지

마량리 동백나무숲

주소 충청남도 서천군 서면 마량리 275-48 · **가는 법** 서천버스정류장에서 버스 8-4번 승차 → 비인행정복지센터 하차 → 버스 1-1번 환승 → 동백정 하차 · **운영시간** 동절기(12~2월) 09:00~17:00(16:00까지 입장 가능), 하절기(3~11월) 09:00~18:00(17:00까지 입장 가능) · **입장료** 성인 1,000원, 청소년 700원, 어린이 500원, 6세 이하 어린이 · 65세 이상 무료

제주가 아닌 서천에서 만나는 동백나무숲이다. 마량리동백나무숲은 1965년 천연기념물로 지정되어 관리되고 있다. 수령 500년이 된 동백나무 80그루는 3월 하순부터 빨갛게 피기 시작해 4월까지 꽃을 볼 수 있다.

매표소에서 계단을 따라 올라가면 누각 동백정이 나온다. 동백정에 올라서서 탁 트인 서해를 바라볼 수도 있다. 동백정을 따라 내려가면 붉은 동백꽃을 군락지가 눈에 들어오는데 꽃이 질 때는 꽃송이가 통째로 툭툭 떨어져 떨어진 모습도 아름답다.

전설에 의하면 약 300년 전 이 지방의 관리가 꿈에서 바다 위에 떠있는 꽃다발을 보고 바닷가에 가보니 정말 꽃이 있어 가져와 심었는데, 그 꽃이 지금의 숲을 이루었다고 한다. 그 후 사람들은 해마다 음력 1월이면 이곳에 모여 제사를 올리며 고기잡이에 재앙이 없기를 빌었다고 한다.

TIP
- 비 온 다음 날에 방문한다면 바닥에 떨어진 빨간 동백 카펫을 걸어볼 수도 있다.
- 계단을 지나면 낮은 언덕의 오르막과 내리막이 이어지니 신발은 편한 것으로 준비하자.

주변 볼거리·먹거리

영광횟집 3월에 많이 잡히는 봄철 알이 가득 찬 주꾸미는 가을 낙지만큼 몸에 좋다. 이 시기는 새머리 모양을 닮은 새조개도 제철이다. 홍원항은 주꾸미 집산지로 봄철 방문하면 제철 주꾸미를 맛볼 수 있다.

Ⓐ 충청남도 서천군 서면 홍원길 105 Ⓞ 09:00~18:00 Ⓣ 041-952-8110 Ⓜ 주꾸미샤브샤브(中, 1kg) 60,000원, 주꾸미샤브샤브(大, 1.5kg) 90,000원, 주꾸미샤브+새조개샤브(1kg+1kg) 110,000원

서천마량포구 마량포구는 왜목마을과 같은 지형조건으로 일출 일몰이 모두 가능하다. 항구에는 4개의 등대가 있어 사진 찍기에도 좋다. 우리나라 최초 성경전래지가 바로 이곳 마량포구다. 그래서 이곳에는 한국 최초 성경전래기념관이 있고 포구에는 기념공원과 함께 함선모형이 있어 아이들과 함께 방문하면 좋다.

Ⓐ 충청남도 서천군 서면 마량리 339-2 Ⓣ 041-950-4525

SPOT 3

수선화와 매화가 아름다운
추사 김정희 선생 고택

주소 충청남도 예산군 신암면 추사고택로 261 · **가는 법** 예산버스터미널에서 버스 440번 승차 → 추사고택앞 하차 → 도보 300m · **운영시간** 3~10월 09:00~18:00, 11~2월 09:00~17:00 · **전화번호** 041-339-8242

    조선 후기 실학자이자 대표적인 서예가 추사 김정희선생이 태어나고 자란 곳이다. 추사고택 외에도 추사 선생의 묘와 추사기념관, 추사 체험관 등이 있다.

    추사고택은 문간채와 사랑채 그리고 안채, 사당이 있으며, 봄이 되면 매화와 목련 그리고 수선화가 만개해 고택과 어우러진 봄 풍경을 만날 수 있다.

TIP
- 추사고택은 봄에는 수선화, 여름에는 수국, 능소화, 상사화가 피는 등 다양한 꽃이 계절별로 피어 계절마다 방문해도 다른 풍경을 볼 수 있다.

주변 볼거리·먹거리

간양길카페 외할머니댁에 놀러 온 마음으로, 옛 정취를 느끼길 바라는 마음으로 만든 카페다. 하지만 의도와는 달리 이곳에서 맛볼 수 있는 메뉴는 브런치 플래터, 비엔나커피 등 외할머니가 절대 만들어 줄 수 없는 그런 메뉴들이다. 전원 속에서 커피 한 잔과 브런치를 먹고 싶다면 추천한다.

Ⓐ 충청남도 예산군 예산읍 간양길 197-26 Ⓞ 화~금요일 11:00~18:00(라스트 오더 17:30), 토~일요일 11:00~20:00(라스트 오더 19:30)/매주 월요일 휴무 Ⓣ 0507-1309-2723 Ⓜ 간양길 플래터 12,000원, 슈림프 파스타 샐러드 12,000원, 쿠바샌드위치 15,000원, Ⓗ https://www.instagram.com/ganyanggil/

SPOT 4

예산에서 맛보는 돼지곱창
할머니곱창

주소 충청남도 예산군 예산읍 삽교로 221 · 가는 법 예산버스터미널에서 버스 412번 승차 → 간양리 종점 하차 → 도보 10분(665m) · 운영시간 10:00~20:00/매주 화요일 휴무 · 전화번호 041-338-2641 · 대표메뉴 곱창구이(200g) 10,000원, 곱창전골(小) 12,000원, 곱창전골(中) 15,000원

예산 삽교에는 곱창구이집이 유난히 많은데 그중 가장 유명한 곳이다. 노포의 외관을 가진 이곳에 들어가면 꽤 넓은 실내가 나온다. 구이를 주문하면 후라이팬에 한번 구운 돼지곱창과 염통 등 돼지 부속이 함께 나와 구워 먹을 수 있다. 가격이 저렴해 보통 곱창구이는 1인분씩 주문하고 구이를 먹은 후에 전골을 추가해 먹을 것을 추천한다.

주변 볼거리·먹거리

가야산 예산 가야산은 덕산도립공원에 있는 667m의 산으로 예산군과 서산시에 걸쳐 주변에 많은 문화재와 유적을 간직한 명산이다. 신라시대에 가야사를 짓고 나라에서 제사를 지냈으며 조선시대까지도 봄가을로 제를 올리기도 했다. 특히 조선 흥선대원군이 2대에 걸쳐 왕위에 오를 수 있다는 지관의 말을 믿고 가야사를 없애고 부친인 남연군의 묘를 옮겨 유명해진 곳이기도 하다. 옥양봉, 석문봉, 가야봉 전체를 돌아보는 등산은 10.65km로 총 5시간 20분이 소요된다. 긴 코스이니 등산을 준비해서 가야 하며 정상 조망이 좋아 산을 좋아하는 사람이라면 가보는 것을 추천한다.

Ⓐ 충청남도 예산군 덕산면 가야산로 401(주차장) ⓣ 041-635-7490

추천 코스 대전의 꽃은 목련이다

1 COURSE 🚗 자동차 15분
▶ 자운대 목련길

2 COURSE 🚗 자동차 7분
▶ 카이스트

3 COURSE
▶ 갑천변 한샘대교

주소 대전광역시 유성구 자운동(자운1교)
가는 법 대전복합버스터미널에서 버스 102번 승차 → 봉명네거리 정류장에서 버스 3번 환승 → 국군대전병원 하차

대전은 목련에 진심이다. 도심 곳곳 가로수가 목련인 곳이 많은데 자운대 앞길도 그렇다. 양쪽 길 모두 목련이 가득해 목련꽃 그늘로 산책을 즐길 수 있다. 인터넷에서 자운1교를 검색하면 된다.

주소 대전광역시 유성구 대학로 291

최고의 인재들이 모이는 카이스트는 봄이 되면 더욱 아름다워진다. 목련원이 따로 있을 정도로 이곳의 목련은 크고 유명하다. 오리 연못과 가까워 목련이 필 무렵 분홍빛 수양벚꽃과 함께 볼 수 있다. 낮에는 카이스트의 명물 오리도 놓치지 말자.

주소 대전광역시 서구 만년동 424

갑천을 따라 목련이 가득하다. 그중 천연기념물센터 앞 한샘대교 주변을 추천한다. 천연기념물센터를 둘러보고 잠시 길 건너 갑천 목련 가로수길을 걸어보자.

3월의 충청도
독립운동가의 발자취를 따라서

역사를 잊은 민족에게 미래는 없다. 3.1절은 일본의 식민통치에 항거하고 독립선언서를 발표하여 한국의 독립의사를 전 세계에 알린 것을 기념하는 날이다. 충청도에는 유관순 열사와 유관순 열사가 군중에게 태극기를 나눠주고 만세를 부른 아우내장터, 그리고 독립기념관이 있다. 차분히 독립운동가의 발자취를 따라 돌아보며 지금 우리가 누리고 있는 자유는 그들이 간절하게 꿈꾸던 세상이었음을 잊지 말자.

🚩 **2박 3일 코스 한눈에 보기**

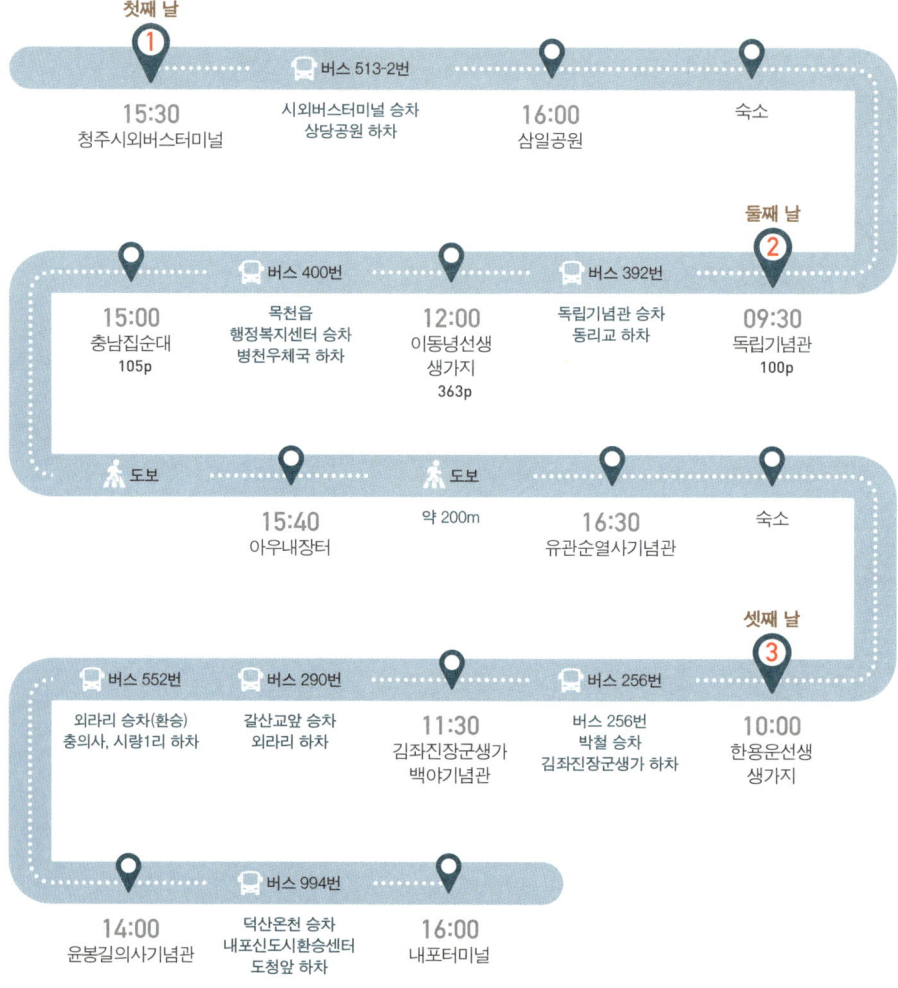

삼일공원  독립기념관

이동녕선생생가지  충남집순대

유관순열사기념관  김좌진장군생가 백야기념관

3월 말 대전과 청주에서 꽃망울을 터트린 벚꽃은 4월 초가 되면 절정을 이룬다. 충청도의 남쪽에서 개화하기 시작해 북쪽으로 올라가며 꽃이 피기 시작한다. 순식간에 피는 꽃에 아쉬움도 가득하지만, 보령, 서산, 태안의 바닷가는 4월 중순까지도 벚꽃을 볼 수 있어 다른 곳보다 오래 꽃놀이를 즐길 수 있다. 4월 말에는 벚꽃엔딩의 아쉬움을 달래듯 겹벚꽃이 피기 시작한다. 도시별로 벚꽃 명소들이 있어 멀리 가지 않아도 우리 동네 꽃길을 걸으며 꽃놀이를 즐길 수 있어 좋은 것이 바로 벚꽃이다. 꽃길을 걸으며 〈벚꽃엔딩〉을 흥얼거려 보자.

4월의 충청도

우리, 꽃길만
걸어요

4월 첫째 주

벚꽃으로 화려해지는 도시

14 week

SPOT 1

100년 세월을 품은 벚꽃

충청남도 역사박물관

주소 충청남도 공주시 국고개길 24 · **가는 법** 공주종합버스터미널에서 버스 130번 승차 → 충청남도역사박물관 하차 · **운영시간** 하절기(3~10월) 10:00~18:00, 동절기(11~2월) 10:00~17:00/매주 월요일 휴관/야외시설은 이용 가능 · **전화번호** 041-856-8608 · **홈페이지** http://museum.cihc.or.kr/museum

　　조선시대부터 근현대 충청인의 삶과 얼이 담긴 유물을 전시하는 박물관으로 2006년 옛 국립공주박물관 자리에 개관하였다. 이곳은 3월 말 4월 초가 되면 100년 넘은 벚나무의 벚꽃이 활짝 피면서 벚꽃 명소로 변신한다. '공원 전체가 벚꽃과 불빛으로 눈 부셔 밤마다 인산인해를 이루었다'라는 1923년의 신문기사에서도 볼 수 있듯이 100년 전에도 이곳은 화려한 벚꽃이 가득했다는 것을 알 수 있다. 박물관에서 휴식동산으로 올라가면 순두부처럼 몽글몽글한 벚꽃을 볼 수 있다. 그곳에서 내려보는 공주 도심의 모습이 아름다우니 놓치지 말자.

TIP

- 충청남도역사박물관 입구에 서서 공주 중동성당을 바라보면 벚꽃과 고딕양식의 성당이 어우러진 모습을 담을 수 있다.
- 박물관에서 휴식동산으로 오르는 길 언덕에 서 있고 아래에서 사진을 찍으면 벚꽃이 프레임에 들어간 사진을 남길 수 있다.
- 박물관 앞 주차장이 혼잡할 수 있으니 뒤편 영명중학교 근처 공영주차장을 이용해도 좋다.
- 주말이라면 영명중학교 벚꽃과 연계해 벚꽃 구경을 하자.
- 벚꽃이 피는 시기에는 축제가 열리고 한시적으로 22시까지 개방한다.

주변 볼거리·먹거리

천주교황새바위순교성지 예로부터 이곳에 황새들이 많이 서식하였다 하여 이름 붙여진 '황새바위 성지'는 천주교 박해의 현장이다. 낮은 언덕에 위치한 이곳에는 순교탑과 무덤 경당이 있고 순교자들의 묘비석인 12개의 빛돌이 세워져 있다. 순교 성지인 이곳은 봄이 되면 사람들에게 잘 알려지지 않은 숨은 벚꽃 명소가 된다.

Ⓐ 충청남도 공주시 왕릉로 118 Ⓣ 041-854-6321 Ⓗ http://www.hwangsae.or.kr

SPOT 2

수도산 전체를 뒤덮은 벚꽃
테미오래와 테미공원

주소 대전광역시 중구 보문로205번길 13 · 가는 법 중구청역 1번 출구 → 도보 685m, 테미공원은 테미오래에서 도보 300m · 운영시간 테미오래 10:00~17:00(휴게시간 12:00~13:00)/매주 월요일 휴관, 테미공원은 상시 개방 · 전화번호 042-335-5701(테미오래) · 홈페이지 http://temiorae.com

 테미오래는 옛 충청남도지사가 머물던 관사촌으로 전국에서 유일하게 남아있는 관사촌이다. 1930년대에 지어진 관사가 그대로 보존되고 있어 근대건축물을 만날 수 있는 곳이기도 하며 2019년 개관하여 체험 전시 등 다양한 문화 예술 프로그램들이 이곳에서 진행되고 있다. 현재 테미오래는 10개의 관사촌으로 이루어져 있다. 1930년대 근대 고급 주택의 원형을 보존하고 있는 도지사공관을 비롯한 1, 2, 5, 6호 관사는 상설 전시와 박물관으로 이용되고 있으며, 7~10호 관사는 예술가 레지던스로, 그리고 마을주민들의 예술문화 참여공간으로 이용되고 있다. 전시 소식은 테미오래 홈페이지를 통해 확인할 수 있다.

　테미오래는 삼국시대부터 이어져 온 고유한 지명인 '테미'와 동네의 몇 집이 이웃이 되어 사는 '구역'의 순우리말인 '오래'가 합쳐진 것이다.

　그곳 뒤쪽에는 보문산 줄기인 108m 수도산에 테미공원이 조성되었다. 1955년 상수도 배수기가 들어서면서 일반인들의 출입이 금지되었다가 1995년 다시 개방되었다. 오래된 벚꽃 터널을 따라 공원을 한 바퀴 산책하기에 좋다. 멀리서 보면 산 전체가 벚꽃으로 뒤덮인 모습이 인상적이다.

TIP
- 벚꽃이 피는 계절이 되면 혼잡해 주차가 어렵고 오르는 길이 좁은 골목길이니 대중교통을 이용하는 것이 좋다.
- 벚꽃이 필 때면 테미고개에서 벚꽃축제가 열린다.

주변 볼거리·먹거리

우암사적공원 조선 후기 대유학자인 우암 송시열 선생이 학문을 닦던 곳으로 사적공원으로 조성되었다. 3월 중순부터 매화, 산수유, 목련이 피기 시작해 4월 초가 되면 벚꽃으로 더욱 화려해진다. 우암사적공원에서 이어지는 등산로에는 수양벚꽃이 가득하다.

Ⓐ 대전광역시 동구 충정로 53 남간정사 Ⓞ 하절기 05:00~21:00 동절기 06:00~20:00 Ⓣ 042-673-9286

SPOT 3

테라스에 앉아 소제동 벚꽃 구경
블루부코

주소 대전광역시 동구 동광장로 16 1층 · 가는 법 대동역 3번 출구 → 도보 400m · 운영시간 월~금요일 09:20~23:00(라스트 오더 22:30), 토~일요일 10:00~23:00(라스트 오더 22:30) · 전화번호 0507-1367-2423 · 주차 주차 가능 · 대표메뉴 아메리카노 4,500원, 콜드브루 4,900원, 리얼코코넛스무디 6,500원 · 홈페이지 https://www.instagram.com/blue_buko

벚꽃 시즌이 되면 벚꽃 카페들이 인기를 끄는데 이곳은 대전의 벚꽃 카페라 할 수 있다. 주 상권에서는 조금 떨어져 있지만 이곳의 벚꽃이 가장 풍성하기 때문이다. '블루부코'는 소제동 카페 중 유일하게 주차가 가능해 부담 없이 방문할 수 있으며, 2층으로 넓은 실내에 날씨가 좋으면 야외 테라스에서도 소제동의 풍경을 보며 벚꽃을 즐길 수 있다.

주변 볼거리·먹거리

소제동 한때 철도 마을로 인기를 끌던 소제동은 교통의 발달로 점점 잊혀졌다. 그곳에 몇 년 전부터 카페가 하나둘 들어서면서 핫플레이스가 되고 있다. 100년 세월을 품은 관사촌에 생긴 카페와 맛집을 찾아 골목을 누비며 도장 깨기 하듯 둘러볼 것을 추천한다.

Ⓐ 대전광역시 동구 철갑2길 2 주변

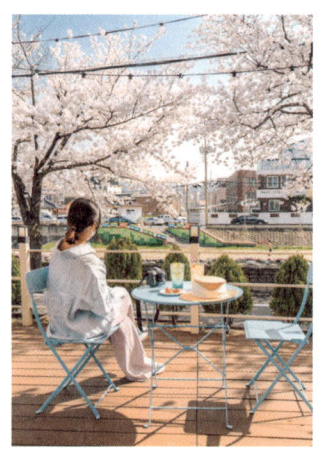

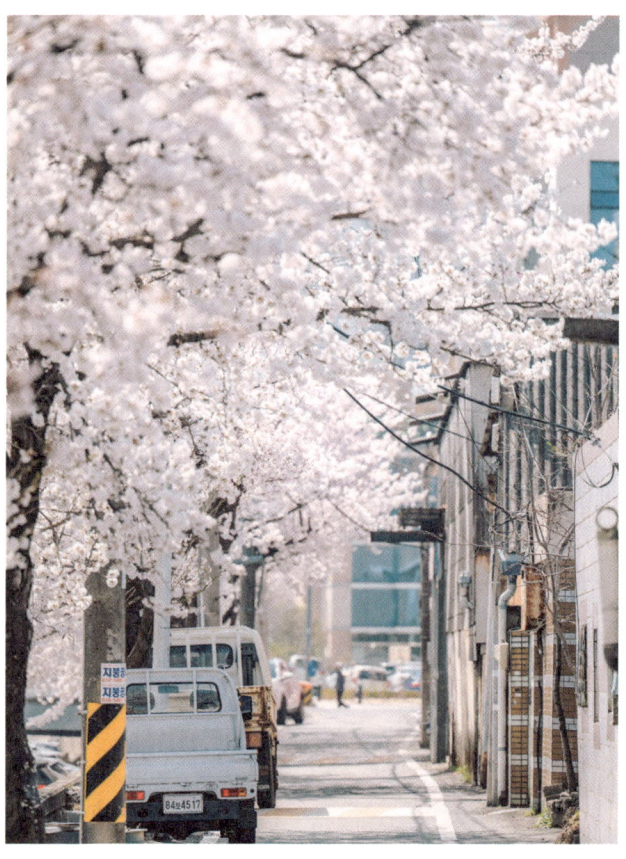

추천 코스 공주 벚꽃 명소

1 COURSE 공산성 — 🚗 자동차 25분 → **2 COURSE** 동학사 벚꽃길 — 🚗 자동차 35분 → **3 COURSE** 신원사

주소	충청남도 공주시 금성동 53-51
운영시간	09:00~18:00/이외 시간에도 출입 가능
전화번호	041-856-7700
입장료	성인 1,200원, 청소년 800원, 어린이 600원
가는 법	공주종합버스터미널에서 버스 200번, 125번 승차 → 공산성 하차

12월 50주 소개(394쪽 참고)

주소	충청남도 공주시 반포면 학봉리 742 동학사 소형주차장

박정자 삼거리에서부터 동학사 입구까지 오래된 고목이 만들어 내는 벚꽃 터널로 벚꽃이 피는 계절이면 상춘객들이 많이 찾는 곳이다. 드라이브하며 벚꽃을 즐기기에도 좋다. 동학사 주차장을 이정표 삼아 돌아볼 것을 추천한다.

주소	충청남도 공주시 계룡면 신원사동길 1
전화번호	041-852-4230
입장료	성인 3,000원

3월 12주 소개(114쪽 참고)

4월 둘째 주

진달래꽃 피는 계절

15 week

SPOT 1

충청북도 진달래 등산은 여기로

두타산
삼형제봉

주소 충청북도 진천군 초평면 화산리 산51-9 한반도지형전망공원 · 가는 법 진천종합버스터미널 → 택시 이동(15분 소요), 진천종합버스터미널에서 버스 200번 승차 → 붕어마을 하차 → 도보 이동 · etc 동절기 차량 이동 제한으로 붕어마을에 주차 후 도보 이동

　　두타산은 진천의 대표 산 중 하나로 높이가 598m이며, 마치 부처가 누워있는 형상을 한 산이다. 두타산이라는 지명은 단군이 팽우에게 높은 산과 냇물 등 산천을 다스리게 했는데 하루도 빠짐없이 비가 내려 산천이 모두 물에 잠기게 되자 높은 곳으로 피난을 가야 했고 팽우는 이 산에 머물게 되었다. 산꼭대기가 섬처럼 조금 남아 있었다고 하여 두타산이 되었다.

　　해마다 3월 말부터 4월 초에는 진달래가 가득해 삼형제봉으로 진달래 등산을 추천한다. 편도 600m의 짧은 등산으로 진달래 군락지와 진달래 너머 한반도 지형을 볼 수 있어 더욱 좋다.

실제로 이곳에서 보는 한반도 지형이 전망대보다 더 한반도 지형에 가깝다.

> **TIP**
> - 두타산 정상이 아닌 삼형제봉 등산은 한반도지형전망공원에 차를 세우고 다시 중간 즈음 내려와 시작하는 삼형제봉 등산을 추천한다.
> - 전망공원으로 가는 길은 오르막 산길이니 안전운전이 필요하다.
> - 등산 코스는 한반도지형전망공원-삼형제봉-돌탑-KT통신대-한반도지형전망공원(2km, 소요시간 1시간 30분)을 추천한다.

주변 볼거리·먹거리

한반도지형전망공원 차를 타고 올라 전망대에서 편하게 한반도 지형을 내려다볼 수 있는 곳이다. 2층 데크로 올라서면 3면이 바다로 둘러싸이고 제주도 섬까지 한반도를 닮은 풍경을 볼 수 있다. 진달래가 필 무렵 벚꽃도 함께 피어 제주도를 상징하는 붕어섬은 꽃섬이 된다.

Ⓐ 충청북도 진천군 초평면 화산리 산51-9

초평호 충청북도에서 가장 큰 저수지로 전국에서 손꼽히는 낚시터다. 초평호를 따라 벚꽃이 가득해 저수지에 떠 있는 좌대 낚시터와 벚꽃이 어우러진 멋진 풍경을 볼 수 있다.

Ⓐ 충청북도 진천군 초평면 평화로 482 초평호다목적광장

SPOT 2
천년을 이어온 돌다리
진천농다리

주소 충청북도 진천군 문백면 구산동리129-4 · **가는 법** 진천종합터미널에서 버스 214번 승차 → 중리 하차 → 도보 8분

천년을 이어온 돌다리로 우리나라에서 가장 오래되고 긴 돌다리다. 길이 93.6m, 폭 3.6m의 규모로 돌을 물고기 비늘처럼 쌓아 올린 모양이다. 돌을 깎아 차곡차곡 쌓아 만든 다리가 아니라 원래 돌 모양 그대로 투박하게 쌓아 올리고 속을 채우지 않아 더욱 신기하다.

진천농다리는 고려시대에 축조되었다고 전하며 돌 사이 접착을 위해 석회를 바르지 않았는데도 빠른 유속을 견디는 것이 보는 내내 신기할 따름이다. 그런데 최근 잦은 폭우에 농다리 교각이 무너진다는 안타까운 소식이 들려오기도 한다. 신비로운 다리 모양과 주변 경관이 잘 어우러져 드라마 촬영지로 종종 등장한다. 매년 5월이 되면 농다리 축제를 개최하고 있다.

TIP
- 4월 초가 되면 농다리 뒤쪽으로 벚꽃이 만개해 벚꽃과 농다리를 같이 사진에 담을 수 있다.

주변 볼거리·먹거리

초롱길 농다리와 초평호를 잇는 걷기 좋은 길이다. 산 쪽으로는 농암정까지 산책 코스가 이어지고, 언덕길 너머로는 초평호의 전망이 펼쳐진 수변 탐방 데크가 조성되어 있다. 하늘다리까지(왕복 3.6km) 산책을 이어가도 좋다.

Ⓐ 충청북도 진천군 초평면 화산리 산7-9

SPOT 3

전국에서 찾는 순대곱창전골
김천식당

주소 충청북도 보은군 보은읍 삼산로1길 25-4 · **가는 법** 보은시외버스공용정류장 → 도보 100m · **운영시간** 10:00~21:00(라스트 오더 20:00, 15:00~17:00 브레이크 타임) · **전화번호** 043-543-1413 · **대표메뉴** 순대곱창전골(小, 2인) 15,000원, 왕순대 12,000원, 닭갈비 15,000~30,000원, 편육 8,000원

보은시외버스공용정류장 앞 먹자골목에 자리 잡은 순대곱창전골 전문점이다. 진한 육수에 넉넉하게 들어간 순대와 곱창, 그리고 취나물 등의 채소를 듬뿍 올려 나와 건져 먹는 즐거움이 있다. 포장이나 택배도 가능한데, 가게 입구에 탑처럼 쌓여있는 택배 상자들을 보면 지역민들의 맛집이면서 전국 맛집이라는 것을 알 수 있다.

주변 볼거리 · 먹거리

보청천 벚꽃길 보청천을 따라 보은읍 학림리에서 탄부면 대양리까지 4,500여 그루의 벚나무가 식재되어 20km가량 벚꽃길이 이어진다. 속리산 자락에 자리 잡아 다른 지역보다 일주일 정도 늦게 개화하여 벚꽃 구경을 놓쳤다면 이곳으로 여행해도 좋겠다. 특히 보은교 주변은 개나리와 벚꽃터널이 만나 더욱 아름다운 장관을 연출한다.

Ⓐ 충청북도 보은군 보은읍 죽전리 산10-1 하상도로 주차장

추천 코스 청주의 봄꽃 여행

1 COURSE ▶ 문암생태공원
🚗 자동차 20분

2 COURSE ▶ 상당산성
🚗 자동차 3분

3 COURSE ▶ 아우트로 커피

주소 충청북도 청주시 상당구 낭성면 산성로 676
운영시간 11:00~ 21:00/매주 월요일 휴무
전화번호 043-221-6222
대표메뉴 흑임자크림라테 6,000원, 아메리카노 5,000원, 카페라테 5,200원, 바닐라라테 5,500원

버섯모양의 스머프집 같은 외관이지만 촌스럽거나 유치한 모양이 아니다. 야외에서도 커피를 즐길 수 있으며 흑임자크림라테는 이곳의 인기 메뉴이다.

주소 충청북도 청주시 흥덕구 문암동 122-2
전화번호 043-201-0732
홈페이지 https://munam.cheongju.go.kr/
가는 법 청주시외버스터미널에서 버스 717번 승차 → 삼성아파트 정류장에서 버스 920번 환승 → 문암생태공원 하차

과거 생활쓰레기 매립지가 2010년 도심형 테마공원으로 변신한 곳이다. 이곳에는 수목원, 건강숲체험장, 캠핑장, 바비큐장이 있으며 4월 초부터 중순까지는 공원 내에 활짝 핀 튤립을 만날 수 있다.

주소 충청북도 청주시 상당구 산성동 산28-2

백제시대에 토성으로 지어진 상당산성은 이후 조선시대 임진왜란 당시 석성으로 개축되어 오늘날에 이른다. 높이 4.7m, 둘레는 4,400m인 상당산성은 청주에서 벚꽃을 가장 빨리 만날 수 있는 무심천의 벚꽃이 질 때쯤 만개한다. 벚꽃을 보려면 상당산성 남문으로 향하면 되는데 남문 앞 잔디밭은 소풍하기 좋은 장소이기도 하다.

4월 셋째 주
늦게 만나는 봄꽃

16 week

SPOT 1

수선화와 벚꽃이 가득한
시간이 천천히 흐르는 마을

홍성
거북이마을

주소 충청남도 홍성군 구항면 거북로 436 · 가는 법 홍성터미널에서 버스 210번 승차 → 내현리 하차 → 도보 8분(450m) · 전화번호 1877-1929

지형이 거북이 목처럼 생겼다 해서 거북이마을이라 불리는 이곳은 9가지 보물을 품고 있는 보개산 자락에 위치해 있다. 이름처럼 이곳에서는 시간이 천천히 흘러가는 듯하다. 하루하루 바쁘게 살아가는 이들에게 오늘 이곳에서 만큼은 천천히 보내라고 말해주는 듯한 평범한 시골마을이다. 그러나 그 평범함 속에서 숨은 보석을 찾아보는 것이 바로 이 마을 여행의 묘미가 아닐까?

농어촌인성학교, 농촌체험으로 유명한 이곳은 벚꽃이 개화하는 계절이 되면 봄을 만끽하려는 상춘객들로 붐빈다. 마을로 향하는 길, 가로수가 벚나무라 벚꽃터널을 지나 체험관에 주차하

TIP
- 수선화 군락지를 보고 싶다면 구산사로 가면 된다.
- 수선화는 4월 초부터 개화하기 시작해 벚꽃이 피는 4월 중순이 되면 시들지만, 운이 좋다면 4월 중순 만개하는 벚꽃 아래 수선화를 볼 수 있다.
- 수선화, 오래된 건물의 벽화 그리고 벚꽃을 함께 찍으면 인생 사진을 남길 수 있다.

주변 볼거리·먹거리

갓골빵집(풀무학교 생활협동조합) 홍성에서 만나는 리틀 포레스트 감성의 빵집이다. 이런 빵집이라면 최근에 생겼다 생각하겠지만 1977년부터 갓골어린이집 주차장에 터를 잡고 오븐 하나로 시작해 오늘날 농촌공동체마을 홍동마을을 이루는데 구심점이 되었다. 지역에서 생산된 밀과 팥 등의 재료로 빵을 만들어 거칠지만 속이 편하고 합리적인 가격의 빵을 맛볼 수 있다.

Ⓐ 충청남도 홍성군 홍동면 광금남로 658-8 Ⓞ 하절기(5~10월) 10:00~18:30, 동절기(11~4월) 9:00~18:00/매주 일요일 휴무 Ⓣ 041-633-8948 Ⓜ 더치커피 3,500원, 수제 귤차 4,000원, 통밀빵 5,500원

면 건너편 습지에 섶다리가 보이고 그곳에 있는 오리들이 목가적인 풍경을 만들어 준다.

SPOT 2

수양벚꽃과 겹벚꽃을
볼 수 있는 곳
각원사

주소 충청남도 천안시 동남구 각원사길 245 · **가는 법** 천안종합버스터미널에서 버스 81번 승차 → 각원사 하차 → 도보 679m · **전화번호** 041-561-3545 · **홈페이지** http://www.gakwonsa.or.kr

　　태조산 자락에 자리 잡은 각원사는 1975년 창건된 조계종 사찰이다. 남북통일을 기원하기 위해 만든 높이 15m, 무게 60톤에 달하는 청동아미타불상이 유명하다. 이는 우리나라에서 가장 큰 좌불상으로 귀 길이만 1.75m, 손톱 길이만 해도 30㎝에 이른다. 향을 들고 화살표 방향으로 세 번 돌면서 나무아미타불 이름을 부르며 기도하면 소원이 이루어진다고 전해진다. 부처님 오신 날 즈음 청동아미타불이 있는 언덕에서 대웅전을 내려다보면 경내를 가득 채운 연등과 함께 한눈에 보이는 풍경이 일품이다.

TIP
- 각원사에서는 일반 왕벚꽃, 수양벚꽃, 겹벚꽃을 모두 볼 수 있는데 4월 초부터 왕벚꽃, 수양벚꽃, 겹벚꽃이 순차적으로 피기 시작하니 보고 싶은 꽃의 개화 시기에 맞춰 방문하길 추천한다.
- 수양벚꽃은 천불전과 산신각 앞에, 겹벚꽃은 청동아미타불 근처에 특히 많다.
- 수도권에서 1시간이면 만나는 겹벚꽃 명소로 입소문이 나면서 방문하는 사람이 많아져 이른 시간 방문을 추천한다.

주변 볼거리·먹거리

산둘레 집에서 쉽게 맛볼 수 없는 정성스러운 10여 종의 산나물 반찬이 대나무통에 담겨 나오고 그 외에도 각종 김치와 된장찌개 그리고 신선한 쌈채소를 연잎밥과 함께 맛볼 수 있다. 구운 김에 싸 먹어도 좋고 쌈채소와 함께 먹어도 좋다.

Ⓐ 충청남도 천안시 동남구 성불사길 60 Ⓞ 11:00~20:00/매주 월요일 휴무 Ⓣ 041-562-9995 Ⓜ 영양연잎밥정식 13,000원, 연잎오리훈제 30,000원

SPOT 3

가로림만 해양 정원이 앞마당
카페만조

주소 충청남도 서산시 지곡면 중왕뱃마을길 14 · **가는 법** 서산공영버스터미널에서 버스 261번 승차 → 중왕2리종점 왕산포 하차 → 도보 217m · **운영시간** 수~금요일 10:00~19:00, 토~일요일 10:00~20:00/매주 월~화요일 휴무 · **전화번호** 0507-1345-4631 · **대표메뉴** 만조구름커피 6,000원 · 아메리카노 4,500원 · **홈페이지** https://www.instagram.com/cafemanjo/

가로림만 해양 정원을 앞마당 삼아 바다 너머 아름다운 노을을 즐길 수 있는 카페다. 과연 이런 곳에 카페가 있을까 싶은 바닷가에 넓은 주차장과 함께 나타난다. 2층 건물에 시원한 통유리창이라 답답하지 않고 실내에서 계절과 날씨를 즐길 수 있다. 카페 옆에는 함께 운영하는 만조스테이가 있다.

TIP
- 물때를 확인해 간조 시간에는 앞에 있는 안도로 건너갈 수 있다.
- 서산 바닷가는 다른 곳에 비해 벚꽃이 늦게 개화하기 때문에 4월 중순이 지나야 만개한다. 카페로 오는 길 벚꽃 터널을 놓치지 말자.
- 벚꽃이 피는 시기에는 야외 테라스로 나가면 벚꽃과 함께 인생 사진을 찍을 수 있다.

주변 볼거리·먹거리

서산창작예술촌 폐교된 부성초등학교 중왕분교를 2010년에 매입해 문화예술공간으로 만든 곳이다. 이곳에서는 미술, 도예, 공예 관련 다양한 작품이 전시되어 있으며 서예, 전각, 캘리그라피 등 체험도 가능하다. 봄에는 야외 전시관에 벚꽃이 가득하고 벚꽃 너머로 가로림만이 보인다.

ⓐ 충청남도 서산시 지곡면 중왕1길 87-5 ⓞ 10:00~18:00(12:00~13:00 점심시간)/매주 월요일 휴무 ⓣ 041-660-3378 ⓗ https://seosanartvillage.modoo.at/

추천 코스 천안의 알프스 돌아보기

1 COURSE 🚗 자동차 4분 **2 COURSE** 🚗 자동차 4분 **3 COURSE**

▶ 북면 벚꽃길   ▶ 무진가든   ▶ 교토리

주소 충청남도 천안시 동남구 북면 용암3길 4
가는 법 천안종합버스터미널에서 버스 382번 승차 → 은석초등학교 하차

다른 곳보다 기온이 낮고 산세가 좋아 천안의 알프스라 불리는 북면 연춘리에서 전곡리까지 15km 벚꽃길이 펼쳐진다. 매년 개화 상황에 따라 달라지나 4월 둘째 주에서 셋째 주 사이 천안 북면 벚꽃축제가 은석초등학교를 중심으로 펼쳐진다.

주소 충청남도 천안시 동남구 북면 위례성로 440
운영시간 11:00~21:00/매주 월요일 휴무
전화번호 041-553-2700
대표메뉴 돼지갈비 14,000원, 생삼겹살 14,000원, 갈비살 22,000원, 불고기전골 14,000원

아름다운 정원을 가진 돼지갈비 전문점이다. 벚꽃이 필 무렵 진달래, 개나리가 함께 개화해 가장 아름다워진다. 발이 편한 신발을 신었다면 식사 후 식당 뒷산을 올라가 보는 것도 추천한다. 한눈에 북면 벚꽃길을 내려다볼 수 있다.

주소 충청남도 천안시 동남구 북면 위례성로 782
운영시간 11:00~22:00
전화번호 0507-1331-8864
대표메뉴 아몬드크림라테 6,500원, 생딸기라테 6,500원, 아메리카노 5,000원
홈페이지 https://www.instagram.com/kyotori__/

마치 교토의 계곡에 있는 듯한 일본 감성의 카페다. 계곡의 물소리를 들으며 벚꽃과 연둣빛이 되는 계절을 느끼기 좋은 곳이다.

4월 넷째 주

화려해지는
봄 풍경 속 인생 사진

17 week

SPOT 1

형형색색 튤립 물결

코리아플라워 파크

주소 충청남도 태안군 안면읍 꽃지해안로 400 · **가는 법** 태안공영버스터미널에서 버스 1001번 승차 → 꽃지해수욕장 하차 → 도보 100m · **운영시간** 09:00~18:00 · **전화번호** 041-675-5533 · **홈페이지** www.koreaflowerpark.com/

 매년 4월이면 전 세계 100여 종의 화려한 튤립을 만날 수 있는 태안 세계튤립꽃박람회가 코리아플라워파크에서 열린다. 태안에서 가장 큰 규모의 행사로, 튤립 덕분에 2015년, 2017년 두 차례에 걸쳐 세계 5대 튤립 도시로 태안이 선정되기도 했다.
 튤립 축제지만 루피너스, 마가렛 등 다양한 꽃을 볼 수 있고 실내 온실에서는 여름 축제를 준비하는 수국도 만날 수 있다.

TIP
- 전망대가 있어 위에 올라가면 드론처럼 내려다보며 사진을 찍을 수 있다.
- 태안은 벚꽃이 늦게 개화하는 탓에 축제 초반에는 벚꽃과 튤립, 후반에는 겹벚꽃과 튤립이 함께하는 모습을 볼 수 있다.
- 축제 기간에 따라 혹은 꽃 개화 상태에 따라 입장료가 달라질 수 있으니 참고하자.

주변 볼거리·먹거리

안면암 대한불교조계종 제17교구 금산사의 말사이며 1998년 천수만이 내려다보이는 안면도에 창건된 오래되지 않은 절이다. 앞에는 여우섬이라 불리는 무인도를 100m 부교를 따라 걸어갈 수 있고 그곳에 안면암 불상탑이 있어 밀물에는 바다에 떠 있는 모습을 볼 수 있다. 여타 사찰과는 다른 이국적인 풍경, 늦게 개화하는 벚꽃과 서부해당화가 잘 어우러진다.

Ⓐ 충청남도 태안군 안면읍 여수해길 198-160 ⓣ 041-673-2333

SPOT 2
황매화가 가득한 사찰의 봄
갑사

주소 충청남도 공주시 계룡면 갑사로 567-3 · 가는 법 공주종합버스터미널에서 770번 버스 승차 → 옥룡동주민센터에서 하차 → 버스 320번 환승 → 갑사 하차 · 입장료 성인 3,000원, 청소년 1,500원, 어린이 1,000원 · 전화번호 041-857-8981 · 주차요금 3,000원 · 홈페이지 http://www.gapsa.org/

대한불교조계종 제6교구 마곡사의 말사이며 420년 창건된 천년고찰이다. 하늘과 땅과 사람 가운데서 가장 으뜸가는 사찰이라는 뜻으로 갑사라 불린다. 춘마곡 추갑사(春麻谷 秋甲寺)라는 말이 있어 가을 단풍으로 유명한 갑사이지만 4월 초부터 5월 중순까지는 황매화가 개화해 춘갑사라 불러도 될 듯하다. 이곳은 국내 최대 황매화 군락지다.

황매화는 사람 키만큼 자라며 꽃이 매화와 비슷하고 노란색이라 붙여진 이름이다. 갑사 주차장에서 일주문까지 약 2km 구간의 오리 숲길은 걷기 좋은 이름다운 길로도 유명한데 그곳에 황매화가 피어 더욱 아름답다.

오리숲길을 따라 갑사를 둘러봤다면 내려올 때는 갑사 계곡을 따라 걸어 내려오자. 내려오는 길에 우리나라에서 유일한 통일신라시대 3m 당간을 만날 수 있다.

TIP
- 황매화는 주차장에서 매표소까지 계곡을 따라 갑사 오리숲 일대가 가장 풍성하며 매표하지 않고 이곳에서 황매화만 구경해도 좋다.
- 황매화가 만개하는 4월 중순 '계룡산 갑사 황매화 축제'가 열리니 참고하자.

주변 볼거리·먹거리

금강사 청벽산과 가까운 국사봉 자락에 자리 잡은 작고 조용한 사찰이지만 4월 중순부터 5월 초순까지 꽃잔디와 철쭉이 피어 여행자들에게 인기 있는 사찰이 된다. 저녁이면 일몰을 경내에서 볼 수 있어 저녁 시간 방문도 추천한다.

Ⓐ 충청남도 공주시 반포면 마티고개로 175-4

용문폭포 갑사에서 600m 산책으로 만날 수 있는 폭포다. 갑사 템플스테이를 오면 꼭 용문폭포를 산책하게 된다. 짧은 산책으로 시원한 물소리를 들으며 걷다 보면 저절로 마음이 평화로워지기 때문일 것이다. 가파르지 않지만 발이 편한 운동화는 필수다.

Ⓐ 충청남도 공주시 계룡면 중장리 47-1

SPOT 3

배꽃 가득한 과수원 카페
카페이목

주소 충청북도 음성군 삼성면 대청로 189 · 가는 법 광혜원시외버스터미널 → 택시 이동(6분 소요) · 운영시간 11:00~21:00 · 전화번호 0507-1415-5890 · 대표메뉴 아메리카노 4,500원, 플랫화이트 5,000원, 핸드드립 7,000원 · 홈페이지 https://www.instagram.com/cafe_emok/

1,000여 그루의 배나무가 있는 과수원에 자리 잡은 이 카페는 배꽃이 피는 계절에 방문하면 창 너머로 새하얗게 눈이 내린 듯 배꽃이 핀 모습을 볼 수 있다. 로스팅하는 공간이 따로 있어 커피를 기대하게 되는데 역시나 커피 맛이 기대 이상이다. 실내 공간도 넓고 야외 테이블도 넉넉하다.

주변 볼거리·먹거리

음성 흥미진진한 팩토리투어센터 한독 생산공장 내 약초원을 리노베이션한 이색적인 공간으로, '투어팩토리', '그린팩토리', '플레이팩토리'로 구성되어 있다. 산업단지 내에 있는 11개 기업에서 생산한 제품을 돌아보고 숲속에 온 듯한 공간에서 쉬며 다양한 체험을 해볼 수도 있다. 피크닉 바구니도 대여할 수 있으니 날씨 좋은 날 초록 잔디에서 피크닉을 즐기는 것도 추천한다.

ⓐ 충청북도 음성군 대소면 대풍산단로 78 ⓞ 10:00~17:00 ⓣ 043-530-2405 ⓒ 무료, 그린팩토리에서 산업관광기금 2,500원을 지불하면 음료 한 잔 제공

추천 코스 금산에 물들다

1 COURSE 🚗 자동차 20분
▶ 월영산출렁다리

2 COURSE 🚗 자동차 7분
▶ 보석사

3 COURSE
▶ 홍도마을

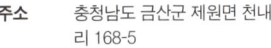

주소	충청남도 금산군 제원면 천내리 168-5
운영시간	하절기 09:00~18:00, 동절기 09:00~17:00(다리 입구에서 30분 전 마지막 입장)/매주 수요일 휴무
가는 법	금산터미널 앞 금산읍행복복지센터에서 버스 232번 승차 → 천내리 하차 → 도보 400m

2022년 4월 개통한 출렁다리로 월영산과 부엉산 사이 금강을 45m 높이로 가로지르는 다리다. 발 아래 금강이 흐르고 주탑이 없는 방식이라 출렁거림이 강하게 느껴진다. 아찔한 만큼 멋진 풍경을 볼 수 있다.

주소	충청남도 금산군 남이면 석동리 산5

진악산 자락에 자리 잡은 통일신라시대의 사찰이다. 885년 창건 당시 절 앞산에서 채굴한 금으로 불상을 주조했기 때문에 절 이름 또한 보석사라 하였다. 절 입구에는 둘레 11m의 은행나무가 있으며 나라의 이변이 있을 때마다 24시간 운다는 이야기가 전해진다.

주소	충청남도 금산군 남일면 홍도1길 57

전국에서 유일하게 홍도화 축제가 열리는 남일면의 마을로 7,500여 그루의 홍도화로 장관을 이룬다. 복숭아나무의 일종으로 4월 중순이 적기이며 진분홍의 홍도화가 만개해 마을로 가는 갓길부터 마을 입구의 청산동산을 물들인다.

4월 다섯째 주

파스텔색 꽃들로 물드는 산과 들

18 week

SPOT 1

겹벚꽃과 철쭉이 가득한 산사

영평사

주소 세종자치특별시 장군면 산학리 444 · **가는 법** 세종고속시외버스터미널에서 버스 222번 승차 → 첫마을 6단지 하차 → 버스 52번 환승 → 영평사 입구 하차 · **전화번호** 044-857-1854 · **홈페이지** http://www.youngpyungsa.org/

　　영평사는 1987년에 창건된 역사가 짧은 사찰이지만 계절마다 찾게 되는 매력이 있다. 가을이면 장군산을 뒤덮는 구절초로 먼저 유명해졌지만, 4월 말이 되면 경내에는 인근에서는 보기 드문 겹벚꽃이 가득 피어나는 사찰이다. 겹벚꽃이 필 무렵 철쭉과 영산홍까지 만개해 꽃세상이 된다. 영평사를 제대로 보려면 뒤쪽에 있는 짧은 등산로를 돌아 장군산을 따라 영평사를 내려다보는 것이다. 위에서 아미타대불 너머 대웅보전을 내려다보면 또 다른 풍경의 영평사를 볼 수 있다. 걷다 보면 영평사의 명물 장독대도 만나게 된다. 이곳에서 만드는 된장은 죽염으로 만들고 3년간 숙성시킨 약된장으로 인기가 좋다.

TIP
- 일주문을 지나 사찰로 가기 전 언덕에 있는 겹벚꽃 군락지도 놓치지 말자.
- 3월 말에서 4월 말까지는 목련과 진달래가 가득하다.

주변 볼거리·먹거리

아크커피 장군면 언덕에 자리 잡은 감성 가득한 카페다. 직선과 곡선이 조화를 이룬 우드톤의 인테리어로 세종에 카페가 많지 않았을 때 감각적인 카페로 문을 연 후 여전히 사랑받고 있다. 겨울에는 정원에 설치된 대형 크리스마스트리가 유명하다.

ⓐ 세종특별자치시 장군면 월현윗길 38-15 ⓞ 11:00~21:00 ⓣ 044-862-3815 ⓜ 아메리카노 5,000원, 플랫화이트 5,500원, 아몬드크림라테 6,800원, 당근케이크 7,000원

곤드레말 곤드레나물이 들어간 추어탕을 맛볼 수 있는 곳이다.

ⓐ 세종특별자치시 장군면 월현 윗길 47 ⓞ 10:00~ 20:00(15:00~16:30 브레이크 타임)/매주 월요일 휴무 ⓣ 044-862-8876 ⓜ 추어탕 11,000원, 통추어탕 13,000원, 전복추어탕 18,000원, 미꾸리튀김 14,000원, 돈가스 11,000원

SPOT 2

금강변을 가득 채운 유채꽃

옥천금강수변 친수공원

주소 충청북도 옥천군 동이면 금암리 1139 · **가는 법** 옥천시외버스공영정류장에서 버스 71번 승차 → 금암3리 하차 → 도보 20분(1.5km)

4월 중순이 되면 옥천금강수변 친수공원은 노란 물결의 바다로 변신한다. 매년 옥천군에서 금강변 8만 3,000㎡에 유채꽃밭을 조성하고 있어 충청권에서 가장 큰 규모의 자연 친화적인 유채꽃을 볼 수 있다. 유채꽃 사이 산책로도 잘 조성되어 있어 산책하기도 좋고 곳곳에 나무가 포인트로 있어 사진 찍기에도 좋다.

TIP
- 강변에 위치하고 있는 자연 친화적인 곳이라 뱀이 출몰할 수 있으니 발을 보호할 수 있는 신발은 필수다.
- 그늘이 많지 않으니 모자, 양산, 물을 준비하자.
- 인터넷 검색을 통한 위치와 다르니 반드시 주소 검색 후 이동해야 한다.

주변 볼거리·먹거리

 **풍미당** 물쫄면으로 인기 있는 분식점이다. 진한 멸치 육수에 국수가 아닌 쫄면을 넣은 메뉴로 다른 곳에서 맛보기 어려워 더욱더 인기가 있다. 김밥은 옛날 시장 김밥 스타일로 쫄면과 함께 먹기에 좋다. 인기 맛집이라 주말에는 대기가 있을 수 있다.

Ⓐ 충청북도 옥천군 옥천읍 중앙로 23-1 Ⓞ 09:30~18:00/매주 월요일 휴무 Ⓣ 043-732-1827

SPOT 3

청보리와 겹벚꽃의 콜라보
카페피어라

주소 충청남도 당진시 합덕읍 합덕대로 502-24 · **가는 법** 합덕버스터미널에서 버스 450번 승차 → 석우리 하차 → 도보 7분(450m) · **운영시간** 10:30~20:00(라스트 오더 19:30) · **전화번호** 0507-1492-9900 · **대표메뉴** 할머니당근케이크 8,000원, 할머니크럼블크림라테 7,500원, 아메리카노 5,500원, 피어라에이드 7,000원 · **홈페이지** https://www.instagram.com/cafepiora/

청보리와 벚꽃으로 유명한 숲속 베이커리 카페이다. 이곳에 겹벚꽃이 있다는 건 그리 알려지지 않았다. 4월 말 5월 초 겹벚꽃이 피는 계절에 가면 분홍 겹벚꽃이 주차장 주변 가득하다. 심은 지 오래되지 않아 어린나무지만 충분히 분홍터널을 만들어주고 다들 청보리밭에 집중하느라 조용히 겹벚꽃을 즐길 수 있다. 이곳은 커피명가 원두를 사용하고 있고 케이크와 구움 과자도 수준급 이상이라 단순한 뷰 맛집이 아닌 진정한 맛집 카페라 할 수 있다. 10년 전 카페가 생기기 전부터 한식당 미당을 좋아했는데 카페 옆에 미당면옥이 생겼다. 냉면 한 그릇에 이곳 커피 한 잔이면 따로 이동할 필요 없이 식사와 커피까지 가능하다.

주변 볼거리·먹거리

아그로랜드태신목장

Ⓐ 충청남도 예산군 고덕면 상몽2길 231 Ⓞ 하절기 10:00~18:00, 동절기 10:00~17:00 Ⓣ 041-356-3154 Ⓒ 성인 평일 11,000원, 주말 12,000원, 소인 평일 8,000원, 주말 9,000원

5월 21주 소개(180쪽 참고)

> **TIP**
> • 주말에는 점심시간이 혼잡하니 문을 여는 이른 시간 방문을 추천한다.
> • 실내 공간은 노키즈존으로 운영되고 있다.
> • 6월 말에서 7월 중순까지는 수국을 만날 수 있다.

추천 코스 보령의 늦은 봄 풍경

1 COURSE 계화예술공원 → 자동차 2분
2 COURSE 황해원 → 자동차 25분
3 COURSE 천북폐목장 청보리밭

주소	충청남도 보령시 성주면 개화리 177-2
운영시간	09:00~18:00
입장료	성인 5,000원, 학생 3000원, 보령시민 무료
전화번호	041-931-6789
홈페이지	http://gaehwapark.com/
가는 법	보령종합터미널 앞 중앙시장에서 버스 804번 승차 → 중개 하차 → 도보 400m

성주산 자락에 있는 테마예술공원으로 모산조형미술관, 개화허브랜드, 카페 리리스, 허브꽃 밥집 등이 있다. 자연 속에서 예술 작품을 감상할 수 있으며, 이 시기에 방문하면 진분홍, 연분홍 겹벚꽃을 볼 수 있다.

주소	충청남도 보령시 성주면 심원계곡로 6
운영시간	10:30~14:00/매월 셋째 주 수요일 휴무
전화번호	041-933-5051
대표메뉴	짬뽕 8,000원, 짜장면 5,000원, 짬뽕밥 8,000원

돼지고기가 가득 들어간 육짬뽕을 맛볼 수 있는 곳이다. 고기가 많이 들어가 걸쭉할 듯하지만 깔끔한 국물을 맛볼 수 있는 짬뽕 맛집이다. 맛집답게 메뉴도 짬뽕, 짜장 두 가지에 운영시간도 오후 2시까지다.

주소	충청남도 보령시 천북면 하만리 176-6

사진가들 사이에서는 유명한 일몰, 야경 명소인데 드라마 <그해 우리는>의 촬영지로 더욱 유명해졌다. 개인 목장이지만 기꺼이 여행자들에게 내어주고 있어 감사하게도 4~5월 청보리밭, 황금보리밭 풍경을 이국적인 건물과 함께 볼 수 있다.

SPECIAL

평범한 벚꽃놀이는 그만
우리 동네
특별한 벚꽃

봄이면 동네에 벚꽃이 없는 곳이 없다. 길거리 가로수가 벚나무로 지정된 곳이 많아 3월 말 4월 중순까지는 벚꽃을 쉽게 볼 수 있다. 그러나 여기에서 소개하는 곳은 일반 벚꽃보다는 조금 더 특별한 벚꽃이다.

청주 무심천 벚꽃

충청도에서 가장 벚꽃이 빨리 피는 곳은 대전 대전천과 청주 무심천이다. 특히 무심천의 몇 그루는 다른 벚나무보다 일찍 꽃을 피워 개화 시기를 알려주는 꽃시계라 할 수 있다. 뻐꾸기다리라 부르는 서문교 가까운 곳에 있는 벚나무가 성격 급한 벚나무다. 이곳의 꽃이 피고 5~7일쯤 지나면 무심천 벚꽃이 만개한다. 서문교 옆 빨간 전화박스 주변의 벚나무이니 쉽게 찾을 수 있다.

Ⓐ 충청북도 청주시 서원구 사직동 122-1

청주 대한불교수도원 능수벚꽃

일반 벚꽃과 달리 수양버드나무처럼 축축 늘어지는 가지가 인상적이다. 흰 벚꽃이 아니라 분홍빛 벚꽃이라 더욱 매력적이다. 이 분홍색도 처음 꽃이 필 때는 짙은 색이지만 시간이 지날수록 옅어진다. 그러나 일반 벚꽃보다 먼저 피기에 더욱 반갑다. 대웅전 옆 오랜 세월을 품은 큰 수양벚꽃 아래에 서면 마치 꽃이 폭포가 되어 쏟아지는 듯하다. 벚꽃이 필 때쯤 경내에 함께 있다면 더욱 화려한 풍경을 볼 수 있다. 우암산 자락에 산목련도 가득한데 우암산 벚꽃은 이 꽃이 질 때쯤 만개한다. 주차가 어렵다면 바깥쪽 3.1공원주차장을 추천한다.

Ⓐ 충청북도 청주시 상당구 우암산로 50-19

안면암 홍벚꽃

대한불교조계종 제17교구 금산사의 말사로 안면도 해변가에 자리 잡고 있다. 1998년에 지어진 절로 3층짜리 현대식 건물이 인상적이다. 앞바다에 여우섬이라고 부르는 2개의 무인도가 있는데 100m에 이르는 부교가 있어 걸어갈 수 있다. 바다 앞에 있는 절의 모습도 특이한데 사찰 내에 있는 탑과 건물들이 이국적으로 느껴진다. 이곳은 다른 곳에서 보기 힘든 홍벚꽃이 가득하다.

Ⓐ 충청남도 태안군 안면읍 여수해길 198-160 ⓣ 041-673-2333 Ⓗ http://www.anmyeonam.org/maha/index.html

세상에서 가장 긴 벚꽃길 대청호 행복누리길

대청호오백리길은 효평삼거리부터 찬샘마을을 거쳐 냉천종점, 마산동삼거리까지 4구간을 돌아 폐고속도로를 타고 나와 회남길까지다. 총 3시간이 넘는 긴 코스로 자동차를 타고 돌아보는 것을 추천한다. 이곳의 벚꽃은 주차장에서 300m 정도가 가장 화려하다. 총 길이 26.6km로 세상에서 가장 긴 벚꽃길로 알려져 있다.

Ⓐ 대전광역시 동구 신상동 286-5 행복누리길 주차장

4월의 충청도
벚꽃으로 물드는 꽃세상

남도의 꽃소식이 들려오면 곧 꽃을 볼 수 있으리라는 기대감에 설렌다. 한편으로 이곳 충청도에서는 언제 벚꽃이 피려나 조바심이 나기도 한다. 이런 마음을 아는지 3월 25일 전후로 청주의 무심천과 대전의 대전천에 성격 급한 벚꽃이 꽃망울을 틔운다. 이 두 곳이 충청권에서는 가장 이른 벚꽃이라 할 수 있다. 이르게 피는 벚꽃도 있지만 청양의 장곡사 벚꽃길, 청주의 미원 벚꽃길, 금산의 보곡산골마을은 4월 15일 전후로 만개해 긴 꽃놀이를 즐길 수 있다.

🚩 2박 3일 코스 한눈에 보기

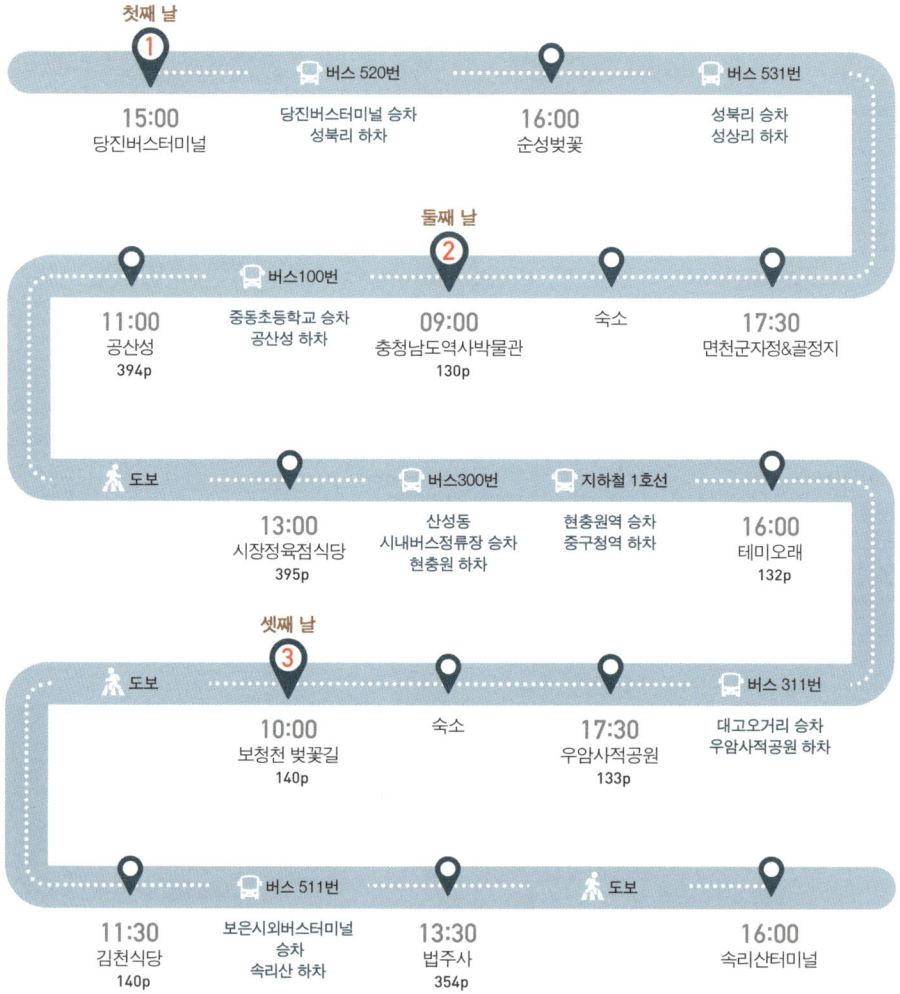

첫째 날
- 15:00 당진버스터미널
- 버스 520번 / 당진버스터미널 승차, 성북리 하차
- 16:00 순성벚꽃
- 버스 531번 / 성북리 승차, 성상리 하차

둘째 날
- 09:00 충청남도역사박물관 130p
- 버스100번 / 중동초등학교 승차, 공산성 하차
- 11:00 공산성 394p
- 도보 / 13:00 시장정육점식당 395p
- 버스300번 / 산성동 시내버스정류장 승차, 현충원 하차
- 지하철 1호선 / 현충원역 승차, 중구청역 하차
- 16:00 테미오래 132p
- 17:30 면천군자정&골정지
- 숙소

셋째 날
- 10:00 보청천 벚꽃길 140p
- 숙소
- 17:30 우암사적공원 133p
- 버스 311번 / 대고오거리 승차, 우암사적공원 하차
- 11:30 김천식당 140p
- 버스 511번 / 보은시외버스터미널 승차, 속리산 하차
- 13:30 법주사 354p
- 도보
- 16:00 속리산터미널

연둣빛이 아름다운 계절이다. 아이들과 놀이공원으로 나들이 가기도 좋고 부처님오신날 즈음 연등으로 가득한 사찰로 여행을 떠나도 좋다. 충청남도의 사찰에서는 겹벚꽃을 볼 수 있어 더욱 추천한다. 어린이날, 어버이날 등 가족 행사가 많은 달이라 마음이 급하기도 하지만 5월의 연둣빛과 꽃을 보며 조금은 편안하게 즐겨보자. 이 시기 충청도 곳곳을 다니다 보면 '계절의 여왕, 5월'이라는 말이 더 이상 진부한 표현이 아니라는 것을 저절로 알게 될 것이다.

5월의 충청도

연둣빛 낭만으로 전하는
충청의 봄

5월 첫째 주

늦게까지 봄을 누릴 수 있는 곳

19 week

SPOT 1

겹벚꽃과 철쭉이 가득한 산사
개심사

주소 충청남도 서산시 운산면 개심사로 321-86 · **가는 법** 서산공용버스터미널에서 버스 522번 승차 → 개심사 하차 · **전화번호** 041-688-2256 · **홈페이지** https://gaesimsa.modoo.at/

　백제 말 654년에 창건된 천년고찰로 충청남도 4대 사찰 중 하나다. 일주문을 지나면 '세심동', '개심사입구'라는 표석을 볼 수 있는데, 표석 문구대로 마음을 씻고 마음을 열어 걷다 보니 500m의 오르막도 전혀 힘들지 않고 아름답게 보인다. 절의 중앙에 있는 대웅보전은 조선시대 건축예술의 극치를 보여주며 보물 제143호다.
　4월 말 5월에는 청벚꽃, 겹벚꽃이 개화해 이를 보기 위해 전국에서 여행자들이 모여든다. 특히나 청벚꽃은 다른 곳에서 쉽게 볼 수 없는 꽃이기에 주변으로 사람들이 몰려 아이돌 못지않은 인기를 누린다.

TIP
- 주차장에서 돌계단을 500m나 올라야 하므로 편한 신발을 준비하자.
- 경내로 들어가기 전에 만나는 연못은 백제 사찰의 특징이며, 이곳에 있는 외나무 다리는 반영을 담을 수 있는 포토존이니 놓치지 말자.
- 청벚꽃은 명부전 앞에 위치한다.
- 8월이면 연못 옆에 배롱나무꽃이 활짝 피어 배롱나무명소로 인기가 좋다.
- 청벚꽃이 피는 개심사는 오전 8시만 지나면 전국에서 몰려든 상춘객들로 붐비니 이른 시간 방문을 추천한다. 주말에는 개심사 입구에서 신창제 초입까지 차가 막히는 5월 초 전국 최고의 핫플레이스가 된다.

주변 볼거리·먹거리

신창제 개심사로 가는 길에 만나는 저수지다. 봄이면 저수지 둘레를 따라 핀 겹벚꽃이 아름답고 저 멀리 한우 목장이 저수지 반영으로 보이는 그림 같은 곳이다. 데크를 따라 산책하며 이곳을 즐기기 좋다.

Ⓐ 충청남도 서산시 운산면 신창리

한가로이 서산목장을 바라보며 커피를 마실 수 있는 한옥 카페다. 이름처럼 한가로이 초록 들판을 바라보며 커피 한 잔 하기 좋은 곳이다.

Ⓐ 충청남도 서산시 운산면 신창길 102-3 Ⓞ 11:00~19:30/매주 화요일 휴무 Ⓜ 목장슈페너 7,000원, 아메리카노 5,000원

SPOT **2**

백월산에서 만나는 비밀의 화원
백월산

주소 충청남도 홍성군 홍성읍 월산리 산71-6 · **가는 법** 홍성종합터미널에서 버스 396번 승차 → 월산삼거리 하차 → 도보 이동 · 주차 무료

　백월산은 해발 394m의 산으로 웅장하거나 화려하지는 않지만 정상에 오르면 탁 트인 전망으로 홍성읍과 서해 천수만을 한눈에 조망할 수 있다. 그래서 이곳은 주민들에게는 가까운 쉼터이자 공원 같은 산이라 할 수 있다.

　정상 반대쪽에는 홍가신을 모신 홍가사당이 있다. 홍가사당에서는 매년 정월대보름 산신제가 열린다. 사당 내부에는 맷돌 바위가 있는데 소원을 빌고 작은 돌을 맷돌 돌리듯 돌려 달라붙으면 소원이 이루어진다는 이야기가 전해져 매년 초에는 사람들이 소원을 빌기 위해 찾는 바위로 유명하다.

　정상 가는 길에는 코끼리 바위 등 기암괴석을 볼 수 있다. 4월

말 5월 초 이곳에 철쭉과 겹벚꽃이 가득해 산속 비밀의 정원 같은 풍경을 볼 수 있다.

코끼리 바위에는 전설이 하나 전해지는데, 옛날에 코끼리 바위 밑에서 쌀이 나왔다고 한다. 매일 한 끼 먹을 쌀이 쏟아졌는데 오랜 세월 바위 주변에 사는 할머니만이 쌀을 받을 수 있었다. 그러다 사람들의 부추김과 욕심으로 쌀을 더 많이 받을 수 있게 해달라고 기도했지만 쌀이 나오지 않자 화가 난 할머니는 쌀이 나오는 구멍을 부지깽이로 쑤시게 되고 그 구멍은 점점 메워졌다는 이야기다.

이곳 정상은 360도 탁 트여 있어 일출 일몰 모두 가능하다. 홍성군의 해맞이 행사도 백월산에서 열린다. 물론 서해로 지는 해를 볼 수 있어 일몰 맛집이기도 하다.

TIP
- 등산으로 오를 수도 있지만 임도가 잘되어 있어 홍성요양원 건너편 엘림가든을 이정표 삼아 2km 거리를 자동차로 이동할 수 있다. 단, 가파른 외길이니 주의 운전해야 한다.
- 정상에서 100m 아래에는 4~5대 주차할 수 있는 공간이 있다.
- 오후 4시가 지나면 겹벚꽃이 있는 길에 그늘이 지기 때문에 사진을 찍겠다면 정오 햇살이 강할 때 방문을 추천한다.

주변 볼거리·먹거리

홍주읍성 서해의 관문 홍주성은 현재 810m 정도가 남아 있고 실제 홍성군청이 읍성 내부에 위치한다. 홍주읍성은 홍성 여행의 시작이자 중심이다. 홍주아문, 안회당, 여하정은 놓치지 말고 돌아보자. 낮에 방문하면 안회당에서 커피와 차를 마실 수 있다.

Ⓐ 충청남도 홍성군 홍성읍 아문길 20-1 ⓣ 041-630-1226

SPOT 3

당진의 토속음식 꺼먹지
아미여울농가

주소 충청남도 당진시 순성면 남부로 848 · **가는 법** 당진버스터미널에서 버스 500번 승차 → 성북1리 하차 → 도보 90m · **운영시간** 10:00~22:00/매주 일요일 휴무 · **전화번호** 0507-1377-3800 · **대표메뉴** 아미여울 한상 15,000원, 꺼먹지황태조림 20,000원, 꺼먹지비빔밥 8,000원

당진의 향토 음식을 맛볼 수 있는 농가 맛집으로 무청을 염장해서 먹는 꺼먹지를 이용한 요리를 맛볼 수 있다. 2014년 프란체스코 교황이 방한했을 때 대접한 음식 중 하나가 꺼먹지다. 꺼먹지 돌솥밥과 그에 어울리는 여러 반찬을 맛볼 수 있다.

주변 볼거리·먹거리

남산건강공원 당진 시민들의 산책 공간인 이곳이 4월 말 5월 초가 되면 겹벚꽃으로 화려해진다. 분홍 솜뭉치 같은 겹벚꽃이 필 때 철쭉, 영산홍도 가득해 가장 화려한 남산공원을 만날 수 있다.

ⓐ 충청남도 당진시 읍내동 232-8

추천 코스 **이국적인 서산을 만나다**

1 COURSE 🚗 자동차 5분
▶ 문수사

2 COURSE 🚗 자동차 5분
▶ 서산한우목장

3 COURSE
▶ 운산초등학교

주소 　충청남도 서산시 운산면 문수골길 201
전화번호 　041-663-3925
가는 법 　서산공용버스터미널에서 버스 451번 승차 → 태봉리 하차 → 도보 30분 또는 자동차 이용 추천

운산면에 있는 작은 사찰로 고려시대 창건된 것으로 추측된다. 4월 말 5월 초가 되면 겹벚꽃과 철쭉으로 인산인해를 이룬다. 일주문에서 사찰로 오르내리는 길의 겹벚꽃터널이 아름답다. 운산에서 이곳으로 오는 길에 만나는 초원 덕에 저절로 스위스가 떠오르는 풍경이다.

주소 　충청남도 서산시 운산면 태봉리 산2-1

한우개량사업소를 중심으로 나지막한 언덕에 초지가 조성되어 있고 한우가 한가로이 풀을 뜯고 있는 모습에 이곳이 마치 스위스가 아닌가 하고 놀라게 된다. 서산 8경으로 꼽히지만, 이곳은 전염병 예방을 위해 출입을 금하니 담장 너머 멀리서 초록 풍경을 눈에 담는 것으로 아쉬움을 달래자.

주소 　충청남도 서산시 운산면 운암로 1037

초등학교 놀이터가 있어 그네, 미끄럼틀과 함께 겹벚꽃을 볼 수 있는 감성 놀이터다. 실제 학생들이 공부하는 초등학교이니 아이들 수업이 끝난 시간이나 주말에만 방문할 수 있다.

5월 둘째 주

5월은 가정의 달

20 week

SPOT 1

목장도 구경하고 놀이공원도 가고
벨포레

주소 충청북도 증평군 도안면 벨포레길 346 · **가는 법** 증평시외버스터미널 → 택시 이동(15분 소요) · **운영시간** 10:00~18:00/매주 월요일 휴장, 단 브리스킷 346 목장은 휴장 없이 운영 · **입장료** 무료(벨포레 목장 입장료 5,000원 별도) · **전화번호** 02-1566-0162 · **홈페이지** https://www.blackstonebelleforet.com/

    가정의 달 5월을 맞이하여 아이들과 찾기 좋은 곳이다. 우리나라 중앙에 위치해 산과 계곡, 호수를 아우르는 경관이 빼어난 곳에 목장, 놀이동산, 마리나클럽, 골프장 그리고 숙박시설이 함께 있는 복합 리조트다. 호수도 있어 요트 체험도 가능할 정도로 규모가 크고 관리가 잘되어 있어 만족도가 높았다. 주말에는 혼잡할 수 있으나 평일에는 조용하게 놀이기구를 타며 즐거운 소풍을 할 수 있다.

주변 볼거리·먹거리

증평자전거공원 아이들이 자전거를 올바르게 배우고 체험할 수 있는 곳인데 아이들 관점에서 미니어처로 실제 증평 거리와 교통시설을 그대로 재현해 마치 소인국 테마공원을 여행하는 기분이다.

ⓐ 충청북도 증평군 증평읍 남하용강로 16
ⓓ 연중무휴 ⓣ 043-836-0514

TIP
- 이곳은 주차장이 4곳 있는데 1, 2주차장은 콘도 투숙객만 이용할 수 있고 놀이공원 이용자들은 주차장에서 무료 트롤리로 이동한다(트롤리 코스 : 주차장-남도예담(놀이공원)-목장(투썸플레이스로 벨포레가든)-주차장 순환).
- 하이라이트인 양몰이 공연 시간은 꼭 확인하고 이동 동선을 체크하자(주중 13:30/15:30, 주말 11:30/13:30/15:30).
- 마리나베이로 내려가는 길에 위치한 벨포레가든은 사계절 잘 관리되고 있으나 놓치기 쉬운 곳이니 잊지 말자.

SPOT 2

작은 연등과 불두화가 가득한
보탑사

주소 충청북도 진천군 진천읍 김유신길 641 · 가는 법 진천종합터미널에서 버스 230번 승차 → 보탑사 하차 · 전화번호 043-533-0206

　1996년 고려시대 절터라고 전해지는 곳에 창건된 짧은 역사를 가진 사찰이다. 황룡사 3층 목탑을 모델로 만든 3층 목탑의 높이는 42.71m이고 상륜부 높이까지 더하면 높이가 무려 52.7m로 아파트 14층 높이와 맞먹는다. 1층은 대웅전, 2층은 법보전, 3층은 미륵전으로 이루어져 있다.
　부처님오신날이 가까워 오면 다른 사찰과 달리 작은 연등이 나무에 가득해 마치 크리스마스트리를 보는 느낌이다. 보탑사는 아기자기하게 잘 가꿔진 꽃 정원 같은 사찰로 유명하다. 곳곳에 화려한 꽃 화분이 있고 산책로를 따라 불두화를 만날 수 있다.

TIP
- 산책로를 따라 불두화를 만날 수 있으니 놓치지 말자.
- 5월 중순에는 자주빛 작약이 만개한다.

주변 볼거리·먹거리

김유신탄생지 & 화랑무예태권도성지
김유신 장군이 태어난 곳과 그의 태실을 보관한 곳이다. 이맘때 이곳을 추천하는 이유는 이곳 가까이 있는 화랑무예태권도성지에 불두화가 가득하기 때문이다. 부처님오신날 즈음 피는 새하얀 불두화를 보고 싶다면 이곳을 추천한다.
Ⓐ 충청북도 진천군 진천읍 상계리 59-1

카페연곡리 보탑사 입구에 위치한 모던한 카페. 통유리창 너머 초록 정원이 보이고 날씨가 좋은 날이라면 정원에서 커피를 즐길 수 있다.
Ⓐ 충청북도 진천군 진천읍 김유신길 627-6
Ⓓ 10:00~19:00 Ⓣ 0507-1390-3241 Ⓜ 아메리카노 4,500원, 피넛크림라테 6,000원

만뢰산자연생태공원 가족 단위로 조용하게 소풍을 즐기기 좋은 생태공원이다. 자연과학놀이터, 별자리마당이 있고 여름에는 물놀이장이 있어 아이들과 함께 오기 좋다. 5월에는 곳곳에 불두화 군락지가 있다.
Ⓐ 충청북도 진천군 진천읍 연곡리 34-1 Ⓓ 09:00~18:00/연중무휴 Ⓣ 043-539-3448

SPOT 3

보랏빛 등나무꽃이
계곡 따라 가득한
동학사 식당가

주소 충청남도 공주시 반포면 동학사1로 291 삼학식당 · **가는 법** 공주종합버스터미널에서 버스 770번 승차 → 옥룡동주민센터에서 하차 후 버스 300번 환승 → 온천1리에서 버스 360번 환승 → 동학사 하차 · **운영시간** 10:00~22:00/매주 일요일 휴무 · **전화번호** 042-825-4223 · **대표메뉴** 산채비빔밥 8,000원, 닭볶음탕 55,000원

동학사 계곡을 따라 등나무꽃과 식당들이 이어진다. 이곳의 식당 어딜 가나 메뉴는 비슷하고 음식도 비슷하기에 주차가 편한 곳으로 방문하면 된다. 간단히 산채비빔밥이나 도토리묵 무침 등을 계곡에서 먹어도 좋고 3~4인이 먹기 좋은 닭볶음탕도 추천한다. 날씨 좋은 날은 보랏빛 등나무꽃이 샹들리에에 불이 들어온 듯 반짝이니 맑은 날에 가면 좋고 계곡 안쪽에 있는 흰색 등나무꽃은 보라 꽃보다 조금 더 늦게 개화하는 편이다.

주변 볼거리·먹거리

은선폭포 계룡산국립공원 서쪽에 있는 폭포이며, 명칭은 옛날에 신선들이 이곳에 숨어 놀았다는 전설에서 유래되었다. 계룡산에 있는 여러 폭포 가운데 가장 큰 폭포로, 주변의 암벽과 울창한 숲이 절경을 이루지만 가뭄이 이어질 때는 폭포를 보기 어려우니 비가 많이 온 다음에 방문하길 추천한다. 왕복 5km 이상 거리로 넉넉한 시간과 등산화를 신고 가야 한다.

Ⓐ 충청남도 공주시 반포면 학봉리 산18

추천 코스 | 금강을 따라 만나는 5월의 풍경

1 COURSE 🚗 자동차 5분 ▶ 금강자연휴양림

2 COURSE 🚗 자동차 5분 ▶ 석장리박물관

3 COURSE ▶ 카페 내재

주소	세종특별자치시 금남면 산림박물관길 110
입장료	성인 1,500원/충청남도민 무료
전화번호	041-635-7400
주차료	3,000원(하이브리드, 전기, 수소차 1,500원)
홈페이지	https://keumkang.chungnam.go.kr:452/
가는 법	세종고속시외버스터미널에서 버스 62번 승차 → 금강수목원 하차

금강을 마주한 자연휴양림으로 산림박물관, 수목원, 온실, 동물마을, 황토 메타세쿼이아길이 있고 휴양림에서 숙박하거나 야영장에서 캠핑도 가능하다. 5월 초에는 이팝꽃이 눈이 내리는 듯 활짝 피고 산림박물관 뒤쪽에 붉은 아카시 군락지가 있다.

주소	충청남도 공주시 금벽로 990
운영시간	09:00~18:00
입장료	성인 1,300원, 청소년 800원, 어린이 600원(그린카드 무료)
전화번호	041-840-8924

구석기시대의 뗀석기가 석장리에서 발견되어 구석기시대가 한반도에 있었음을 확인할 수 있었다. 이를 기념하고 지속적인 연구를 위해 석장리박물관을 설립하였다. 어린이날 주간에는 석장리박물관 구석기 축제를 개최한다.

주소	충청남도 공주시 창벽로 420
운영시간	11:00~19:00
전화번호	0507-1367-4413
대표메뉴	금강에이드 7,500원, 오네로소 6,500원, 마시슈페너 7,500원, 아메리카노 5,500원
홈페이지	https://www.instagram.com/cafe_naejae/

공주의 금강변에 자리 잡은 2층 카페로 금강을 조망할 수 있고 넓은 실내 덕에 답답하지 않게 커피를 즐길 수 있다. 가을에는 노랗게 물든 은행나무가 창밖으로 가득하다.

5월 셋째 주
부처님오신날의 산사여행

21 week

SPOT 1
웅장한 사찰
구인사

주소 충청북도 단양군 영춘면 구인사길 73 · **가는 법** 단양시외버스터미널 → 구인사행 시외버스 승차 → 구인사 정류장 하차 · **전화번호** 043-423-8730 · **주차료** 3,000원

　구인사는 1945년 소백산 연화봉 아래에 칡덩굴로 암자를 짓기 시작해 현재 전국에 140개 천태종 절을 관장하는 천태종 총본산이 되었다. 일주문에서 시작되는 웅장한 50여 동의 기와 행렬에 마치 미지의 소도시로 여행을 온 듯한 강렬한 인상을 남긴다. 한 번에 1만 명을 수용할 수 있는 국내 최대 법당이 있으니 그 규모를 짐작할 수 있다.
　알록달록 단풍이 물드는 계절이 구인사를 방문하기 좋은 최적의 시기이나 철쭉이 피고 초록이 가득한 5월도 추천한다.

주변 볼거리·먹거리

보발재 굽이굽이 뱀처럼 휘어지는 길로 유명한 이곳은 단양 가곡면 보발리와 영춘면 백자리를 잇는 고갯길로 540m에 있는 드라이브 명소다. 가을이면 알록달록 단풍이 들어 단풍길로 유명하지만, 초록이 가득한 계절에 방문해도 이곳의 감성을 충분히 즐길 수 있다. 정상에는 전망대가 있어 한눈에 이 풍경을 내려다볼 수 있다.

Ⓐ 충청북도 단양군 가곡면 보발리 산14-2

TIP
- 구인사는 주차장에서 800m 정도 걸어가거나 무료로 운영하는 셔틀버스를 이용해야 올라갈 수 있다(버스 3분, 도보 15~20분). 단, 내려오는 셔틀버스는 운행하지 않는다.
- 셔틀버스 운행시간은 09:00~17:15(배차 간격 20분)까지이며, 점심시간(11:00~12:00)에는 운행하지 않는다.

SPOT 2
들판 가득 파란 물결
아그로랜드 태신목장

주소 충청남도 예산군 고덕면 상몽2길 231 · **가는 법** 합덕버스터미널에서 버스 450번 승차 → 태신목장 하차 · **운영시간** 하절기(3~10월) 10:00~18:00, 동절기(11~2월) 10:00~17:00 · **입장료** 성인(주중) 11,000원, 성인(주말) 12,000원, 소인(주중) 8,000원, 소인(주말) 9,000원/트랙터열차 타기 포함 · **전화번호** 041-356-3154 · **홈페이지** http://www.agroland.co.kr/

1978년부터 40년이 넘는 세월 동안 운영 중인 태신목장은 2004년부터 목장을 개방해 일반인도 체험할 수 있도록 했으며, 'Agriculture'와 'Land'의 합성어인 아그로랜드가 탄생하였다.

전원적인 목장에서 우유 짜기 체험, 송아지 우유 주기 체험 등 다양한 낙농 체험을 할 수 있어 아이들에게 인기 있는 여행지다. 더불어 계절별로 다양한 꽃을 만날 수 있고 곳곳에 포토존이 있어 인생 사진 명소로 자리매김하고 있다. 5월 중순 이후부터는 수레국화가 피기 시작해 파란 물결을 볼 수 있으며, 가을에는 그 자리를 코스모스가 대신한다.

주변 볼거리·먹거리

백설농부 예산에 자리 잡은 농부가 운영하는 농장과 카페다. 이른 봄에는 수선화, 봄에는 청보리, 여름에는 샤스타데이지와 해바라기 등을 볼 수 있어 매 계절이 기대되는 곳이다. 실내 야외 공간이 모두 넓지만 주말에는 혼잡할 수 있다.

Ⓐ 충청남도 예산군 봉산면 봉산로 516 Ⓞ 10:30~19:00/매주 화요일 휴무 Ⓣ 041-337-1130 Ⓜ 아메리카노 5,500원, 패션후르츠에이드 7,000원, 자몽에이드 7,000원

TIP
- 첫 방문이라면 입장권에 포함된 트랙터열차를 타고 한 바퀴 돌아보고 원하는 곳을 확인한 후 둘러보길 추천한다.
- 넓은 곳이라 입구에서 제공하는 지도를 챙겨 원하는 곳을 정한 후 한 방향으로 돌아보길 추천한다. 계획 없이 걷다 보면 넓은 아그로랜드에서 금방 2만 보를 걸을 수 있다.
- 트랙터 열차 시간은 평일 11:00, 13:00, 14:00, 15:00, 16:00, 주말 10:30~ 17:30(정각, 30분)이다.
- 아그로랜드 내에는 별도로 캠핑장이 있어 캠핑한다면 아그로랜드에서 일몰을 볼 수도 있다.
- 매표 후 입구에는 레스토랑이 있어 갈비탕, 비빔밥, 피자 등 식사도 할 수 있다.
- 수레국화 군락지는 느티나무 쉼터가 있는 곳으로 예능 프로그램 〈애니멀즈〉의 촬영지다.

SPOT 3
일출과 일몰을 볼 수 있는 곳
정북동 토성

주소 충청북도 청주시 청원구 정북동 353-2 · 가는 법 청주종합버스터미널에서 버스 913번 승차 → 정북동 하차 → 도보 1.1km

　　미호천 근처 평야에 있는 평지 토성이다. 정확한 축조 연대는 알 수 없으나 기록에 따르면 삼국시대 토성으로 알려져 있다. 탁 트인 곳이라 일출 일몰 모두 가능하며, 특히 언덕 위로 둥근 해가 뜨고 지는 풍경을 볼 수 있어 산을 오르지 않아도 되기에 더욱 인기가 좋다. 소나무 사이로 해가 지는 풍경, 언덕 위로 해가 지는 풍경 속에서 실루엣 사진을 남기기 좋아 젊은 여행자들에게 인생 사진 명소로 잘 알려져 있다.

TIP
- 일몰과 함께 찍는 실루엣 사진이기에 실루엣이 잘 나오는 옷이 좋다.
- 풍선, 우산 등의 소품을 이용한다면 더욱 역동적인 사진을 찍을 수 있다.
- 둥근 해를 공처럼 잡는 포즈, 축구공을 발로 차는 듯한 포즈 등 재미난 포즈로 사진을 찍을 수 있다.

주변 볼거리·먹거리

봉용불고기 청주에서 유명한 냉동삼겹살을 맛볼 수 있는 곳이다. 얇게 썬 냉동삼겹살을 달콤한 간장양념에 넣어 굽다 고기가 익으면 국물을 빼내고 파채를 넣어 볶아 먹으면 된다. 주차가 힘든 동네인데 넓은 주차장이 있으며 오전 8시부터 식사할 수 있다. 또한 1인분을 주문할 수 있어 고기 혼밥이 가능한 곳이기도 하다. 볶음밥은 셀프배식대에서 김가루와 참기름을 가져와 직접 볶아 먹으면 된다. 청주에서 자란 사람들에게는 향수를 자극하는 음식이라 할 수 있다.

Ⓐ 충청북도 청주시 청원구 중앙로 108 Ⓞ 08:00~22:00 Ⓣ 043-259-8124 Ⓜ 삽겹살 14,000원, 공기밥 1,000원

SPOT 4

샤스타데이지와 오두막의 만남
토성마을

주소 충청북도 청주시 청원구 토성로 163-1 1층 · 가는 법 청주종합버스터미널에서 버스 913번 승차 → 정북동 하차 → 도보 500m · 운영시간 11:00~20:00/매주 화요일 휴무 · 전화번호 0507-1378-7293 · 대표메뉴 토성커피 5,500원, 여름의정원 5,500원, 아메리카노 4,000원, 아이스크림 크로플 5,000원 · 홈페이지 https://www.instagram.com/tosung_village/

정북동 토성 가까이 자리 잡아 이름이 토성마을이다. 카페 실내는 평범한 감성 카페인데 야외에 오두막이 있고 정원이 잘 가꿔져 있다. 5월 중순부터 2주 정도는 샤스타데이지가 정원 가득 피어 오두막과 어우러지는 풍경을 볼 수 있다. 주말이 아니라면 음료 주문 시 요청하면 편하게 오두막을 이용할 수 있다. 커피도 구움과자도 모두 재방문하게 만드는 맛이다.

주변 볼거리·먹거리

아르떼물들이다 가까이 샤스타데이지를 볼 수 있는 또 다른 카페. 대형 카페이며 카페에서 커피를 주문하고 정원으로 이동할 수 있다. 영업시간 전에는 데이지 정원도 입장이 불가능하다.
Ⓐ 충청북도 청주시 흥덕구 원평로10번길 132 Ⓗ 11:00~ 21:00/매주 월요일 휴무 Ⓣ 043-275-1083 Ⓜ 아메리카노 5,000원, 카페라테 5,500원

추천 코스 진천과 증평의 새로운 발견

1 COURSE 🚗 자동차 15분
▶ 진천 이팝길

2 COURSE 🚗 자동차 8분
▶ 보강천 미루나무숲

3 COURSE
▶ 커피철학

주소	충청북도 진천군 진천읍 성석리 102-3 신정교 근처
가는 법	진천종합터미널에서 버스 202번 승차 → 관돌 하차 → 도보 8분

5월에 이팝꽃이 피어 새하얀 눈꽃을 볼 수 있다. 신정교를 중심으로 백곡천을 따라 농로 양쪽으로 이팝꽃이 새하얀 터널을 만들어 준다.

주소	충청북도 증평군 증평읍 송산리 649-45

1990년대까지 예비군 훈련장으로 이용되다 시민들의 휴식 공간이 된 보강천 미루나무숲은 계절별로 다양한 꽃을 만날 수 있을 뿐만 아니라 휴식 공간이 잘 갖춰져 있어 사계절 찾기 좋은 곳이다.

주소	충청북도 증평군 증평읍 대동1길 6-1 1층
운영시간	10:30~19:30/매주 일요일 휴무
전화번호	0507-1381-8785
대표메뉴	핸드드립 4,500원, 캐러멜크림라테 5,000원, 아메리카노 3,500원
홈페이지	https://www.instagram.com/coffilosophia/

매장은 로스팅 기계가 자리 잡고 있고 곳곳에 있는 커피 대회 상장으로 화려한 수상 경력을 확인할 수 있다. 이름처럼 커피 철학이 확실한 카페다. 이런 곳이라면 핸드드립을 추천한다.

5월 넷째 주

계절의 여왕 인생 사진을 남기다

22 week

SPOT 1

아담한 장미원이지만
인생 사진 포인트가 가득

대전
한밭수목원

주소 대전광역시 서구 둔산대로 169 · **가는 법** 대전역에서 버스 606번 승차 → 한밭수목원 하차 → 도보 298m · **운영시간** 06:00~19:00(동원 매주 월요일 휴무, 서원 화요일 휴무／열대식물원 09:00~18:00 · **전화번호** 042-270-8452 · **주차** 3시간 무료 · **홈페이지** https://www.daejeon.go.kr/gar/index.do

한밭수목원은 정부대전청사와 엑스포과학공원 사이에 위치한 도심 속 정원 같은 곳으로 가족들의 나들이 장소, 연인들의 데이트 장소로 인기를 끌고 있다. 수목원은 서원과 동원, 열대식물원으로 나뉘는데 계절별 다양한 꽃이 피어 여러 번 방문해도 항상 새롭다. 그중 5월 말은 장미가 만개하는 계절이다. 장미가 만개하는 시기 이곳은 인생 사진 명소로 자리매김하며 인기 여행지가 된다.

TIP
• 장미원은 동원에 있으니 동원이 휴무인 월요일을 반드시 기억하자.

주변 볼거리·먹거리

장동보리밭 대전 도심에서 대규모 보리밭을 볼 수 있는 곳이다. '대전형 좋은 마을 만들기' 공모사업에 선정되어 주민들과 장동사랑 진솔한 모임이 함께하여 '장동어사마을' 소망길을 조성해 봄에는 청보리, 가을에는 코스모스를 볼 수 있다.

Ⓐ 대전광역시 대덕구 장동 353

엑스포다리 한밭수목원과 엑스포과학공원을 연결하는 다리이다. 도보로만 건널 수 있으며 저녁이 되면 조명으로 인해 야경이 아름다워진다. 새로 생긴 신세계백화점 대전점과 함께 화려한 야경을 만들어준다. 여름에는 엑스포과학공원의 바닥분수와 함께 인기가 좋다.

Ⓐ 대전광역시 유성구 도룡동 604

SPOT 2

남한강의 암벽을 따라 걷는
아찔한 산책로

단양 잔도길

주소 충청북도 단양군 단양읍 상진리 299-9(만천하스카이워크 제5주차장) · 가는 법 단양시외버스공영터미널 다누리센터앞 에서 버스 160번, 170번 승차 → 단양관광호텔 하차 → 도보 11분(653m) · 운영시간 일몰~23:00(야간조명 운영)

그동안 접근하기 어려웠던 남한강 암벽을 따라 잔도를 조성해 남한강의 멋진 풍경을 보면서 아찔한 걷기를 할 수 있다. 암벽 위에 데크길을 만들어 마치 강물 위를 걷는 느낌이다. 잔잔하게 펼쳐지는 남한강을 보면서 1.2km를 걷다 보면 몸과 마음이 정화되는 느낌이 든다.

잔도 1.2km에서 걷기를 연장해 이끼터널 수양개선사 유물박물관까지 걷는다면 단양의 느림보 강물길인 수양개 역사문화길을 총 3.2km 걸을 수 있다. 일몰 후 11시까지 화려한 조명이 비추니 더운 여름에는 야간 잔도길도 추천한다.

TIP
- 잔도길 시작은 만천하스카이워크 주차장 근처이니 접근성이 좋은 곳을 추천한다.
- 1.2km의 잔도길을 편도로 걸으면 30분 정도 소요되니 왕복으로 걸을 때는 체력과 소요시간을 감안하자.
- 만천하스카이워크도 함께 돌아본다면 제5주차장에 차를 세운 후 잔도길을 걷고 만천하스카이워크를 돌아보면 된다.

주변 볼거리·먹거리

소금정공원 단양 남한강을 따라 조성된 이 공원은 5월 말에서 6월 초가 되면 장미터널로 화려해진다. 단양고등학교부터 상진리 강변까지 이르는 장미터널을 따라 장미향을 맡으며 걷다 보면 1.2km도 가볍게 걸을 수 있다.

Ⓐ 충청북도 단양군 단양읍 삼봉로 192

다원 남한강을 보면서 떡갈비를 맛볼 수 있다. 주말 대기는 기본이지만 워낙 큰 규모라 테이블 회전이 빨라 조금만 기다리면 식사할 수 있다. 떡갈비 맛은 아이들이 좋아할 맛이지만 남한강을 보면서 먹을 수 있어 추천한다.

Ⓐ 충청북도 단양군 단양읍 삼봉로 172 Ⓞ 11:30~20:30(15:00~17:30 평일 브레이크타임, 15:20~17:30 토~일요일 브레이크타임) Ⓣ 0507-1406-8050 Ⓜ 마늘떡갈비(中, 2~3인분) 45,000원, 한우육회비빔밥 13,000원, 물냉면 10,000원, 비빔냉면 10,000원

SPOT 3

커피도 마시고 밀밭도 구경하고
핀스커피

주소 충청남도 천안시 동남구 해솔1길 27-29 · **가는 법** 천안종합버스터미널에서 버스 70번 승차 → 구성5통 하차 → 도보 15분 · **운영시간** 11:00~22:00 · **전화번호** 041-562-5300 · **대표메뉴** 아메리카노 5,500원, 베리미니쉘 7,000원, 트러플 머시룸버거 17,900원, 레드페퍼 크림파스타 17,000원

탁 트인 실내 공간과 초록 식물로 사계절 찾아도 부담스럽지 않은 공간이다. 다양한 베이커리류와 음료, 그리고 버거와 파스타 등 식사도 할 수 있어 만족스러운 곳이다.

5월에 이곳을 찾아야 하는 이유는 카페에서 이국적인 밀밭을 볼 수 있기 때문이다. 보리밭은 흔하지만 밀밭은 보기 힘든데 이곳에서는 천안 우리밀 재배 광경을 직접 볼 수 있다. 저녁에는 일몰 맛집이기도 하며 가을에는 메밀꽃과 핑크뮬리를 만날 수 있다.

주변 볼거리·먹거리

단국대학교 천호지 장미터널 단국대학교 치과대학과 천호지 사이에는 장미원이 있다. 크지 않지만 분홍 안젤라 장미터널과 형형색색 수십 종의 장미를 만날 수 있어 장미가 피는 5월 중순부터는 장미와 함께 인생 사진을 찍기 위해 많은 사람이 찾아올 정도다. 앞에 있는 호수가 버스커버스커의 노래 〈꽃송이가〉 가사 중 '단대호수 걷자고 꼬셔'의 그 단대호수 천호지다.
ⓐ 충청남도 천안시 동남구 안서동 526-1

추천 코스 논산 초여름 즐기기

1 COURSE 🚗 자동차 10분 → **온빛자연휴양림**

2 COURSE 🚗 자동차 10분 → **원조연산할머니순대**

3 COURSE → **꽃이랑나무랑**

주소 충청남도 논산시 벌곡면 황룡재로 480-113
가는 법 연산역 연산중학교 정류장에서 버스 304-1번 승차 → 한삼천리 하차 → 도보 4분

11월 47주 소개(372쪽 참고)

주소 충청남도 논산시 연산면 황산벌로 1525
운영시간 06:00~21:00
전화번호 041-735-0367

연산시장 근처에는 순대골목이 있다. 그중 4대째 100년 동안 그 맛을 지키는 집이다. 이 집의 역사를 자랑하듯 내부에는 1~3대 사장님의 사진이 걸려 있다. 순대는 호불호가 있지만 피순대를 좋아한다면 추천한다. 대표메뉴로는 밥과 국이 말아 나오는 순대국밥 또는 밥이 따로 나오는 따로국밥이 있다. 포장도 가능해 근처에 들르면 꼭 포장하는 집이다.

주소 충청남도 논산시 연산면 신양길 179-32
운영시간 11:00~21:00/매주 일요일 휴무
전화번호 0507-1357-5083
대표메뉴 핸드드립커피 5,000원, 와송(밭에서 직접 키운) 요거트 스무디 5,000원, 키위(카페 옆 키위나무에서 직접 키운 키위) 스무디·구기자발효차 5,000원, 목련차 8,000원

이런 곳에 카페가 있을까 싶은 곳에 위치해 있지만 이 계절 방문하면 카페 밖으로 화려하게 핀 안젤라 장미 담장 덕에 쉽게 알아볼 수 있다. 정원 카페이자 야생화 묘목을 판매하는 묘목농장이기도 하다. 덕분에 제대로 관리되고 있는 정원, 타샤 튜더의 비밀의 정원 같은 곳에서 차 한 잔 할 수 있다.

SPECIAL

학교로 떠나는 여행
이색학교

학생은 아니지만 종종 찾고 싶은 학교가 있다. 꽃이나 단풍과 학교의 놀이터 시설이 어우러져 다른 곳에서는 느낄 수 없는 매력이 있기 때문이다. 내면의 동심을 자극해서가 아닐까? 사실 모든 학교는 주변이 잘 조성되어 있기에 일반 여행지보다 더 예쁜 곳이 많다. 학교를 방문할 때는 아이들 학교수업이 끝난 오후 4시 이후나 주말 방문이 기본이다.

합도초등학교

보랏빛 등나무로 아름다운 곳이다. 어릴 적 학교 운동장 한켠에는 이런 등나무 벤치가 있었지만 지금은 점점 사라지고 있다. 이곳이 인기 있는 이유는 아래로 규칙적으로 길게 늘어진 등나무꽃을 볼 수 있기 때문이다. 날씨가 좋은 날 방문하도록 하자. 날씨가 좋다면 햇살에 반짝이는 보석 같은 등나무꽃을 볼 수 있다.

Ⓐ 충청남도 당진시 합덕읍 면천로 1538

운산초등학교

SNS에서 미끄럼틀과 겹벚꽃 사진을 한번쯤 본 적이 있을 것이다. 운동장 놀이터 주변에 겹벚꽃이 가득해 그네를 타거나 정글짐에 앉아, 아니면 미끄럼틀에서 겹벚꽃과 함께 사진을 찍을 수 있다. 다른 곳 겹벚꽃보다 더 몽글몽글한 분홍 털실 뭉치 겹벚꽃을 만날 수 있다.

Ⓐ 충청남도 서산시 운산면 운암로 1037

천동초등학교

이곳은 은행나무가 아름다운 곳이다. 황금빛 은행나무에 둘러싸인 미끄럼틀과 그네를 탈 수 있다. 은행나무의 가지치기를 한 해에는 풍성한 모습을 기대하기 어려우니 가지치기를 했다면 2~3년 기다렸다 방문해 보자. 2021년 기준 가지치기가 시원하게 되어 있다.

Ⓐ 충청남도 천안시 동남구 동면 동산1길 59

5월의 충청도
서위스라 불리는 서산

들판이 초록빛으로 변신하는 계절이다. 4월에는 화려한 꽃이 피지만 그래도 5월의 초록빛을 이길 수는 없다. 5월의 초록빛에 꽃이 더해진다면 금상첨화다. 이럴 때 가면 제일 좋은 곳은 서위스라 불리는 곳이다. 다른 곳에서 보기 드문 서산 운산의 초록 들판과 풍경 덕분에 '서산+스위스(?)'라 부르기도 한다. 서산 한우농장은 방역상의 이유로 출입할 수 없으니 예산의 농장으로 넘어가서 목가적인 더 즐겨보자. 이곳에서 만난 5월의 풍경은 더없이 싱그럽고 이국적이다. 거기에 4월 말 5월 초에는 겹벚꽃, 등나무꽃 등으로 더욱 화려해진다.

🚩 2박 3일 코스 한눈에 보기

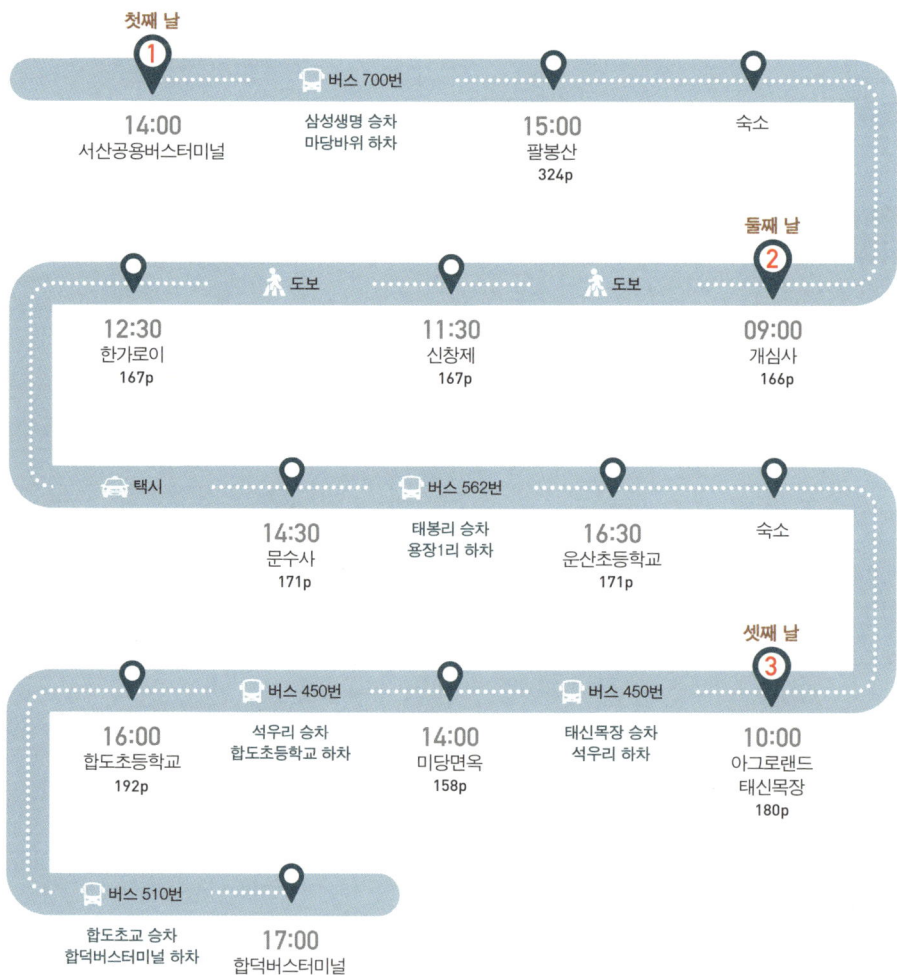

초록이 짙어지는 계절이 되면 이제 충북으로 떠나야 하는 시기다. 내륙의 바다라 불리는 청풍호를 중심으로 여행지 가득한 이곳은 초록이 짙어지는 이 계절을 놓치지 말아야 한다. 케이블카를 타고 편하게 만나도 좋고 등산으로 만나도 좋다. 충청북도에 관심을 두고 있는 사이 중부권 최대 수국 명소라 할 수 있는 유구색동수국정원을 시작으로 충청남도 곳곳에 수국이 피기 시작한다. 다시 말해 6월은 충청도 전체를 여행해야 한다는 이야기다.

6월의 충청도

짙어지는 녹음, 싱그러운
초여름 정취

6월 첫째 주

장미와 철쭉이 피는 계절

23 week

SPOT 1

아름답지만 슬픈 역사를 품은
노근리 평화공원

주소 충청북도 영동군 황간면 목화실길 7 비스터쎈 · **가는 법** 영동버스터미널에서 버스 650번 승차 → 노근리평화공원 하차 · **운영시간** 하절기 09:30~17:30, 동절기 10:00~17:00

1950년 7월 25일부터 29일까지 5일 동안 끔찍한 사건이 충청북도 영동군 황간면 노근리에 발생했다. 영동 하가리와 노근리의 경부선 철도 및 쌍굴 일대에서 피난시켜주겠다며 주민들 500여 명을 모아두고 미 공군기의 공중 폭격과 무차별적인 사격으로 무고한 양민들이 희생된 노근리사건 이야기다.

지난 50년 유족들의 끈질긴 진실규명 활동 결과로 2004년 '노근리사건 희생자 심사 및 명예회복에 관한 특별법'이 제정되었다. 이에 근거해 조성된 곳이 바로 노근리평화공원이다. 내부에는 평화기념관, 조각공원, 추억의 생활전시관 등이 있어 아이들과 함께 아픈 근대사를 이야기하며 둘러보기 좋은 장소다.

TIP
- 주차장에서 200m 정도 떨어진 노근리 쌍굴다리는 꼭 방문해 보자. 아직도 총탄의 흔적이 고스란히 남아 있다.
- 6월 초에는 노근리평화공원 일대 1만 3,000㎡ 터에 4,000그루 정도의 장미가 가득해 장미와 함께 인생 사진을 남길 수 있다. 장미가 필 무렵에는 '노근리 평화공원 정원축제'도 열린다.

주변 볼거리·먹거리

추풍령역 급수탑
추풍령역 급수탑은 현재 우리나라에 남아 있는 철도 급수탑 중 유일하게 사각형 모양이다. 그 가치를 인정받아 등록문화재 제47호로 지정되었으며 급수탑을 중심으로 공원이 조성되었다. 기차를 이용해 만든 박물관도 있어 철도와 추풍령역의 역사를 알아볼 수 있다. 공원에는 장미원이 있어 매년 6월 초면 다른 곳에서는 볼 수 없는 화려한 장미를 만날 수 있다.

Ⓐ 충청북도 영동군 추풍령면 447 Ⓞ 24시간 개방

SPOT 2

6월에 피는 철쭉 가득한
소백산

주소 충청북도 단양군 대강면 소백산길 17 죽령탐방지원센터 · 가는 법 단양시외버스공영터미널 다누리센터 앞에서 대교-죽령행 버스(하루 2회) 승차 → 죽령휴게소 하차 → 도보 244m · 운영시간 하절기 04:00~14:00, 죽령 구간은 통제 시간이 다른 구간에 비해 1시간 빠름 · 전화번호 소백산국립공원 북부사무소 043-423-0708 · 홈페이지 https://www.knps.or.kr/

철쭉은 5월 초에 피는 꽃이 아닌가 하겠지만 소백산에 피는 철쭉은 일반 철쭉과 달리 연분홍빛 철쭉으로 5월 말에 피기 시작해 6월 초에 절정을 이루어 단양에서는 1983년부터 매년 소백산 철쭉제를 개최하고 있다. 소백산 철쭉은 연화봉과 국망봉에 군락지가 있으니 등산 코스를 짤 때 고려하면 좋다. 퇴계 이황이 '울긋불긋한 것이 꼭 비단 장막 속을 거니는 것 같고 호사스러운 잔치 자리에 왕림한 기분'이라며 소백산 철쭉을 묘사한 바 있다.

철쭉이 개화할 무렵 소백산을 추천하는 이유는 바로 드넓은 초원처럼 펼쳐지는 소백산 초록 명품 능선이 있기 때문이다. 철

쭉 시기를 맞출 수 없다면 초록 소백산 능선길을 따라 걷는 것도 추천한다. 해발 1,439m의 비로봉에는 정상 인증석이 있고 인증사진을 찍으려는 사람들이 줄을 서기도 하는 인기 장소다.

TIP
- 소백산을 오르는 방법은 여러 가지가 있지만 죽령탐방지원센터에서 출발해 제2연화봉-소백산 천문대-연화봉-비로봉-달밭골 코스는 능선을 따라 걷기 쉽지만 등산 거리가 꽤 길기 때문에 충분한 시간을 가지고 등산을 하자.
- 소백산을 제대로 느끼려면 종주를 추천하는데 등산 시작점과 하산점이 다르다면 주차해둔 자동차를 이동시켜주는 서비스(카카오톡에서 '소백내차를부탁해' 서비스)를 찾아 신청해 보자. 또는 하산 지점 지역 콜택시를 이용해 주차된 장소로 이동할 수도 있다(하산 1시간 전 전화 필수).
- 5월과 6월에도 기온이 낮고 능선의 바람이 강하기에 바람막이 겉옷은 필수다. 거기에 능선을 따라 걸을 때 나무 그늘 없이 뜨거운 햇살을 받으며 걷는 구간도 있기에 모자도 꼭 지참하자.
- 자연생태계보호를 위해 탐방로 예약제를 실시하는 경우도 있으니 방문 전 국립공원 홈페이지에서 확인이 필요하다.

등산 코스
- 천동 코스(산행거리 11.1km, 약 4시간 45분 소요) : 다리안-천동다리안관광지-비로봉-연화봉
- 어의곡 코스(산행거리 8.9km, 약 4시간 20분 소요) : 새밭로-가곡새밭-비로봉-연화봉
- 죽령 코스(산행거리 9.9km, 약 3시간 소요) : 죽령로-죽령휴게소 천문대-연화봉
- 국망봉 코스(산행거리 9.8km, 약 4시간 30분 소요) : 다리안로-천동/다리안관광지-비로봉-국망봉

주변 볼거리·먹거리

온달산성 고구려 평원왕의 사위 온달이 신라가 침입하자 이 성을 쌓고 싸우다 전사했다는 이야기가 전해져 온달산성이라 불린다. 하지만 발굴조사 결과 신라에 의해 축성된 것으로 보인다. 해발 427m의 성산 정상부에 있어 남한강과 영춘면 중심 구역의 풍경이 한눈에 펼쳐진다. 온달관광지에서 가파른 산길을 따라 등산하면 만날 수 있다.

Ⓐ 충청북도 단양군 영춘면 온달로 23

SPOT 3

이것은 짬뽕인가? 냉면인가?
월악칡냉면

주소 충청북도 증평군 증평읍 장뜰로21 · **가는 법** 증평시외버스터미널 → 도보10분 (700m) · **운영시간** 11:00~20:00(15:30~16:30 브레이크 타임)/매주 월요일 휴무, 하절기(5~8월)에는 월요일 15:00까지 영업 · **전화번호** 043-836-2996 · **주차** 가게 앞 3대 가능 · **대표메뉴** 짬뽕냉면 9,000원(곱배기 2,000원 추가), 물냉면 · 비빔냉면 8,000원, 뼈다귀해장국 9,000원

냉면이지만 짬뽕 같은 그런 음식, 그래서 이름도 짬뽕냉면이다. 오이, 당근 등 채 썬 채소와 열무김치가 가득하고 육짬뽕처럼 채를 썰어 올린 고기 고명이 인상적이다. 거기에 시원한 살얼음 가득한 빨간 육수가 한여름에 더욱 인기 좋은 얼큰 시원한 냉면으로 만들어 준다. 무더위에 입맛 없을 때 먹으면 더욱 좋은 맛이다. 들깻가루에 무친 콩나물무침이 함께 나오는데 매콤한 냉면과 함께 먹기에 알맞다. 냉면집이지만 뼈다귀해장국과 뼈다귀탕도 있어 선택의 폭이 넓다. 카메라를 들고 음식 사진을 찍는 모습이 낯선 진짜 현지인 맛집이라 할 수 있다.

주변 볼거리 · 먹거리

카페이와 증평 시내에서 10분 거리에 있는 대형 한옥 카페다. 으리으리한 2층 한옥 구조이며 자연 속에 둘러싸여 있어 조용하게 자연을 느끼기에 좋다. 증평은 인삼으로 유명하다. 증평의 대표 상품인 인삼 정과물로 만든 시그니처 이와커피는 다른 곳에서는 맛볼 수 없는 쌉싸래한 인삼 맛이 커피와 독특하게 어우러지기에 추천한다. 당일 구워 당일 판매하는 베이커리류도 종류가 다양하니 맛보길 추천한다.

Ⓐ 충청북도 증평군 증평읍 증안지길 155 Ⓞ 10:00~21:00 Ⓣ 0507-1346-3567 Ⓜ 아메리카노 5,500원, 이와라테 7,800원

추천 코스 세종의 장미원을 만나다

1 COURSE 🚗 자동차 6분
➤ 베어트리파크

2 COURSE 🚗 자동차 11분
➤ 도랫말옛보리밥

3 COURSE
➤ 넘버트웰브

주소	세종특별자치시 전동면 신송로 217
운영시간	09:00~18:30/입장 마감 16:30
입장료	성인 12,000원, 청소년 10,000원, 어린이 8,000원
전화번호	0507-1414-7971
가는 법	조치원역에서 버스 95번 승차 → 베어트리파크 하차

10만여 평의 대지에 1,000여 종 40만 점에 이르는 꽃과 나무들이 있고, 100여 마리의 반달곰과 불곰을 볼 수 있는 곳이다. 이곳에 장미원이 있다는 사실은 많이 알려지지 않아 조용하게 유럽의 정원에 온 듯 장미원을 볼 수 있고 능소화가 만드는 터널은 마치 영화 <아바타> 속 한 장면 같다. 전 세계에서 25점 밖에 없는 로댕의 생각하는 사람 15번째 진품을 볼 수 있으니 이 또한 놓치지 말자.

주소	세종특별자치시 전의면 동신길 2
운영시간	월~금요일 11:00~15:00(라스트 오더 14:30), 토~일요일 11:00~20:00/브레이크 타임 15:30~17:00
전화번호	044-866-2050
대표메뉴	보리밥정식 7,000원, 고기 추가 7,000원, 닭볶음탕 40,000원(하루 전 미리 예약 주문)

입구에 들어서면 마당 가득한 장독대에서 이곳의 맛을 짐작할 수 있다. 7,000원짜리 보리밥정식을 주문했는데 호박죽이 애피타이저로 나오고 시골 된장찌개와 무심한 듯 버무려진 나물 반찬, 그리고 돼지고기구이까지 보리밥 풀코스를 맛볼 수 있다.

주소	세종특별자치시 전동면 깊은내길 211
운영시간	월~금요일 10:00~19:00, 토요일 10:00~21:00, 일요일 10:00~20:00
전화번호	0507-1319-1825
대표메뉴	아메리카노 5,500원, 핸드드립커피 5,500원, 플랫화이트 6,000원

12가지 원두를 골라 취향껏 주문할 수 있기에 이곳에 간다면 핸드드립을 추천한다. 넓은 자연 속에 있는 대형 카페라 가족 단위로 편안하게 방문할 수 있고 식사로 피자와 파스타도 맛볼 수 있어 주말 가족 외출 장소로 제격이다. 대형 카페에서 기대할 수 없는 수준 높은 커피를 맛볼 수 있다.

6월 둘째 주

산과 청풍호가
어우러지는 풍경
24 week

SPOT 1

청풍호를 한눈에
내려다볼 수 있는 곳

청풍호반
케이블카

주소 충청북도 제천시 청풍면 문화재길 166 · **가는 법** 제천역에서 버스 960번(하루 각각 1회) 승차 → 청풍면사무소 하차 → 도보 7분(476m) · **운영시간** 하절기 09:30~18:30(매표 마감 18:00), 동절기 10:00~17:00 · **전화번호** 케이블카 043-643-7301, 모노레일 043-653-5121 · **이용료** 케이블카 대인 일반(왕복) 18,000원, 크리스탈 캐빈(왕복) 23,000원, 소인 일반(왕복) 14,000원, 소인 크리스탈 캐빈(왕복) 18,000원 · **홈페이지** https://www.cheongpungcablecar.com/

　조금 더 편하게 멋진 풍경을 보고 싶은 건 누구나 마찬가지다. 청풍호를 조금 더 편하게 보고 싶다면 케이블카를 이용해 보자. 물태리역에서 2.3km 구간을 케이블카로 이동해 해발 531m의 비봉산 전망대에서 청풍호를 내려다보는 것을 추천한다.
　비봉산은 봉황이 알을 품고 있다 먹이를 구하기 위해 비상하는 모습과 닮았다 하여 붙여진 이름이다. 비봉산 전망대에서는 360도로 펼쳐지는 청풍호 전망을 감상할 수 있고 곳곳에 포토존이 있어 인생 사진 남기기에도 최고의 여행지다. 케이블카 덕에 어르신들도 편하게 멋진 풍경을 볼 수 있어 가족 여행자들에게 추천할 만하다.

시간이 넉넉하고 조금 더 걷고 싶다면 비봉산역에서 파빌온까지 530m(왕복 35분 소요)의 약초숲길을 따라 걸어도 좋다.

TIP
- 주말에는 대기줄이 길어 사전 예매를 추천한다(온라인 예매 1,000원 할인).
- 날씨가 좋다면 바닥이 유리인 크리스탈 캐빈을 추천하지만 운행 대수가 적어 대기가 길어질 수 있으니 참고하자.
- 모노레일, 케이블카 모두 비봉산 전망대에 갈 수 있지만 모노레일은 도곡리역, 케이블카는 물태리역에서 각각 출발해 비봉산역에 도착한다. 또한 모두 왕복으로만 매표할 수 있어 모노레일과 케이블카 둘 다 타고 싶다면 모노레일로 비봉산 전망대에 갔다가 정상에서 하행하는 케이블카를 매표해 타고 왕복 후 다시 모노레일을 타고 내려가는 방법이 있다. 이 경우 일반 캐빈 왕복을 12,000원에 구매 가능하다.
- 케이블카 이용 시 제천역사박물관 무료 입장, 충주호 관광선, 국립제천치유의숲, 청풍리조트(사우나, 수영장) 할인 혜택이 있으니 이용 시 케이블카 탑승권을 지참하여 할인받자.
- 전망대에 포토존이 많이 있는데 찍는 사람이 조금 더 높은 곳에서 찍으면 포토존뿐만 아니라 청풍호까지 담긴 인생 사진을 남길 수 있다.

주변 볼거리·먹거리

풍년식당 청풍호 먹거리타운에 위치한 중화요리 식당으로 배를 개조해 만들어 깔끔하고 세련된 식당을 찾는 이들에게는 추천하지 않는다. 30년 이상 된 식당으로 소스에 마늘이 가득 들어간 풍년마늘 탕수육을 추천한다. 청풍호에 벚꽃이 피는 계절에는 창밖으로 벚꽃을 보면서 짜장면, 탕수육을 먹을 수 있다.

Ⓐ 충청북도 제천시 청풍면 청풍호로52길 8
Ⓞ 10:30~18:00 Ⓣ 043-648-0196 Ⓜ 짜장면 6,000원, 해물풍년짬뽕 10,000원, 볶음밥 7,000원, 풍년마늘탕수육(中) 20,000원

SPOT 2

젊은 여행자들을
등산하게 만드는 곳
제비봉

주소 충청북도 단양군 단성면 월악로 3823 장회나루 휴게소 · **가는 법** 단양시외버스공영터미널 다누리센터앞에서 대교-양당행 버스(하루 2회) 승차 → 장회 하차 → 도보 126m · **운영시간** 4~10월 04:00~15:00, 11~3월 05:00~14:00/국립공원으로 입산 시간 위반 시 과태료 부과 · **주차** 장회나루 휴게소 무료주차장

젊은 여행자들은 등산을 싫어하지만, 꼭 이곳을 가보고 싶어 한다. 아찔한 풍경 너머 청풍호를 바라보며 가파른 계단과 기암괴석 사이에서 인생 사진을 남길 수 있기 때문이다.

장회나루에서 제비봉까지는 총 2.3km로 철계단과 가파른 오르막이 이어진다. 편도 기준 대략 2시간 10분이 걸리니 등산을 시작할 때는 시간 계산을 잘하고 출발해야 한다. 500m 정도까지는 산길을 걷다 그 이후부터는 멋진 조망이 있는 오르막이라 계단과 오르막길이 그리 어렵지 않게 느껴진다. 등산 후 500m부터 1km 지점 정도가 전망이 가장 좋으며 2.3km 지점에 제비봉 정상이 있다.

TIP
- 가파른 철계단을 오르내리기에 등산 장갑을 꼭 준비하자.
- 전망 좋은 제비봉 구간은 나무 그늘이 없는 구간이 많으니 모자와 시원한 물은 필수다.

주변 볼거리·먹거리

팔경가든 제비봉과 투구봉이 보이는 남한강 줄기에 자리 잡은 식당이다. 깔끔한 실내에서도 남한강을 바로 볼 수 있지만 야외에서 먹는 한 끼에는 풍경 양념 한 스푼이 더해져 더욱 맛있게 느껴진다. 날씨가 좋다면 야외 좌석을 추천한다. 간이 세지 않아 자극적이지 않고 건강한 맛이다.

Ⓐ 충청북도 단양군 단성면 월악로 4299 Ⓞ 07:00~19:30 Ⓣ 043-423-5878 Ⓜ 마늘닭볶음탕 55,000원, 오삼불고기 15,000원, 메밀막국수 8,000원

SPOT 3

괴산에서 찾은 리틀 포레스트
뭐하농하우스

주소 충청북도 괴산군 감물면 충민로 694-5 · **가는 법** 괴산외버스터미널에서 버스 105-3번(하루 2회) 승차 → 신기 정류장 하차 → 도보 8분(511m) · **운영시간** 11:00~19:00/매주 월요일 휴무 · **전화번호** 043-760-7121 · **홈페이지** https://www.instagram.com/mohanong_official/ · **대표메뉴** 뭐하농라떼 5,800원, 뭐하농커피 6,300원, 민트라떼 5,800원, 크로플 6,300원, 뭐하농 표고 샌드위치 7,500원, 두부면 표고오일 파스타 커피세트 13,000원(식사는 평일 한정) · etc 주차 및 반려동물 동반 가능

뭐하농은 6명의 젊은 농부가 2020년 만든 농업회사법인이며 그곳에서 운영하는 카페가 뭐하농하우스다. 쌀크림을 더한 뭐하농커피, 직접 키운 민트로 만든 민트커피, 표고샌드위치, 비트로 만든 농부라떼 등 메뉴를 보면 농부들이 어떤 작물을 재배하는지 알 수 있다.

괴산은 75세 인구가 2020년 기준 33.4%에 이르는 초고령 도시라 할 수 있다. 그곳에 하나둘 젊은 농부들이 찾고 도시가 젊어지고 있는데 이곳 덕분이 아닐까 한다. 농촌에서 살아볼까 하는 생각은 하지만 감히 그러지 못하는데 이들은 농촌을 즐기며 이곳의 문화를 만들어가고 있어 놀라게 되는 곳이다.

주말에 아이들과 모래놀이를 즐기고 자연 속에서 시간을 보내기 위해 가족 단위 여행자들이 많이 찾는 곳이다.

주변 볼거리·먹거리

성불산자연휴양림 괴산군에서 운영하는 자연휴양림으로 생태공원, 미선향 테마파크, 생태숲학습관, 숙박시설인 산림문화휴양관, 한옥체험관에 캠핑장까지 다양한 시설을 갖춰 2016년부터 운영하고 있다. 성불산치유의숲도 운영중인데, 숲에서 힐링을 원한다면 홈페이지나 전화로 예약해 보자.

ⓐ 충청북도 괴산군 괴산읍 충민로기곡길 78 ⓗ 10:00~21:00 ⓣ 043-830-2679 ⓔ 주차 3,000원(숙박시설 이용 시 무료)

추천 코스: 금강을 따라 즐기는 세종

1 COURSE 여울목수변공원 🚗 자동차 9분
2 COURSE 숲바람장미원 🚶 도보 9분
3 COURSE 하우프

주소	세종특별자치시 연기면 세종동 551-208
가는 법	세종고속버스터미널에서 버스 1004번 승차 → 첫마을 3단지 하차 → 도보 7분

세종에는 고층 아파트 사이로 도심 근린공원이 많다. 그중 이곳은 세종을 관통하는 금강을 한눈에 볼 수 있고 고층 빌딩과 장미가 어우러지는 풍경을 만날 수 있다. 또한 이곳에서 금강을 따라 걷거나 도심 곳곳에 있는 세종의 공영자전거 어울링(24시간 1,000원)을 타고 금강 자전거길을 따라 황금빛으로 빛나는 금계국 군락지를 둘러보는 것도 추천한다. 이곳에 있는 논산 국도관리사무소에는 지역 작가들의 전시가 종종 열리니 더울 때는 전시장을 둘러보는 것도 좋다.

주소	세종특별자치시 보람동 664-29

빨간 장미와 고풍스러운 새하얀 터널, 다양한 포토존과 분수대가 인상적인 세종의 장미원이다. 꽃구경보다는 산책하는 시민들이 더 많지만 2016년 개장해 이제 어느덧 자리를 잡아가고 있다. 주차장에서 1분 이내에 접근 가능하고 장미원 끝에 위치한 소나기 정원은 숲을 상징하는 특이한 모습으로 야간에는 조명 빛으로 사진 찍기에 좋다. 숲바람장미원 옆에는 어린이들이 마음껏 뛰어놀 수 있는 땀범벅놀이터가 있어 아이들과 함께 다녀오기 좋다. 땀범벅 놀이터는 편해문 작가의 놀이 철학이 담긴 놀이터다.

주소	세종특별자치시 시청대로 163 리버에비뉴 114호
운영시간	11:00~20:00/매주 월요일 휴무
전화번호	010-2725-0163
홈페이지	http://www.instagram.com/cafe_howff
대표메뉴	아메리카노 4,000원, 핸드드립 6,000~12,000원(원두에 따라)

세종 도심에서 맛있는 핸드드립 커피를 맛볼 수 있는 작은 카페다. 규모는 작지만 직접 로스팅하며 정성스럽게 커피를 내려 고풍스러운 잔에 내어 준다. 금강과 금강보행교 이응다리를 바라보며 커피 한잔 마실 수 있어 대형 카페와는 다른 작은 카페의 매력을 느낄 수 있는 곳이다.

6월 셋째 주

수국수국해지는 계절

25 week

SPOT 1

충청권에서 만나는 다양한 수국

유구 색동수국정원

주소 충청남도 공주시 유구읍 창말길 44 · 가는 법 유구버스터미널에서 버스 700번 승차 → 석남리 하차 → 도보 5분(326m)

제주가 아닌 충청도에서 만나는 수국은 어떤 모습일까? 충청도에서 가장 화려하고 잘 가꿔진 수국을 볼 수 있는 곳을 꼽으라면 바로 이곳 공주 유구색동수국정원이다. 2018년 처음 주민자치사업으로 조성된 이곳은 해가 갈수록 풍성해져 4만 3,000㎡ 규모로 중부권 최대 규모를 자랑한다.

냉해에 강한 핑크아나벨 등을 식재해 남부권에서 보는 수국과는 다른 분홍 수국정원을 볼 수 있으며 이외에도 새하얀 유럽목수국과 알록달록 파스텔톤의 앤드리스썸머 등 1만 6,000본에 이르는 풍성한 수국을 만날 수 있다.

한때는 전국 섬유의 70%를 생산하던 유구가 섬유 산업이 쇠퇴기를 맞으면서 활력을 잃어가던 차에 주민자치활동으로 시작된 사업이 바로 이곳 유구색동수국정원이다. 한복 디자인에서 쉽게 볼 수 있는 색동직물도 이곳에서만 생산되었는데 그래서 이곳 수국정원 이름에 색동이라는 단어가 포함되어 있다. 산책로가 잘 조성되어 있고 저녁에는 조명도 비추니 더운 날에는 유구천을 따라 저녁 산책을 추천한다.

주변 볼거리·먹거리

유구벽화거리 1970년대부터 운영되던 섬유 공장을 중심으로 조성되어 있다. 공장 담장에는 베 짜는 할머니의 모습이 있고 한때 번영했던 공주 유구의 섬유 산업을 되돌아보기에 좋다. 유구전통시장과 가까워 연계해서 둘러볼 것을 추천한다.

Ⓐ 충청남도 공주시 유구읍 시장길 34-5

TIP
- 파스텔 수국은 유구교 근처 색동 가랜드가 설치된 뒤쪽이 가장 풍성하다.
- 2022년에는 6월 중순부터 7월 초까지 공주 유구색동수국정원축제가 처음 개최되었다.
- 천변에는 별도의 주차장이 없기 때문에 근처 공영주차장에 주차하고 도보로 이동하기를 추천한다.
- 수국은 수분 공급이 중요하기에 비온 다음 날 방문한다면 풍성하게 활짝 핀 수국을 볼 수 있다.

SPOT 2

하늘을 나는 기분은
바로 이런 것

단양 패러글라이딩

주소 충청북도 단양군 가곡면 두산길 262 · 가는 법 단양시외버스공영터미널 → 택시 이동(13분 소요)

단양하면 생각나는 것은? 초록 산과 파란 하늘 그리고 하늘 위 알록달록한 패러글라이더를 들 수 있다. 탁 트인 전망을 보며 단양을 즐겨보고 싶다면 패러글라이딩을 추천한다.

단양 시내에서 4km 떨어진 곳에 위치한 단양패러마을은 해발 500m가 넘는 고산지대에 자리 잡은 패러글라이딩마을로 잘 알려져 있다. 한때는 감자와 마늘, 고추가 주 소득원이었지만 이제는 10여 개의 패러글라이딩 업체가 자리 잡으면서 패러글라이딩 명소가 되었다.

간단히 안내를 받고 슈트로 갈아입으면 바로 패러글라이딩을 즐길 수 있다. 하늘에서는 덕천리 물돌이가 한눈에 들어온다. 하늘 상황에 따라 달라지지만 보통 이륙과 착륙은 다른 곳에서

이루어지며 착륙장에서 업체 차량을 이용해 활공장으로 돌아올 수 있다.

TIP
- 단양 패러글라이딩으로 검색하면 여러 업체들이 나오는데 그중 본인 취향에 맞는 업체를 고르면 된다.
- 패러글라이딩 슈트로 갈아입게 되는데 입고 있는 옷에 위에 슈트를 입을 수 있도록 반팔, 반바지 등 가볍게 입을 것을 추천한다. 신발을 따로 제공하는 업체도 있지만 발이 편한 운동화를 추천한다.
- 일몰이 아름다운 곳이니 일몰 시간 전에 패러글라이딩을 하고 일몰 사진을 찍는 것도 좋다.
- 기본 만 5세부터 80세까지 체험 가능하다.

주변 볼거리·먹거리

카페 인 단양 단양하면 제일 먼저 떠오르는 특산물 마늘, 마늘 커피가 있는 카페다. 마늘 커피라니 상상만 해도 이상할 것 같지만 마늘 맛이 나는 것이 아니라 마늘 모양의 얼음으로 만든 커피다. 이곳의 시그니처는 마늘아포가토, 마늘라테이며 마늘 모양으로 만든 양갱도 추천한다. 눈으로 먼저 보고 맛보는 이색 커피를 맛보고 싶다면 이곳을 추천한다.

ⓐ 충청북도 단양군 단양읍 수변로 123 ⓞ 평일 12:30~18:00, 주말 11:30~19:00 ⓣ 0507-1354-1049 ⓜ 단양 마늘아포카토 9,500원, 단양 마늘라테 8,000원, 단양 마늘양갱(2개) 4,000원

SPOT 3

청풍호를 오롯이 품은 카페
글루글루

주소 충청북도 제천시 수산면 옥순봉로10길 2 2동 · **가는 법** 제천시외버스터미널에서 버스 953번(하루 1회 운행) 승차 → 능강 하차 → 도보 2분(129m) 또는 자동차 이용 추천 · **운영시간** 11:00~20:00 · **전화번호** 0507-1358-2664 · **주차** 가능 · **대표메뉴** 아메리카노 5,000원, 삼미차 12,000, 공구리라테 7,000원

청풍호를 앞마당, 정원의 연못처럼 쓰고 있는 카페가 있다면 바로 이곳이 아닐까? 산양산삼브랜드 삼의미학에서 운영하는 카페라 산양산삼과 관련된 메뉴 삼미차도 있고 직접 구매할 수도 있다. 청풍호를 한눈에 내려다볼 수 있는 2층 공간은 아이들과 반려동물도 편하게 이용할 수 있다. 최근 별관을 새로 오픈해 다른 분위기의 공간을 즐길 수도 있는데, 이곳은 노키즈 노펫존으로 운영하고 있다. 이곳의 묘미는 바로 길 건너 청풍호로 내려가는 곳에 있는 포토존 겸 산책로다. 청풍호를 한눈에 내려다볼 수 있는 바위가 포토존 역할을 한다.

주변 볼거리·먹거리

금성제면소 청풍호로 가기 위한 초입 금성면에 있는 일본 라멘집이다. 이런 외진 곳에 라멘집이 있는 게 신기한데 평일에도 오픈 시간에 맞춰 줄을 서는 사람이 많다. 일본식 인테리어에 잡냄새가 전혀 나지 않는 진한 육수의 라멘을 맛볼 수 있기 때문에 인기가 좋다.

Ⓐ 충청북도 제천시 금성면 청풍호로 991 Ⓞ 11:00~16:40(라스트 오더 16:30) Ⓣ 0507-1479-8870 Ⓜ 토리파이탄 9,000원, 니보시라멘 9,000원, 돈코츠라멘 9,000원, 매운라멘 10,000원

SPOT 4

하늘과 맞닿은 카페
카페산

주소 충청북도 단양군 가곡면 두산길 196-86 · **가는 법** 단양시외버스공영터미널 → 택시 이동(11분) · **운영시간** 09:30~18:30(라스트 오더 18:00) · **전화번호** 0507-1353-0868 · **주차** 가능 · **대표메뉴** 아메리카노 6,000원, 카페산콜드브루 6,500원

해발 600m에 자리 잡은 하늘과 맞닿은 카페라 할 수 있다. TV에 자주 소개되어 유명세를 타고 있어 기대 없이 찾았다가 수준 높은 커피와 빵맛에 놀라게 된다. 실내에서도 야외에서도 커피를 마시며 패러글라이딩 체험 모습을 볼 수 있으며 야외에서 마시면 산 정상에서 커피를 마시는 느낌이다. 올라가는 길이 아직은 좁고 비포장이라 운전에 주의가 필요하다.

추천 코스 태안의 초여름

1 COURSE 🚶 도보 1분 → 코리아플라워파크

2 COURSE 🚗 자동차 15분 → 꽃지해수욕장

3 COURSE → 삼봉해수욕장

주소	충청남도 태안군 안면읍 꽃지해안로 400
운영시간	09:00~18:00
전화번호	041-675-5533
가는 법	태안공영버스터미널에서 버스 1001번 승차 → 꽃지해수욕장 하차 → 도보 100m

4월 튤립이 가득했던 이곳이 여름을 맞아 수국꽃축제를 연다.
4월 17주 소개(148쪽 참고)

주소	충청남도 태안군 안면읍 승언리

8월 31주 소개(260쪽 참고)

주소	충청남도 태안군 안면읍 창기리

백사장의 길이가 3.8km, 폭은 300m로 모래가 곱고 경사가 완만해 가족 피서지로 안성맞춤이다. 해수욕장 입구의 소나무숲이 아름답다. 22m, 20m, 18m 높이로 튀어나온 3개의 봉우리가 유명하며 사진 명소인 해식동굴도 있다.

> 6월 넷째 주

능소화가 피는 계절

26 week

SPOT 1

능소화와 깜찍한 벽화를
만나는 마을

야화리
솟대마을

주소 충청남도 논산시 채운면 채운로146번길 19 · **가는 법** 논산고속버스터미널에서 버스 102-1번, 102번 승차 → 야화1리 하차 → 도보 3분(230m) · **기타** 주민들이 거주하는 곳이니 낮에 매너 관람 추천

    유명한 관광지가 아닌 실제 주민들이 거주하는 작은 시골마을이 능소화가 피는 계절이 되면 여행자들이 찾는 인기 명소가 된다. 이곳은 들꽃이 반기는 돌고개 솟대마을이다. 들꽃마을이라는 이름은 야화리(野花里)에서도 알 수 있듯이 마을 여기저기 들꽃이 피어 그렇게 불리는 것이다.

    이곳은 마을 곳곳에서 장승과 솟대를 만날 수 있어 솟대마을로도 불린다. 주민들의 자치활동으로 만들어진 이곳은 2018년 제5회 행복마을 만들기 콘테스트에서 경관 환경 분야 전국 2위를 차지했다. 2016년부터 9월에는 해바라기 축제를 열고 있어 마을 주민과 여행자들에게 볼거리와 즐길 거리를 제공한다.

주변 볼거리·먹거리

원목다리 조선시대의 홍예교로 길이 16m, 높이 2.8m의 화강암으로 만들어졌다. 무지개 모양으로 둥글고 높게 축조되어 있는데 전라도와 충청도의 경계 역할을 했다고 한다.

ⓐ 충청남도 논산시 채운면 야화리

미내다리 조선 영조 7년에 축조된 석교이며 예전에 미내(渼奈)라 불리던 강경천에 있어 '미내다리'라고 부른다. 축조 당시에는 삼남제일의 대교였다. 장마가 들었을 때 다리가 사라져 오도 가도 못할 때 강경포에 사는 석설산이 1년 만에 전라도와 충청도를 잇는 무지개 모양의 다리를 만들었다고 한다. 날씨가 좋은 날에는 다리를 건너며 사진을 찍으면 멋진 사진을 남길 수 있다.

ⓐ 충청남도 논산시 채운면 삼거리 ⓔ 주차 가능

9월 해바라기 축제가 열릴 때도 아름답지만 담장 벽화와 만개한 능소화를 볼 수 있는 6월 말 7월 초를 더 추천한다. 천천히 시골길을 걸으며 골목 여행하기 좋다.

TIP
- 이곳을 찾을 때는 야화1리 새마을회관을 이정표 삼아 도보로 둘러보면 된다. 마을 안에 별도의 주차장과 화장실이 갖춰져 있다.
- 주민들이 실제 거주하는 마을이고 길이 좁기 때문에 절대 골목이나 남의 집 앞에는 주차하지 말자.
- 벽화를 보고 벽화 내용에 맞춰 찻잔, 물 조리개 등을 준비하면 재미있는 사진을 찍을 수 있다.
- 마을 안에 매점이나 슈퍼가 없으니 시원한 물을 미리 준비하자.

SPOT 2

시원한 와인터널 속에서 만나는
영동의 와인

영동와인터널

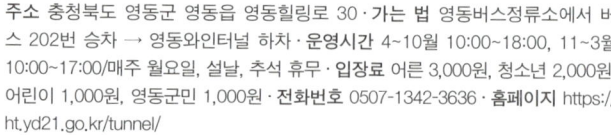

주소 충청북도 영동군 영동읍 영동힐링로 30 · **가는 법** 영동버스정류소에서 버스 202번 승차 → 영동와인터널 하차 · **운영시간** 4~10월 10:00~18:00, 11~3월 10:00~17:00/매주 월요일, 설날, 추석 휴무 · **입장료** 어른 3,000원, 청소년 2,000원, 어린이 1,000원, 영동군민 1,000원 · **전화번호** 0507-1342-3636 · **홈페이지** https://ht.yd21.go.kr/tunnel/

　무더운 여름이 시작될 때는 시원한 와인터널로 가보자. 영동군에서 레인보우 힐링타운에 조성한 영동와인터널은 길이 420m, 폭 4~12m의 터널로 와인의 역사를 살펴보고 다양한 체험을 할 수 있는 곳이다. 나오는 길에는 영동의 와인을 시음해볼 수 있으며 판매장에서 직접 구매도 가능하다. 이곳을 돌아보다 보면 과일의 도시 영동이라는 말이 저절로 이해된다. 전국 포도의 10% 이상을 생산하는 전국 제1의 포도 주산지 영동에는 43개의 와이너리가 있다. 이곳을 돌아보다 보면 우리나라에도 이렇게 많은 농가에서 와인을 생산하고 있다는 사실에 놀라게 된다.

TIP
- 영동을 둘러보다 보면 레인보우라는 영동의 브랜드 슬로건을 보게 되는데, 이는 일곱 색깔 무지개로 영동의 아름답고 깨끗한 청정 이미지와 포도, 감 등 영동을 대표하는 특산품을 표현한 것이다.
- 8월 말에는 영동 포도축제가 개최되니 축제와 연계해서 다녀오길 추천한다.

주변 볼거리·먹거리

옥계폭포 박연폭포라고도 부르는 옥계폭포는 깎아지른 듯한 20m 높이의 절벽에서 떨어지는 물줄기가 장관을 이룬다. 옥계의 옥이 여자 폭포를 지칭하는데 폭포가 내리꽂히는 곳의 양바위를 치우자 마을의 남자들이 죽어 나갔고 이후 양바위를 제자리에 옮겨 놓자 마을이 평온해졌다는 전설이 전해진다. 박연 선생과 수많은 시인이 즐겨 찾았다고 하는데, 이곳에 가 보면 그들이 왜 이곳을 즐겨 찾았는지 이해할 수 있다. 폭포 앞에는 전망대도 있어 풍경을 보며 사진 찍기 좋다.

Ⓐ 충청북도 영동군 심천면 고당리 산75-1

영동 레인보우식물원 과일을 테마로 조성된 공원인 과일나라테마공원에 있는 식물원이다. 열대과일원, 물의 정원, 비밀의 통로 등으로 구성되어 있고 식물을 이용한 다양한 포토존이 있다.

Ⓐ 충청북도 영동군 영동읍 매천리 143 ⓞ 09:30~18:00(하절기), 09:30~17:00(동절기)/매주 월요일 휴관(휴관일에도 야외시설 관람 가능)

SPOT 3

조치원에서 만나는
힙한 감성 카페

모디스트 임팩트

주소 세종특별자치시 조치원읍 으뜸길 233 1층 · **가는 법** 조치원역 → 도보 1분 (83m) · **운영시간** 화~금요일 11:00~21:00, 토~일요일 11:00~22:00/매주 월요일 휴무, 매월 둘째, 넷째 주 화요일 휴무 · **전화번호** 044-863-4696 · **주차** 조치원 주차타워 유료 주차(최초 30분 무료, 1시간 기준 600원) 추천 · **대표메뉴** 에스프레소 4,000원, 아메리카노 4,000원, 플랫화이트 4,500원, 라테인알래스카 5,000원, 소금 아이스크림 4,000원

맛있는 커피를 마실 수 있는 카페를 찾기 어려웠던 조치원에서 오랫동안 터줏대감처럼 지키고 있는 곳이다. 조치원역 부근에 위치해 있어 기차를 타고 오가는 주변 대학생들이 많이 이용하며 주말에는 이곳 커피를 맛보기 위해 따로 찾는 이들도 많다.

1층으로만 운영되다 몇 해 전부터 2층으로 확장해 운영하는데, 2층에서는 단순하지만 힙한 감성을 느끼며 커피와 공간을 즐길 수 있다.

원두는 2~3가지 중 선택해 주문할 수 있고 개인적으로는 잘 추출된 에스프레소 덕분에 맛있는 플랫화이트를 추천한다. 그리고 직접 만든 소금아이스크림을 올린 라테인알래스카도 놓치지 말아야 한다. 시즌별로 새로워지는 구움 과자류도 추천하게 되는 걸 보니 내 마음속 세종 1등 카페임이 분명하다. 직접 로스팅한 원두도 구매할 수 있다.

주변 볼거리·먹거리

조천연꽃공원 4월 초 벚꽃으로 유명한 조천변은 6월 말 7월 초가 되면 연꽃이 가득해진다. 갈대와 억새풀이 무성하여 새들이 많이 모이는 곳이라는 뜻에서 '새내', 한자로 '조천'이라 부른 데서 그 이름이 유래됐다고 전해진다. 연꽃공원 한쪽에 있는 주차장에 차를 세우고 데크를 따라 걸으며 연꽃을 즐겨도 좋고 둑으로 올라가 연꽃공원을 내려다보며 S자형 데크길 주변에 가득한 연꽃을 사진에 담아도 좋다. 연꽃공원 너머 철교에는 기차가 수시로 지나가 연꽃과 기차가 함께하는 모습을 볼 수 있다.

Ⓐ 세종특별자치시 조치원읍 번암리 226 Ⓞ 상시 개방 Ⓟ 주차 가능

추천 코스 연꽃 보고 조치원 원도심 여행까지

1 COURSE 🚗 자동차 6분 조천연꽃공원

2 COURSE 🚶 도보 9분 몽마르뜨

3 COURSE 방랑싸롱조치원정수장

주소	세종특별자치시 조치원읍 번암리 226
운영시간	상시 개방
가는 법	조치원역에서 버스 86, 16, 75, 74번 승차 → 번암아파트 하차 → 도보 10분(571m)

6월 26주 소개(222쪽 참고)

주소	세종특별자치시 조치원읍 조치원로 31 지하 1층
운영시간	10:00~22:00/매월 첫째, 셋째 주 월요일 휴무
전화번호	044-862-3311
대표메뉴	몽마르뜨정식 21,000원, 몽마르뜨 비후가스 13,000원, 몽마르뜨 돈가스 11,000원, 돈가스 8,000원, 치즈돈가스 10,000원, 오징어덮밥 9,000원
주차	조치원 주차타워 주차권 제공

조치원전통시장과 가까운 곳 지하에 있는 식당이다. 계단을 따라 내려가면 마치 타임머신을 타고 시간 여행을 하는 듯한 돈가스집을 만나게 된다. 한우 채끝등심으로 만든 비후가스에서부터 야채를 가득 넣은 소스가 올라간 몽마르뜨돈가스, 그리고 오징어덮밥 등 그 시절 그 맛을 고스란히 느낄 수 있다.

주소	세종특별자치시 조치원읍 수원지길 75-21
운영시간	12:00~20:00/매주 월요일 휴무
전화번호	044-862-1618
대표메뉴	아메리카노 4,000원, 라테 4,500원, 수제바닐빈라테 5,000원, 수제캐러멜크림커피 6,500원, 백향과에이드 6,000원, 청귤블라썸 아이스티 6,500원
주차	북세종 청소년수련관, 세종광역 치매센터 인근 주차장 이용
홈페이지	https://www.instagram.com/jochiwonjungsujang_official/

조치원의 식수를 담당하던 조치원정수장이 도시재생프로젝트의 일환으로 조치원문화정원으로 변신하면서 이곳에 만들어진 카페가 바로 방랑싸롱조치원정수장이다. 실제로 정수장 기계실을 카페로 개조하면서 유리바닥을 깔아 이곳에 정수장이 있었음을 알 수 있다. 전시 문화 공간인 조치원문화정원과 함께 청년, 원도심 문화를 만들어가고 있다.

6월의 충청도
제천으로 떠나는 웰니스여행

웰니스(Wellness)란 웰빙과 행복, 건강의 합성어로 건강하고 행복하게, 즐겁게 살기를 바라는 마음을 담고 있다. 잘 먹고 잘 쉬고 좋은 것을 보는 것이 바로 웰니스가 아닐까? 7,8월의 무더위를 앞두고 몸에 좋은 음식을 먹고 내륙의 바다 청풍호의 탁 트인 풍경을 보면서 스트레스를 날려버리는 제천으로 여행하면 어떨까? 여행을 마치고 돌아가는 발걸음이 가벼워져 있기를 기대해 본다.

🚩 2박 3일 코스 한눈에 보기

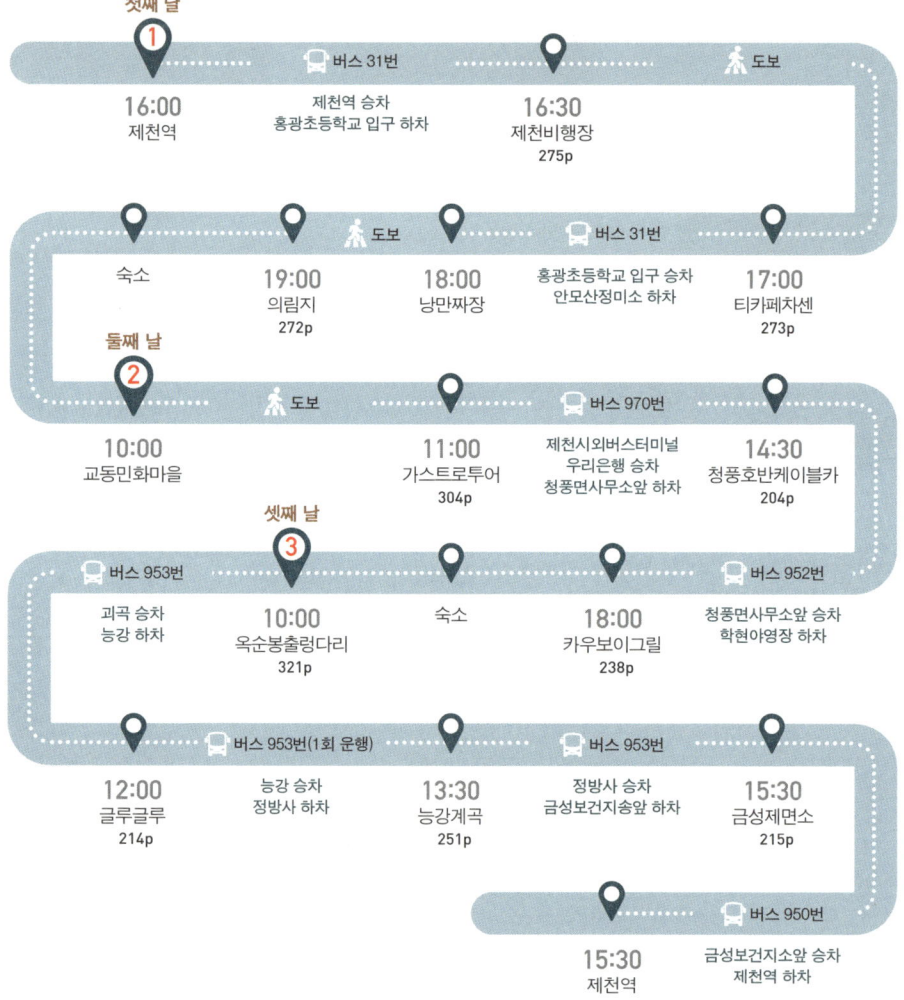

첫째 날
① 16:00 제천역 → 버스 31번 → 제천역 승차 홍광초등학교 입구 하차 → 16:30 제천비행장 275p → 도보 → 17:00 티카페차센 273p → 버스 31번 → 홍광초등학교 입구 승차 안모산정미소 하차 → 18:00 낭만짜장 → 도보 → 19:00 의림지 272p → 숙소

둘째 날
② 10:00 교동민화마을 → 도보 → 11:00 가스트로투어 304p → 버스 970번 → 제천시외버스터미널 우리은행 승차 청풍면사무소앞 하차 → 14:30 청풍호반케이블카 204p → 버스 952번 → 청풍면사무소앞 승차 학현야영장 하차 → 18:00 카우보이그릴 238p → 숙소

셋째 날
③ 10:00 옥순봉출렁다리 321p → 버스 953번 → 괴곡 승차 능강 하차 → 12:00 글루글루 214p → 버스 953번(1회 운행) → 능강 승차 정방사 하차 → 13:30 능강계곡 251p → 버스 953번 → 정방사 승차 금성보건지소앞 하차 → 15:30 금성제면소 215p → 버스 950번 → 금성보건지소앞 승차 제천역 하차 → 15:30 제천역

티카페차센

의림지

가스트로투어

청풍호반케이블카

카우보이그릴

옥순봉출렁다리

글루글루

능강계곡

금성제면소

본격적인 무더위가 시작되자 에어컨 바람 시원한 실내가 반갑다. 그러나 산과 바다가 아름다운 충청도에서 7월 실내에 머물 시간이 없다. 고택 담장 밖으로 피는 능소화부터 파스텔색의 수국이 개화한다. 여기에 무더운 여름 백일 동안 피고 지는 배롱나무는 예향의 고장 논산에서 향교, 서원 등의 고택과 어우러져 배롱나무꽃 투어 코스가 생겨날 정도다. 가장 더운 7월 충청도 곳곳의 연못과 저수지에서는 연꽃이 피니 무더운 여름날에도 나갈 수밖에 없다.

7월의 충청도

더워도
나갈 수밖에 없는
이유

7월 첫째 주

더위도 이기는 꽃놀이

27 week

SPOT 1

미술관으로 다시 태어난 폐교
아미미술관

주소 충청남도 당진시 순성면 남부로 753-4 · **가는 법** 당진버스터미널에서 버스 500번 승차 → 성북리 하차 → 도보 80m · **운영시간** 10:00~18:00 · **입장료** 성인 6,000원, 청소년 4,000원 · **전화번호** 0507-1412-1556 · **홈페이지** http://amiart.co.kr/

2011년 폐교가 미술관으로 변신했다. 교실을 그대로 활용해 미술 작품을 전시하고 넓은 운동장은 야외 전시장이 되었다. 자연과 미술이 만난 생태 미술관을 지향한다. 외벽을 따라 자연스럽게 자라는 담쟁이덩굴도 이곳에서는 작품이 되는 듯하다. 전시실은 5곳으로 상설전시장으로 활용되며 기획전이 열리기도 한다. 레지던스 작가들의 작품 활동실, 작업실이 있고 카페 지베르니도 있다. 문화적으로 소외된 지역에서 문화의 중심 공간이 되고 있다.

이른 봄에는 벚꽃, 5월 초에는 겹벚꽃, 7월 초에는 수국이, 그

리고 가을에는 단풍으로 사계절 볼거리 가득하며 다양한 포토존으로 인생 사진 명소로 알려져 있다.

TIP
- 6월 말에서 7월에 방문하면 미술관 뒤쪽 정원을 따라 수국이 가득하다.
- 유모차, 삼각대의 사용이 실내에서는 금지된다.

주변 볼거리·먹거리

삼선산수목원 2017년 개원한 삼선산수목원은 1,160종의 식물이 있는 자연체험 학습장이다. 야외 정원뿐만 아니라 키즈꿈의숲, 생태연못, 숲하늘길, 수국원, 진달래원 등이 있어 아이들과 가족나들이 장소로 좋다. 7월 초가 되면 새하얀 수국길을 볼 수 있다.

Ⓐ 충청남도 당진시 고대면 삼선산수목원길 79 Ⓞ 09:00~18:00/매주 월요일 휴관 Ⓣ 041-350-4187 Ⓗ http://www.dangjin.go.kr/samsun.do

SPOT 2

돌담 너머 만나는 정겨운 마을
외암민속마을

주소 충청남도 아산시 송악면 외암민속길 5 · 가는 법 온양온천역 → 버스 100번, 101번 승차 → 외암민속마을 저잣거리 하차 · 운영시간 하절기(3~10월) 09:00~17:30, 동절기(11~2월) 09:00~17:00 · 입장료 어른 2,000원, 어린이 1,000원, 아산시민 · 외암민속마을 내 민박 체험객 · 경로 무료, 그린카드소지자 무료 · 전화번호 010-9019-0848 · 홈페이지 http://www.oeam.co.kr/oeam/skin1/index.php

약 500년 전에 만들어진 이 마을은 실제 주민들이 거주하는 마을이다. 영암댁, 참판댁, 송화댁 등 정겨운 이름이 붙은 기와집과 초가집 60여 채가 그대로 남아 있어 마을 전체가 중요민속문화재 236호로 지정되었다. 살아 있는 박물관이라 할 수 있다. 실제로 이곳에서 하룻밤 머물며 이곳을 즐길 수 있는 농가민박도 이용할 수 있다.

봄에는 매화, 산수유화, 여름에는 연꽃과 능소화, 가을에는 황금들판, 겨울에는 대보름맞이 행사 등 볼거리 즐길 거리가 다양한 곳이다.

TIP
- 1800년대에 지어진 건재고택은 2021년 7월부터 전면 개방되었으니 놓치지 말고 돌아보자.
- 7월 초부터 중순까지는 돌담길을 따라 아름답게 핀 능소화를 볼 수 있다.
- 마을 입구 다리를 건너면 연꽃이 가득하다.

주변 볼거리·먹거리

감찰댁 외암민속마을 내에 있는 감찰댁은 민박을 운영하면서 카페도 운영한다. 마을을 돌아다보 보면 덥고 지치는데 잠시 툇마루에 앉아 넓은 마당을 바라보며 시원한 오미자차 한잔, 매실차 한잔 마시는 것을 추천한다.

ⓐ 충청남도 아산시 송악면 외암민속길 19-10 ⓜ 아메리카노 3,000원, 매실차 3,000원, 오미자차 4,000원, 사과주스 4,000원

설화산 외암민속마을을 병풍처럼 둘러싸고 있는 산으로 441m의 정상에서 외암민속마을을 한눈에 내려다볼 수 있다. 이른 가을부터 늦은 봄까지 눈이 덮여 장관을 이룬다고 해서 설화산이라 한다. 송악 당림미술관, 초원아파트, 아산맹씨행단에서 각각 출발하는 등산 코스가 있으며 이중 아산맹씨행단에서 출발하는 코스가 편도 1.5km로 한 시간 정도 소요되어 제일 편하게 등산할 수 있다.

ⓐ 충청남도 아산시 송악면 외암리 산1-8번지

SPOT 3

정원이 아름다운 카페
나문재카페

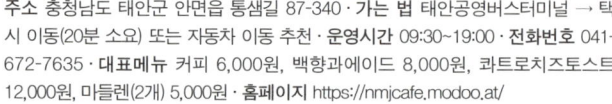

주소 충청남도 태안군 안면읍 통샘길 87-340 · 가는 법 태안공영버스터미널 → 택시 이동(20분 소요) 또는 자동차 이동 추천 · 운영시간 09:30~19:00 · 전화번호 041-672-7635 · 대표메뉴 커피 6,000원, 백향과에이드 8,000원, 콰트로치즈토스트 12,000원, 마들렌(2개) 5,000원 · 홈페이지 https://nmjcafe.modoo.at/

섬 속의 섬, 섬 안에 있는 정원이 아름다운 카페다. 안면도 쇠섬에 있는 곳으로 숙소도 함께 겸하고 있다. 15년 전에 숙소를 이용했는데 여전히 인기를 끌고 있는 것을 보니 카페나 숙소 모두 관리가 잘되고 있는 듯하다. 바다를 품은 카페 정원은 마치 유럽의 고택 정원처럼 꾸며져 있고 여름이면 수국이 곳곳에 피어 바다와 함께하는 수국을 만날 수 있다.

주변 볼거리·먹거리

육교식당 영양굴밥, 굴해장국 전문점이다. 모든 메뉴는 2인분 기준이며 굴밥을 시키면 된장찌개가 함께 나오는 것이 특이한데 이 또한 잘 어울린다. 비싼 물가의 안면도에서 맛깔스러운 반찬과 함께 한 끼를 먹을 수 있고 이른 아침 문을 열어 아침 식사를 하기에도 좋다.

Ⓐ 충청남도 태안군 안면읍 안면대로 1829 Ⓓ 06:30~19:00 Ⓣ 041-673-5229 Ⓔ 주차 가능 Ⓜ 영양굴밥 13,000원, 굴칼국수 7,000원, 된장찌개 7,000원(전메뉴 2인 이상 주문 가능)

추천 코스 공주 원도심에서 만나는 능소화

1 COURSE 나태주풀꽃문학관 — 도보 6분 → **2 COURSE** 중앙분식 — 도보 2분 → **3 COURSE** 루치아의뜰

주소 충청남도 공주시 봉황로 85-12
운영시간 10:10~17:00(12:00~13:00 휴게시간)/매주 월요일 휴무
전화번호 041-881-2708
가는 법 공주종합버스터미널에서 버스 108번 승차 → 공주세무서 하차 → 도보 200m

'자세히 보아야 예쁘다/오래 보아야 사랑스럽다/너도 그렇다'라는 시로 유명한 나태주 시인의 문학관이다. 실제로 집필실이 있어 운이 좋다면 나태주 시인을 직접 만날 수 있다. 여름이면 담장 따라 능소화가 가득하다.

주소 충청남도 공주시 봉산길 14-1
운영시간 10:30~18:30(15:00~16:40 브레이크 타임)/매주 월요일 휴무
전화번호 041-856-1497
대표메뉴 즉석떡볶이 5,000원, 비빔만두 5,000원, 군만두 5,000원, 오징어덮밥 6,000원, 오뎅 3,000원

제민천에서 빼놓을 수 없는 즉석떡볶이 집이다. 가격이 저렴하고 1인분도 판매한다. 맵고 단 일반 떡볶이와 달리 자극적이지 않고 심심한 맛이다. 공주에서 자란 사람이라면 학창 시절 한번은 들러봤을 추억의 맛집으로 근처에 있는 부산오뎅도 비슷하다. 현금 또는 계좌이체만 가능하다.

주소 충청남도 공주시 웅진로 145-8
운영시간 12:00~19:00/매주 화요일 휴무
전화번호 041-855-2233
대표메뉴 루치아크림티 12,000원, 다양한 홍차 7,000~8,000원

공주 원도심 골목에 자리 잡은 홍차 가게다. 오래된 공주 원도심 골목을 살리는 도시재생프로젝트 '잠자리가 놀다간 골목'의 중심이 된 곳이다. 한옥을 개조한 카페는 오래된 골목을 감성 여행지로 바꾸었다. 여름이면 골목에 능소화가 아름답게 핀다.

7월 둘째 주
더워져야 만날 수 있는 꽃들의 향연
28 week

SPOT 1

태안에서 최고의 수국을
만날 수 있는 곳

팜카밀레

주소 충청남도 태안군 남면 우운길 56-19 · **가는 법** 태안공영버스터미널에서 버스 760번 승차 → 몽산2리 하차 → 도보 190m · **운영시간** 하절기 09:00~18:00, 동절기 09:00~17:00 · **입장료** 수국 시즌(시즌에 따라 변동) 성인 12,000원, 어린이 6,000원, 반려동물 입장료 소형견 3,000원, 대형견 5,000원 · **전화번호** 041-675-3636 · **홈페이지** http://kamille.co.kr/page/index.html

 동화 속 정원 같은 곳이다. 100여 종의 허브, 500여 종의 야생화와 그라스 습지식물, 150여 종의 관목이 가득한 곳이다. 잘 정돈된 정원을 돌아보다 보면 얼마나 정성스레 가꾸는지 느낄 수 있다. 팜카밀레는 농장을 뜻하는 '팜(farm)'과 허브의 한 종류인 캐모마일의 다른 이름 '카밀레(kamille)'가 합쳐진 말이다. 이름 그대로 허브를 가꾸고 향기를 전달하는 농원이다.
 6월 말부터 7월 중순까지는 수국이 아름다운 계절이다. 수국이 개화할 무렵 보랏빛 라벤더도 만개해 라벤더의 짙은 향기 속에서 팜카밀레를 돌아볼 수 있다.

주변 볼거리·먹거리

해바라기올래정원
사람 얼굴만큼 큰 해바라기를 볼 수 있는 농장이다. 넓은 농장에 순차적으로 해바라기를 심어 7월 초부터 여름 동안 해바라기를 볼 수 있다. 장화나 발을 보호할 수 있는 신발을 신고 가는 것을 추천한다.

Ⓐ 충청남도 태안군 남면 당암리 694 Ⓞ 10:00~18:00(7월 초부터 해바라기가 피는 가을까지) Ⓒ 8,000원(입장 시 커피 또는 아이스크림 제공) Ⓣ 010-5292-0838 Ⓗ https://blog.naver.com/ariers

TIP
- 수국이 가장 풍성한 곳은 어린왕자펜션이다.
- 반려동물 놀이터와 펜션이 분리되어 있어 반려동물과 이용할 수 있다.
- 풍차전망대에 오르면 멀리 몽산포 바다를 볼 수 있다.

SPOT 2
무더워져야 활짝 피는 연꽃
합덕제

주소 충청남도 당진시 합덕읍 합덕리 395 · **가는 법** 합덕버스터미널에서 버스 400번, 750번, 740번 승차 → 서아중고 하차 → 도보 6분(400m)

통일신라시대 제방인 합덕제는 여름이 되면 백련, 홍련, 수련 등 다양한 연꽃으로 화려해진다. 합덕제는 김제 벽골제, 황해도 연안남대지와 함께 조선 3대 저수지 중 하나로 연꽃이 많이 개화해 '연호방죽'이라고도 불린다. 현재는 제방만 원형대로 남아 있으며 23만㎡의 규모로 세계 관개시설물 유산에 등재되었다. 운이 좋으면 해마다 찾아오는 천연기념물 고니를 만날 수 있다.

TIP
- 연꽃은 오전에 활짝 피고 오후에 수그러드니 오전 방문을 추천한다.

주변 볼거리·먹거리

하나로마트 우강농협 본점 '내상태가 메론', '정신들 체리세요', '나를보고시포도 참어', '이 참외 널 보러왔어', '정말 맛있으면 단감' 센스 있는 라벨로 즐거움을 주는 마트다. 2019년부터 신선코너 팀장의 아이디어로 탄생한 재미난 라벨지, 이곳에 간다면 아재개그 같은 과일 코너 라벨을 찬찬히 들여다보자.

Ⓐ 충청남도 당진시 우강면 면천로 1711 Ⓞ 08:30~20:00

SPOT 3

제대로 된 미국식
바비큐를 맛보자

카우보이그릴

주소 충청북도 제천시 청풍면 학현소야로 415-24 · **가는 법** 제천버스터미널에서 버스 952번 승차 → 학현야영장 하차 또는 자동차 이용 · **운영시간** 수~목요일 17:00~21:00, 금~토요일 12:00~15:30, 16:30~21:00(수시로 변경되니 홈페이지 확인) · **전화번호** 0507-1325-3510 · **대표메뉴** 잭플래터 59,000원, 존플래터 44,000원 · **홈페이지** https://cowboygrill.modoo.at/

제천 청풍면의 깊은 산속에 자리 잡은 바비큐 식당이다. 다른 곳에서 맛볼 수 없는 텍사스 바비큐를 맛볼 수 있기에 3개월 치 예약이 가득 차 있다. 혹시나 마케팅이 아닐까 하는 생각이 들었지만, 실제 가보면 넓은 주차장과 식당에 가득 차 있는 사람들을 보고 놀라게 된다. 2년 숙성한 참나무로 구운 바비큐로 단품보다는 다양한 맛을 즐길 수 있는 플래터를 추천한다. 잭플래터는 350g 이상의 자이언트 비프립이 포함되어 있고 존플래터는 포크 스페어립이 포함되어 있다.

TIP
- 사전예약제이며 3개월 전 예약이 가능하다. 2~3개월 뒤 예약도 가득 찬 날이 많으니 원하는 날짜가 있다면 예약은 필수다.
- 회원 가입 시 5% 할인이 가능하다.
- 직접 가지 못한다면 택배 주문도 가능하다.

주변 볼거리·먹거리

카페학현리 통유리창으로 초록산을 보면서 커피를 즐길 수 있는 곳이다. 2층에 앉아 창밖을 보면 마치 등산 후 산에서 커피를 마시는 기분이다. 2층은 노키즈존으로 운영한다.

Ⓐ 충청북도 제천시 청풍면 학현소야로 547 Ⓞ 월~금요일 10:00~19:00, 토~일요일 10:00~20:00 Ⓣ 0507-1441-2415 Ⓜ 아메리카노 5,500원, 흑임자라테 7,000원, 명란크림파스타 17,000원

추천 코스 도고를 돌아보자

1 COURSE
파라다이스스파도고

🚗 자동차 1분

2 COURSE
초정식당

🚗 자동차 5분

3 COURSE
도고벽화마을

주소 충청남도 아산시 도고면 도고온천로 176
운영시간 월~금요일 09:00~18:00(온천사우나 19:00까지), 토~일요일 09:00~19:00(온천사우나 20:00까지)
입장료 스파 44,000~60,000원, 선셋스파(15:00 이후) 26,000~36,000원/시즌에 따라 요금 변동
전화번호 041-537-7100
홈페이지 http://www.paradisespa.co.kr/
가는 법 도고역에서 버스 42번 승차 → 한국콘도 하차 → 도보 300m

온천으로 유명한 도고에서 물놀이와 스파를 함께 즐길 수 있는 곳이다. 실내외에 유아풀과 키즈풀이 있어 가족 여행지로 추천한다. 스파리조트 옆에 글램핑장도 있어 편하게 캠핑을 즐길 수 있다.

주소 충청남도 아산시 도고면 기곡로62번길 21-13
운영시간 06:00~15:00/매주 월요일 휴무
전화번호 041-542-0359
대표메뉴 선지해장국 9,000원, 소머리국밥 10,000원, 소머리수육 35,000원

자극적이지 않은 선지해장국과 소머리국밥을 맛볼 수 있는 노포식당이다.

주소 충청남도 아산시 도고면 아산만로 182 선도농협 본점

도시재생을 위해 도심 곳곳에 벽화를 그려두었다. 옛 추억을 떠올릴 수 있는 벽화이며 그중 농협 바로 옆에는 벽화와 함께 7월이면 능소화가 활짝 피어 꽃이 더해진 벽화를 볼 수 있다.

7월 셋째 주

높이 올라가 내려다보자

29 week

SPOT 1

단양을 한눈에 내려다보는
만천하 스카이워크

주소 충청북도 단양군 적성면 옷바위길 10 · **가는 법** 단양시외버스공영터미널 → 택시 이동(11분 소요) · **운영시간** 하절기 09:00~18:00, 동절기 09:00~17:00 · **입장료** 성인 3,000원, 청소년·어린이·경로 2,500원, 집와이어 30,000원, 알파인코스터 15,000원, 모노레일 2,500원, 만천하슬라이드 13,000원 · **전화번호** 043-421-0014 · **홈페이지** https://www.dytc.or.kr/mancheonha/89

단양에서 하늘을 걸어보고 싶다면 여기 만천하스카이워크를 추천한다. 남한강 절벽 위에서 80~90m 아래를 내려다보면 남한강이 바로 보이고 멀리 단양을 한눈에 볼 수 있을 뿐만 아니라 저 멀리 소백산 연화봉까지 볼 수 있다. 말발굽 모양의 만학천봉 전망대에는 세 손가락 모양의 길이 15m, 폭 2m의 고강도 삼중 유리 바닥이 있다. 그 위에 서면 발아래 남한강이 흐르는 모습을 보는 경험을 할 수 있다.

TIP
- 입장권 구매 시 내려오는 방법(집와이어, 알파인코스터, 만천하슬라이드, 모노레일, 셔틀버스 중 한 가지)를 선택해 매표하고 올라가야 한다.
- 매표 후 스카이워크로의 이동은 셔틀버스만 이용 가능하다.

주변 볼거리·먹거리

 **이끼터널** 만천하스카이워크에서 자동차로 5분 만에 갈 수 있는 곳이라 연계해서 다녀오는 곳이다. 원래는 기차가 다니는 철도였는데 철로를 걷어내고 도로로 바꾸니 길 양옆으로 나무가 우거지면서 자연스러운 초록 터널이 만들어졌다. 벽에는 남한강의 습기가 더해지면서 이끼가 가득하다. 6월 이후 장마철이 되면 짙은 이끼를 볼 수 있다.

Ⓐ 충청북도 단양군 적성면 애곡리 129-2

SPOT 2

금강 너머 일몰과 인생 사진
청벽산

주소 충청남도 공주시 반포면 마암리 530-3 · 가는 법 공주종합버스터미널에서 옥룡동방면 버스 승차 → 옥룡동주민센터에서 버스 300번 환승 → 마암리 하차 → 도보 300m

등산해야 볼 수 있는 곳이지만 아름다운 풍경을 보며 인생 사진을 찍을 수 있다는 이유로 많은 여행자들이 찾는 곳이다. 이곳은 청벽산의 정상이 아니라 500m만 오르면 만나는 청벽산 전망 좋은 곳이다. 500m라지만 가파른 오르막이 계속되니 평소 등산하지 않던 사람이라면 힘든 거리다. 그렇게 힘들게 올라가서 만난 일몰이기에 더욱 특별하다. 조금 더 용기를 내 바위 위에 올라선다면 인생 사진을 남길 수 있다.

TIP
- 500m 오르막길로 20~40분 정도 소요되니 일몰 예상 30분 전에는 도착하도록 하자.
- 해가 지고 하산할 때는 어두운 산길을 내려가야 하니 헤드랜턴이나 손전등을 꼭 준비하자.
- 청벽산 일몰은 5월, 7월 1년에 두 번 금강으로 떨어지는 일몰 각이 나온다.

주변 볼거리·먹거리

청벽가든 청벽산 아래 자리 잡은 장어구이집이다. 장어뿐만 아니라 매운탕, 새우탕도 있어 무더운 여름 보양식으로 추천한다. 청벽산으로 등산하는 사람들이 주로 주차하는데 등산 전후 이곳에서 식사를 추천한다.

Ⓐ 충청남도 공주시 반포면 마암리 529-2
Ⓞ 10:30~21:00(15:00~17:00 브레이크 타임)/매주 월요일 휴무 Ⓣ 041-854-7383

SPOT 3

충청남도에서 연꽃은 여기
궁남지

주소 충청남도 부여군 부여읍 동남리 · **가는 법** 부여시외버스터미널 → 도보 18분 (1.2km) · 운영시간 연중무휴 · **전화번호** 041-830-2880

    백제의 별궁 연못이며 우리나라에 있는 연못 가운데 최초의 인공 연못으로 알려져 있다. 〈삼국사기〉에 '백제 무왕 35년 궁의 남쪽에 못을 파 20여 리 밖에서 물을 끌어다가 채우고, 주위에 버드나무를 심었으며'라는 기록이 있다. 이로 보아 이 연못은 백제 무왕 때 만든 궁의 정원이었음을 알 수 있다. 7월이 되면 연꽃이 만개하고 서동 연꽃축제가 열린다. 축제 기간에는 무료로 카약을 타고 연꽃 사이를 지날 수 있다. 저녁에는 조명으로 화려해져 산책하기에도 좋다.

    무왕 당시에는 연못에 배를 띄워 놀았다고 하는데 지금은 다리가 연결되어 궁남지 연못 가운데 있는 정자 포룡정으로 걸어갈 수 있다. 포룡정은 사극의 단골 촬영지이다.

📌 TIP

- 연꽃은 아침에 만개하고 오후에는 꽃을 오므리니 되도록 아침에 방문하도록 하자.
- 궁남지에 많이 피는 홍련, 백련은 7월 중순부터 8월 초에 개화하는데 다른 곳에서는 보기 힘든 빅토리아 연꽃 큰가시연은 8월 중순 이후에 피니 8월 중순 이후에 궁남지를 찾는다면 빅토리아 연꽃을 찾아보자. 연잎 지름이 2m 정도까지 자라 쟁반처럼 둥근 연잎을 찾으면 그것이 바로 빅토리아 연꽃이다.
- 무더운 여름 물에서 피기에 뜨거운 햇살과 습도를 견뎌야 연꽃을 볼 수 있다. 햇살을 가려줄 양산이나 모자, 더위를 식혀줄 부채나 손풍기, 그리고 넓은 궁남지를 돌아볼 수 있도록 편안한 신발을 준비하자.

주변 볼거리·먹거리

사바랭 부여 서동공원 궁남지에서 가까운 곳에 있는 디저트 카페다. 보통 커피가 주이고 곁들임으로 디저트를 판매하지만, 이곳은 디저트가 주 메뉴이고 커피는 디저트에 곁들일 수 있는 것들 위주로 커피, 차, 에이드를 판매한다.

Ⓐ 충청남도 부여군 부여읍 서동로 85 Ⓞ 12:00~21:00/매주 월요일 휴무 Ⓣ 041-834-1026 Ⓜ 말차클래식 6,500원, 레몬 머랭타르트 6,500원, 레몬파운드 3,500원, 까눌레 2,500원 Ⓗ https://www.instagram.com/savarin_dessertcafe/

SPOT 4

영양밥으로 건강하게

연잎담

주소 충청남도 부여군 부여읍 계백로180번길 9-13 · 가는 법 부여시외버스터미널 → 도보 1.2km · 운영시간 11:00~21:00/매주 수요일 휴무 · 전화번호 041-835-3498 · 대표메뉴 선화밥상(연잎밥떡갈비) 20,000원, 서동밥상(한방삼계탕) 20,000원, 연잎담정식(예약 메뉴) 40,000원

부여 궁남지의 연꽃을 보러 갈 때면 연잎밥이 절로 생각난다. 밤, 연자, 콩, 호박씨, 연근이 골고루 들어간 영양밥 연잎밥은 적절한 간이 되어 있어 따로 반찬을 곁들이지 않아도 될 정도다. 거기에 연근이 들어간 떡갈비가 더해지면 든든한 한 끼가 된다.

주변 볼거리·먹거리

부여왕릉원 부여 능산리에 있는 왕릉이다. 경주에 천마총이 있다면 부여에는 왕릉원이 있다. 능산리 고분군으로 불리다 2021년 9월 부여왕릉원으로 명칭이 변경되었다.

Ⓐ 충청남도 부여군 부여읍 능산리 388-1
Ⓗ 09:00~18:00 Ⓣ 041-830-2890 Ⓒ 성인 1,000원, 청소년 600원, 어린이 400원

추천 코스 공주의 여름

1 COURSE
▶ 정안천생태공원

🚗 자동차 1분

2 COURSE
▶ 국립공주박물관

🚗 자동차 15분

3 COURSE
▶ 공주정지산백제유적

주소	충청남도 공주시 의당면 청룡리 918
운영시간	연중무휴 24시간
가는 법	공주종합버스터미널에서 버스 640번 승차 → 의당 하차

메타세쿼이아길로 유명한 정안천생태공원은 7월이 되면 연꽃이 만개한다. 연꽃과 메타세쿼이아의 조합을 볼 수 있다.

주소	충청남도 공주시 관광단지길 34
운영시간	09:00~18:00/매주 월요일 휴관
전화번호	041-850-6300
홈페이지	https://gongju.museum.go.kr/gongju

무령왕릉 등에서 출토된 국보 18점과 보물 4점을 포함한 3만여 점의 문화재를 수집·보관하고 있다. 무더운 여름 시원한 박물관에서 백제의 역사와 문화를 알아가는 시간을 추천한다.

주소	충청남도 공주시 금성동 113-2

무령왕릉에 인접한 정지산의 구릉에 있는 유적으로 백제시대 국가적 차원에서 하늘에 제사를 지내던 시설로 추정된다. 금강과 공주 시내를 한눈에 내려다볼 수 있어 뷰 맛집이라 할 수 있다. 무령왕릉에서 가는 방법과 늘푸른요양원에서 오르는 방법 중 편한 방법을 선택하면 된다.

7월 넷째 주

고택과 서원으로
떠나는 배롱투어

30 week

SPOT 1

유네스코 지정 서원

돈암서원

주소 충청남도 논산시 연산면 임3길 26-14 · **가는 법** 논산버스터미널에서 버스 305-1번, 318번, 304번 승차 → 임리 돈암서원 하차 → 도보 350m · **전화번호** 041-733-9978 · **홈페이지** http://www.donamseowon.co.kr/

　사계 김장생의 학문과 덕행을 추모하고 그 사상을 잇기 위해 창건된 연산면에 있는 서원이다. 현종 원년에 돈암이라는 현판을 내려 사액서원이 되었으며 흥선대원군의 서원철폐령에도 남아 보존된 47개의 서원 중 하나로 역사적, 문화적 가치를 인정받아 2019년 유네스코 세계문화유산으로 지정되었다.
　배롱나무꽃이 피는 계절 여름에는 잠시 웅장한 규모의 강당 응도당에 앉아 쉬어가도 좋다.

TIP
- 서원과 향교는 명현을 제사하고 인재를 키우기 위한 교육기관임은 같으나, 서원은 사설교육기관이고 향교는 지방관청에 속한 오늘날의 공립학교라 할 수 있다.
- 문화재 해설사가 상주하고 있어 별도의 예약 없이도 자세한 설명을 들을 수 있다.
- 학생, 외국인, 관광객을 대상으로 다양한 교육 프로그램이 운영되고 있으니 미리 홈페이지에서 확인 후 체험해 보는 것을 추천한다.

주변 볼거리·먹거리

충곡서원 충곡서원은 계백과 박팽년, 성삼문 등 사육신의 학문과 덕행을 추모하기 위해 창건된 서원이다. 관리의 문제로 개방을 허락하지 않지만 배롱나무꽃이 피는 계절 주말에는 개방하기도 하니 운이 좋다면 들어가서 볼 수 있다. 문이 닫혀 있어도 기와 담장과 배롱나무꽃이 어우러진 모습을 보기에는 충분하다.

Ⓐ 충청남도 논산시 부적면 충곡리 115-2 Ⓞ 관리상 배롱나무꽃이 피는 계절에만 개방

SPOT 2

청풍호를 내려다보는 사찰
정방사

주소 충청북도 제천시 수산면 옥순봉로12길 165 · **가는 법** 제천버스터미널에서 버스 953번 승차 → 정방사 하차 → 도보 1시간 또는 자동차 이용 추천 · **전화번호** 043-647-7399

청풍호를 한눈에 내려다볼 수 있는 사찰로 해발 1,016m의 금수산 자락 신성봉 능선에 위치해 있다. 대웅전 앞에서 청풍호를 내려다보면 반대편에서 다른 차와 마주칠까 2.3km 산길을 조마조마하며 온 수고가 한 번에 사라진다. 이름처럼 맑고 향기로운 이 절은 662년 의상대사가 창건한 속리산 법주사의 말사다. 법당 뒤에는 웅장한 암벽이 있는데 아래에서 올려다보면 웅장함과 오묘함을 느낄 수 있다.

주변 볼거리·먹거리

능강솟대문화공간 전국 유일한 솟대 테마공원이다. 금수산 자락에 자리 잡은 이곳은 전통적인 솟대를 현대적인 조형물로 재구성하여 전시하고 있다. 솟대는 꿈을 이루기 위해 하늘을 향해 희망을 표현하는 전통이다. 이곳에서 잠시 멈추어 서서 청풍호를 즐겨도 좋다.

Ⓐ 충청북도 제천시 수산면 옥순봉로 1100 Ⓞ 10:00~18:00/매주 월요일 휴관 Ⓣ 043-653-6160

능강계곡 금수산에서 발원해 6km 이어져 청풍호로 흘러드는 계곡이다. 상류에는 여름에도 얼음이 얼어 얼음골이라 불린다.

Ⓐ 충청북도 제천시 수산면 하천리

TIP
- 2.3km 산길을 따라 올라야 하며 교행이 어려운 구간이 많아 주의 운전이 필요하다. 걸어 올라간다면 1시간 정도 소요된다.
- 주차장에 차를 세우고 200m 임도를 따라 오르면 만날 수 있다.

SPOT 3

산속 아름다운 북카페
이월서가

주소 충청북도 진천군 이월면 진안로 583-6 · 가는 법 진천종합터미널 → 택시 이동 (19분 소요) · 운영시간 11:30~19:00/매주 월~화요일 휴무 · 입장료 대인 8,000원, 소인 6,000원(음료 1잔 포함) · 전화번호 0507-1308-8236 · 홈페이지 https://www.instagram.com/ewolseoga/

진천 이월 구불구불 산길을 달려 만나는 전망 좋은 북카페다. 단순히 북카페라 하기에는 야외 정원과 전망이 너무 아름답다. 2층 카페에서 입장료를 지불하고 음료 한 잔을 선택 주문한 후에야 이용할 수 있다. 잔디밭과 야외 정원은 잘 관리되어 있고 실내도 쾌적해 차분하게 앉아 책을 읽고 싶어진다. 언제 와도 좋겠지만 잔디가 파랗게 되고 꽃이 피는 계절이라면 더욱 좋을 듯하다.

주변 볼거리·먹거리

생거진천 치유의숲 자연과 사람이 만나 지친 몸과 마음을 회복하고 건강한 삶을 누릴 수 있도록 진천군에서 조성한 산림치유공간이다. 힐링비채, 숯채화효소원, 꽃마당치유원, 치유숲길, 명상욕장, 치유놀이숲 등으로 구성되어 있으며, 전문산림치유지도사가 이곳의 공간을 활용해 산림치유프로그램을 제공하니 상세 프로그램은 홈페이지에서 확인 후 전화로 문의해보자(전화 예약만 가능).

Ⓐ 충청북도 진천군 이월면 송림2길 81-200 Ⓣ 043-539-4387 Ⓗ http://jincheon.huyang.co.kr/

할머니집
Ⓐ 충청북도 진천군 이월면 화산동길 18 Ⓞ 11:00~19:00(14:30~16:10 브레이크 타임)/매주 화요일 휴무 Ⓣ 0507-1432-7906 Ⓜ 오리목살 참숯화로구이 19,000원, 보리쌀고추장 오리주물럭 19,000원

1월 3주 소개(052쪽 참고)

추천 코스 논산 배롱나무 코스

1 COURSE 보명사 — 자동차 20분 — **2 COURSE** 종학당 — 자동차 15분 — **3 COURSE** 명재고택

주소 충청남도 논산시 등화5길 95

황화산성 초입에 위치한 작은 사찰이다. 관음전과 삼성각이 전부인데 관음전 옆에 크고 오래된 배롱나무가 있다. 숲에 있어 모기와 더위를 조심해야 한다.

주소 충청남도 논산시 노성면 병사리

따뜻한 봄 매화 명소인 이곳이 여름에는 배롱나무꽃이 아름다운 곳으로 변신한다. 배롱나무꽃이 필 무렵 작은 연못에 연꽃도 만개한다.

3월 12주 소개(112쪽 참고)

주소 충청남도 논산시 노성면 노성산성길 50
운영시간 하절기 10:00~17:00, 동절기 10:00~16:00/매주 월요일 휴무
전화번호 041-735-1215
홈페이지 http://www.myeongjae.com/_xb/

12월 50주 소개(392쪽 참고)

7월의 충청도
날아올라 단양여행

무더위로 조금 더 시원한 곳을 찾게 된다. 높은 곳으로 올라가 패러글라이딩을 하고 그곳에 있는 카페에서 시원한 커피 한잔을 마신다. 또 산 중턱에 있는 고수동굴을 탐험하고, 높은 산에 있는 이끼터널을 찾아 더위를 식히는 것도 좋다. 무엇보다 높이 올라가면 탁 트인 전망으로 눈도 마음도 시원해진다.

🚩 2박 3일 코스 한눈에 보기

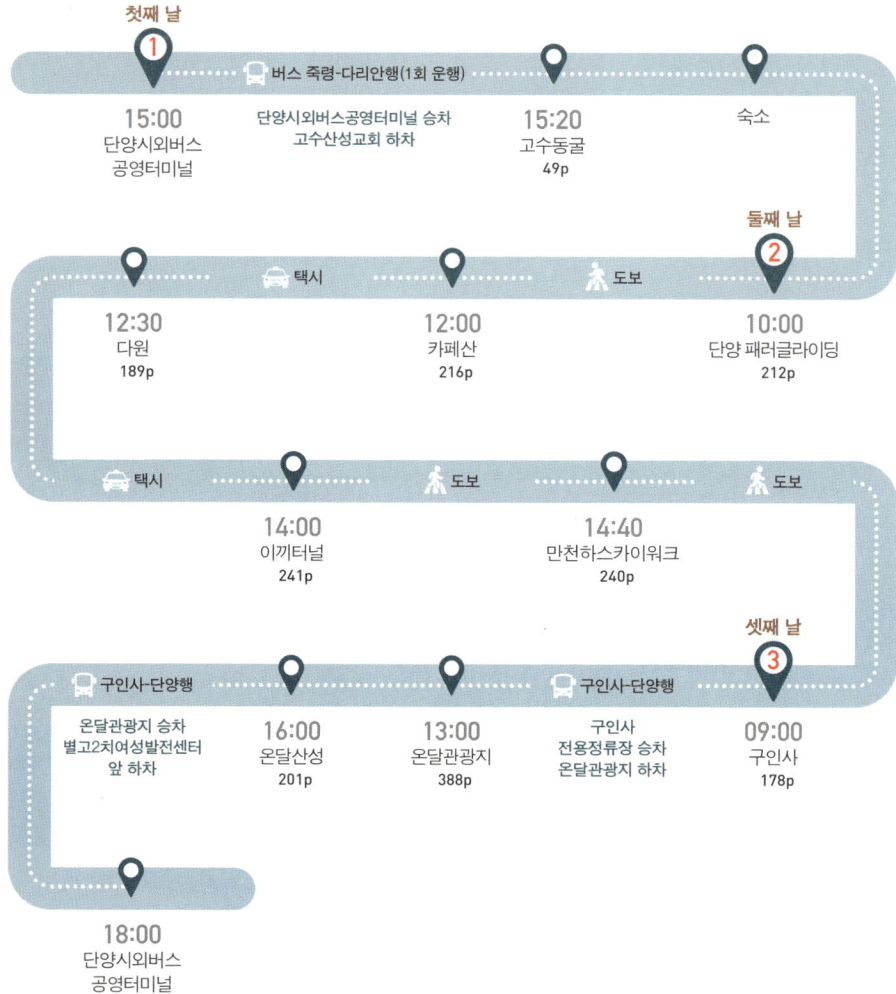

고수동굴

단양 패러글라이딩

카페산

다원

이끼터널

만천하스카이워크

구인사

온달관광지

온달산성

서해를 따라 쭉 이어진 충청남도의 해수욕장과, 바다만큼 넓은 호수와 계곡, 명품 산이 있는 충청북도만큼 좋은 여름 휴가지가 있을까? 대부분 수도권에서 1~2시간 이내에 접근할 수 있기에 여름철 차에서 보내는 시간이 줄어 더욱 반가운 여행지다. 해수욕장에서 물놀이를 즐기고 만나는 명품 낙조도 좋고 아이들과 즐길 수 있는 갯벌 체험에 세계인들이 함께하는 머드축제 등 여름 축제도 가득하다. 시원한 물소리 들으며 화려한 야경을 볼 수 있는 의림지와 숲길을 걸을 수 있는 산막이 옛길은 한여름 더위도 잊은 채 풍경을 즐기게 한다.

8월의 충청도

여름 휴가는
충청도에서

8월 첫째 주
여름 휴가는 충청남도 바다로

31 week

SPOT 1

더 이상 섬이 아닌 섬

원산도

주소 충청남도 보령시 오천면 원산도리 · **가는 법** 대천역에서 버스 102-1번 승차(1일 5회 6:30, 9:15, 12:00, 14:55, 17:20) → 원산도 선촌항 하차

　배를 타고 들어가야 하던 원산도는 보령 대천항에서는 보령해저터널로, 안면도에서는 원산 안면대교를 통해 자동차로 쉽게 접근이 가능하게 되면서 더 이상 섬이 아닌 섬이 되었다. 접근성이 떨어져 그동안 잘 알려지지 않았던 원산도는 숨은 보물 같은 곳이다. 도로가 정비되고 편의시설들이 하나둘 들어오면서 여행지로 자리 잡아가고 있다.

　빨간 등대가 인상적인 선촌항은 배로 이동할 때 중심지였다. 이제는 이동보다는 식당과 편의시설로 사람들에게 인기를 끌고 있으며 낚싯배들이 모이는 곳이 되었다. 이곳에서 보령으로 오가는 버스를 탈 수도 있다. 가까운 곳에 청년들이 운영하는 로컬

> **TIP**
> - 오봉산해수욕장은 모래가 곱고 바다가 잔잔해 해수욕하기 좋은 곳이다.
> - 식당 등 편의시설이 많지 않아 대천항, 영목항으로 이동해 식사해도 좋지만 섬의 활성화를 위해 원산도 상가 이용을 추천한다.

푸드마켓 원산창고도 있다. 원산도에는 저두해수욕장, 원산도해수욕장, 사창해수욕장, 오봉산해수욕장 등 4개의 해수욕장이 있다.

주변 볼거리·먹거리

보령해저터널 보령시 대천항과 원산도를 잇는 해저터널로 2021년 12월 개통했다. 길이 6,927㎞로 국내에서 가장 길고 세계에서는 다섯 번째로 긴 터널이다. 2019년 개통된 원산 안면대교와 연계해 보령 대천항에서 태안 영목항까지 기존 75km에서 14km로, 이동시간은 90분에서 10분으로 단축할 수 있다.

Ⓐ 대천 출입구: 충청남도 보령시 신흑동 2204-17, 원산도 출입구: 충청남도 보령시 오천면 원산도리 148-5

SPOT 2

밤과 낮이 매력적인 바다
꽃지해수욕장

주소 충청남도 태안군 안면읍 승언리 · **가는 법** 태안공영버스터미널에서 버스 1001번 승차 → 꽃지해수욕장 하차

　　5km에 달하는 백사장 모래가 고운 꽃지해수욕장은 경사가 완만하고 물이 따뜻해 늦은 여름까지 해수욕을 즐길 수 있다. 백사장을 따라 해당화가 지천으로 피어나 꽃지라 부른다.

　　할미할아비바위가 이정표 역할을 한다. 이 바위는 통일신라 시대 때 있었던 슬픈 전설을 전한다. 9세기 중엽 장보고가 청해진에 주둔해 있을 때, 당시 최전방이었던 안면도에 승언이란 장군을 지휘관으로 파견하였다. 사람들이 장군 부부의 금슬을 시기하자, 장군은 바다 위에 있는 2개의 바위섬에 집을 짓고 떨어져 살기로 했다. 그러던 중 장군이 먼 곳으로 원정을 나가 돌아오지 않고 그를 그리워하며 기다리던 부인은 바위가 되었다. 이

후 부인 바위 옆에 또 다른 바위가 생겨났고 사람들은 이 두 바위를 할미할아비바위라 불렀다.

바닷물이 빠지는 시간에는 직접 걸어가 볼 수도 있다. 바다 사이로 해가 떨어지는 계절에는 수많은 사진작가가 일몰 사진을 찍기 위해 꽃지로 모여들기도 한다. 2021년 이곳 할미할아비바위를 조망할 수 있는 곳에 인피니티 스튜디오를 만들었다. 낮에는 인공호에 비친 할미할아비바위 반영 사진을 담을 수 있고, 밤에는 화려한 조명이 비쳐 낮과 밤의 다른 매력으로 볼거리를 제공한다.

TIP
- 할미할아비바위 사이로 지는 해를 보고 싶다면 3월이 적기다.
- 신선한 수산물을 맛보고 싶다면 가까운 방포항으로 가자.
- 밤에는 방포항에서 화려한 조명의 꽃다리 너머 할미할아비바위를 볼 수 있다.

주변 볼거리·먹거리

딴뚝통나무집식당

꽃지해수욕장 가까이 오면 딴뚝이란 이름의 가게가 많다. 그만큼 유명세를 치르는 곳인데 이곳은 안면도 게국지의 원조이며 태안의 대표 음식 간장게장, 양념게장을 맛볼 수 있다. 게국지, 간장게장, 양념게장, 새우장을 맛볼 수 있는 세트 메뉴를 추천한다.

ⓐ 충청남도 태안군 안면읍 조운막터길 23-22 ⓗ 월~금요일 09:30~20:00, 토~일요일 09:00~20:00(라스트 오더 19:00) ⓣ 041-673-1645 ⓜ 세트(게국지+간장게장+양념게장+새우장) 2인 75,000원, 3인 100,000원, 4인 120,000원, 게국지·꽃게탕(小) 50,000원, (中) 60,000원, (大) 70,000원, 간장게장 30,000원, 양념게장 28,000원 ⓗ http://www.ttanttuk.co.kr

SPOT 3

100% 메밀로 만든 평양냉면
매향

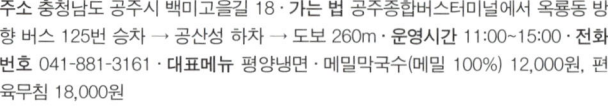

주소 충청남도 공주시 백미고을길 18 · **가는 법** 공주종합버스터미널에서 옥룡동 방향 버스 125번 승차 → 공산성 하차 → 도보 260m · **운영시간** 11:00~15:00 · **전화번호** 041-881-3161 · **대표메뉴** 평양냉면 · 메밀막국수(메밀 100%) 12,000원, 편육무침 18,000원

　　평양냉면과 막국수를 좋아한다면 추천하는 집이다. 예전에는 메밀 80%와 100% 중 선택해서 맛볼 수 있었지만 이제는 100%만 가능하다. 100% 메밀 면이기에 거칠지만 입에 거슬리지 않고 심심한 육수와 잘 어우러진다. 얇은 편육을 들깻가루 가득 들어간 양념장으로 버무린 편육무침은 꼭 맛볼 것을 추천한다. 운영시간이 바뀐 덕분에 일요일에도 방문할 수 있다.

TIP
- 밑반찬으로 나오지 않지만 자율배식대에 있는 순무김치도 꼭 먹어보자.
- 점심 때만 운영하고 대기 시간이 길어질 수 있으니 점심 시간보다 이른 시간 또는 늦은 시간에 방문하자.

주변 볼거리·먹거리

베이커리 밤마을 알밤이 유명한 도시 공주에서 맛보는 밤빵이다. 다른 곳에서는 쉽게 먹을 수 없는 에끌레어가 있는데 주문 즉시 밤 슈크림을 넣어준다. 선물 포장이 있어 여행 후 선물로 좋다. 2층에는 공산성을 바라보며 커피 한잔 할 수 있다.

ⓐ 충청남도 공주시 백미고을길 5-13 ⓞ 09:00~21:00 ⓣ 0507-1428-3489 ⓜ 밤에끌레어 3,500원, 밤파이(6구) 13,000원, 밤타르트(6구) 16,000원

추천 코스 원산도 즐기기

1 COURSE 🚗 자동차 7분
▶ 베이그릴 121

2 COURSE 🚗 자동차 6분
▶ 원산창고

3 COURSE
▶ 원산 안면대교와 영목항

주소	충청남도 보령시 오천면 원산도7길 121
운영시간	11:00~21:00(15:30~17:00 브레이크 타임)/매주 월요일 휴무
전화번호	010-9970-9932
대표메뉴	셀프이용료(1인당) 5,000원, 조개구이 89,000원, 조개구이+랍스터테일 129,000원, 이베리코(2인) 36,000원
홈페이지	http://baygrill.co.kr/
가는 법	자동차 또는 택시 추천

프라이빗한 공간에서 셀프 바비큐와 조개구이를 즐길 수 있다. 일반 조개구이보다 비싼 편이지만 준비 없이 프라이빗한 공간에서 바다를 바라보며 즐길 수 있다. 오봉산해수욕장 물놀이도 가능하며 펜션과 같이 있어 숙박도 가능하다.

주소	충청남도 보령시 오천면 원산도3길 374
전화번호	041-933-5552
운영시간	10:00~18:00/매주 월요일 휴무
대표메뉴	사딸라(사랑에 빠질 딸기우유) 6,000원, 자꾸 생각라테 6,000원, 아메리카노 4,000원, 시골 미숫가루 6,000원, 찹쌀빵 3,000원

보령의 청년 농부들과 원산도 주민들이 직접 재배 생산한 농산물을 활용한 카페다. 농협창고를 개조해서 높은 천장과 바다를 바라볼 수 있는 유리창이 인상적이며 야외에서는 바다를 조망할 수 있다.

주소	충청남도 태안군 고남면 고남리(영목항)

원산도로 가는 방법 중에는 태안에서 원산 안면대교를 통해 가는 방법도 있다. 이때 잠시 영목항으로 빠져 원산 안면대교 너머 원산도를 바라보는 것도 좋다. 51.26m의 영목항 전망대에서는 영목 바다와 원산 안면대교를 한눈에 내려다볼 수 있다.

8월 둘째 주

산과 바다에서 맞는
여름 휴가

32 week

SPOT 1

서해가 이렇게 맑다고?

파도리
해수욕장

주소 충청남도 태안군 소원면 모항파도로 490-85 · 가는 법 태안공영버스터미널에서 버스 200번 승차 → 파도1리 파도해수욕장 하차 → 도보 9분

    서해도 이렇게 맑을 수 있다니 감탄하게 된다. 모래가 아닌 몽돌해수욕장이라 맑은 바다를 만날 수 있다. 공용 주차장이 없어 불편하지만 다른 해변과 달리 횟집거리 대신 감성적인 카페들이 들어서 있어 젊은 여행자들에게 먼저 입소문이 난 곳이다.
    해수욕장 우측 끝에는 동굴 사진을 찍을 수 있는 해식동굴이 있다. 안전을 위해 반드시 간조기에 들어가야 하며 가는 길에 바위를 지나가야 하니 편한 운동화를 추천한다.

주변 볼거리·먹거리

해피준 카페 파도리해수욕장을 정원처럼 즐길 수 있는 카페다. 넓은 창과 루프톱이 있어 파도리해수욕장을 카페에서 즐길 수 있는 뷰 맛집이다.

Ⓐ 충청남도 태안군 소원면 파도길 63-12 ⓞ 월~금요일 11:00~19:00, 토~일요일 10:00~19:00 ⓣ 0507-1335-5104 Ⓜ 아메리카노 5,000원, 초코베리크럼블 6,800원, 오레오크럼블 6,800원 Ⓗ https://www.instagram.com/_happyjune/

인생버거 일주일에 4일만 맛볼 수 있는 파도리 수제 버거집이다. 포장해 바닷가에서 먹어도 좋다.

Ⓐ 충청남도 태안군 소원면 파도길 63-6 ⓞ 목~금요일 11:30~15:30, 토~일요일 10:00~15:30/매주 월~수요일 휴무 ⓣ 0507-1423-4293 Ⓜ 치즈버거 9,000원, 더블치즈버거 9,500원. 해쉬브라운버거 10,000원, 아이스커피 4,000원, 레몬에이드 4,000원 Ⓗ https://www.instagram.com/life_and_burger/

> **TIP**
> - 마을 골목길을 통과해야 하므로 운전 시 주의해야 한다. 별도의 주차장이 없어 근처 카페나 햄버거 가게 주차장을 이용하자.
> - 동굴 사진을 찍기 위해서는 물때를 보고 간조시간 1~2시간 전에 들어가는 것이 안전하다.
> - 실루엣 사진을 찍을 때는 동굴 밖 밝은 곳에서 밝기를 맞춰 찍으면 된다.

SPOT 2

서천 서원에서 만나는
배롱나무꽃

문헌서원

주소 충청남도 서천군 기산면 서원로172번길 66 · **가는 법** 서천버스정류장에서 버스 14-2번 승차 → 영모리 하차 → 도보 500m · **운영시간** 하절기 09:00~18:00, 동절기 09:00~17:00/매주 월요일 휴관 · **전화번호** 041-953-5895 · **홈페이지** http://www.munheon.org/

고려 말의 대학자 이곡 선생과 목은 이색 선생의 학문과 덕행을 기리기 위해 세운 서원으로 광해군 3년 나라에서 문헌이라는 현판을 받아 사액된 곳이다. 8~9월 아름드리 배롱나무꽃이 서원의 기와와 잘 어울린다. 서원 입구에는 5개 동의 한옥 숙소도 함께 있어 자연 속에서 쉬어가며 서원 스테이를 경험해 볼 수도 있다. 각종 사극 드라마도 자주 촬영하여 드라마를 떠올리며 돌아볼 수 있다.

TIP
- 문헌서원의 배롱나무꽃은 목은 이색 선생 영당 담장 안쪽에 있다.
- 서원 특강, 서원 음악회 등 다양한 프로그램을 제공하고 있으니 방문 전 홈페이지에서 미리 확인해 보자.

주변 볼거리·먹거리

봉서사 대한제국 시기의 애국자 월남 이상재 선생이 소년 시절 수학하던 곳으로 아늑하고 조용한 사찰이다. 보물로 지정된 목조아미타삼존불상이 봉안되어 있다. 건지산의 풍경과 함께 여유롭게 돌아보기 좋다.

Ⓐ 충청남도 서천군 한산면 건지산길 122

SPOT 3
건강한 산채정식
산촌식당

주소 충청남도 예산군 덕산면 수덕사안길 37 수덕사집단시설지구 · **가는 법** 예산버스터미널에서 버스 547번 승차 → 수덕사 하차 → 택시로 이동(20분 소요) · **운영시간** 11:00~19:00(15:00~17:00 브레이크 타임) · **전화번호** 041-337-7633 · **대표메뉴** 산채더덕정식 17,000원, 산채백반 12,000원

관광지 사찰 앞 식당은 부실할 것이라는 편견이 있지만 이곳은 이 가격에 이렇게 나와도 되나 싶을 정도로 푸짐해서 만족스럽다. 이곳에 있는 다른 식당보다 손님이 많은 이유는 음식을 받아보면 알 수 있다. 부드럽게 구운 더덕과 다양한 한 상을 받아 먹을 수 있는 산채더덕정식을 추천한다.

TIP
• 식사 후 주차권을 제공하니 꼭 챙기자.

주변 볼거리·먹거리

 **수덕사** 예산 여행에서 대한불교조계종 제7교구 본사인 수덕사를 빼놓고는 이야기할 수 없다. 주차장에서 한참을 걸어야 하지만 도착과 동시에 웅장한 사찰을 보고 감탄하게 된다. 수덕사 대웅전은 국보 제49호로 지정되어 있으며 덕숭산 등산을 연계하면 더욱 좋다.

ⓐ 충청남도 예산군 덕산면 수덕사안길 79 ⓣ 041-330-7700 ⓒ 문화재 구역 성인 3,000원, 청소년 2,000원, 어린이 1,000원

추천 코스 태안의 여름

1 COURSE 신태루 🚗 자동차 1분
2 COURSE 천주교태안교회 🚗 자동차 4분
3 COURSE 태안마애삼존불

주소	충청남도 태안군 태안읍 시장5길 43
운영시간	10:00~19:30/매주 화요일 휴무
전화번호	041-673-8901
대표메뉴	짬뽕 7,000원, 짜장면 6,000원, 탕수육(小) 17,000원
홈페이지	https://gongju.museum.go.kr/gongju/
가는 법	태안버스터미널 → 도보 10분 (700m)

육짬뽕이지만 바지락이 넉넉하게 들어가 시원하면서 진한 육수 맛이 일품이다. 가게의 외관과 내부 모습에서 70년 전통의 노포 맛집임을 바로 알 수 있다.

주소	충청남도 태안군 태안읍 터널길 26-13
전화번호	041-674-1004

전동성당을 모델로 건축한 성당이다. 최근에 지어진 건물이지만 고풍스러운 분위기로 조용히 돌아보며 사진을 남기기에도 좋다.

주소	충청남도 태안군 태안읍 원이로 78-132
전화번호	041-672-1440

백화산 기슭에 자리 잡은 삼국시대 백제의 대표적 불상으로 국보 제307호로 지정되었다. 좌우 여래입상과 중앙에 보살입상이 있는 삼존불이다. 마애불은 자연 암벽에 새겨진 불상을 말한다.

8월 셋째 주

무 더 운 여 름 을
보 내 는 방 법

33 week

SPOT 1

무더운 여름엔 북캉스

국립
세종도서관

주소 세종특별자치시 다솜3로 48 · **가는 법** 세종고속시외버스터미널에서 버스 205번 승차 → 국립세종도서관정문 하차 · **전화번호** 044-900-9114 · **운영시간** 09:00~21:00/매월 둘째, 넷째 주 월요일 휴관 · **홈페이지** https://sejong.nl.go.kr/

무더운 여름 시원한 도서관에서 책 읽으며 보내는 휴가는 어떨까? 국립세종도서관은 책장을 넘겨 엎어놓은 듯한 외관이 인상적이다. 책장을 한 장 한 장 넘기는 것, 데이터가 폴더에서 폴더로 넘어가는 것에서 착안한 것이다.

지하 2층, 지상 4층의 규모의 국립세종도서관은 지난 2013년에 개관한 이래 가족 단위의 방문자들이 꾸준히 이어지고 있는 세종의 대표 문화 공간이다. 세종호수공원에 있어 함께 돌아보기 좋다.

TIP
- 4층에 있는 식당은 저렴한 가격에 세종호수공원을 내려다보며 식사하기 좋은 곳이다.
- 도서관 주차장이 만차라면 건너편 세종컨벤션센터 주차장을 이용하자.

주변 볼거리·먹거리

세종지혜의숲 나무가 책이 되고, 책이 지혜가 된다는 의미를 담고 있다. 도서 대출이나 반출도 불가능하며 오직 책을 읽는 공간이다. 어린이 도서 3만 권을 포함해 7만 5천 권의 책이 있다. 서점이 따로 있어 책을 구매할 수도 있다.

Ⓐ 세종특별자치시 국세청로 32 5층 Ⓣ 044-862-0021 Ⓞ 10:00~20:00/매주 월요일 휴관 Ⓗ https://www.instagram.com/forestofwisdom_sejong/

SPOT 2
낮과 밤이 매력적인 저수지
의림지

주소 충청북도 제천시 모산동 241 · **가는 법** 제천역에서 버스 31번 승차 → 안모산 하차 · **운영시간** 용추폭포 10:00~21:00/매주 월요일 분수 미가동 · **전화번호** 043-651-7101

　　삼한시대 축조된 김제 벽골제, 밀양 수산제와 함께 우리나라 최고의 저수지 중 하나다. 우륵이 용두산에서 흘러내리는 개울물을 막아 둑을 만든 것이 시초라 전해진다. 이제는 수리시설보다는 유원지로 더 잘 알려져 있다. 30m의 자연폭포인 용추폭포에 유리 전망대를 설치해 마치 폭포 위를 산책하는 듯한 아찔함을 느낄 수 있어 인기를 끌고 있다. 저녁에는 인공폭포 앞에서 펼쳐지는 화려한 미디어파사드 공연도 볼 수 있다.

TIP
- 미디어파사드 공연은 2~4월, 9~10월에는 19:30, 20:00, 20:30에, 5~8월에는 20:00, 20:30, 21:00에, 11~1월에는 19:00, 19:30, 20:00에 펼쳐진다.
- 용추폭포의 불투명 유리는 센서를 지나면 투명 유리로 바뀌므로 폭포가 보이는 신기한 경험을 해보자.
- 용추폭포를 한눈에 볼 수 있는 전망대는 20m 아래에 있다.

주변 볼거리·먹거리

티카페차센 모산점
여러 나라의 차와 수제 다식을 맛볼 수 있는 곳이다. 하소동에 1호점이 있고 2022년에 접근성이 좋은 모산동에 문을 열었다. 말차라테와 말차빙수 등 차를 이용한 빙수와 음료를 추천한다.

Ⓐ 충청북도 제천시 의림대로44길 15 1층 Ⓞ 11:00~22:00/매주 일요일 휴무 Ⓣ 070-7797-7114 Ⓜ 말차라테 6,000원, 앙버터모나카 3,500원, 팥모찌 2,000원 Ⓗ https://www.instagram.com/teacafe_chasen/

SPOT 3
악어섬을 내려다보며 먹는 라면
게으른악어

주소 충청북도 충주시 살미면 월악로 927 · **가는 법** 충주공용버스터미널(하이마트 앞)에서 버스 223번 승차(터미널, 국민은행, 충주고행) → 탄지리 하차 → 길 건너 버스 223번(살미, 회사행) 환승 → 신당리 하차 → 도보 5분 · **운영시간** 월~금요일 10:00~19:00, 토~일요일 09:00~19:00 · **전화번호** 043-724-9009 · **대표메뉴** 아메리카노 5,500원, 상하목장 아이스크림 4,500원, 브런치에그 14,500원, 라면 4,000원 · **홈페이지** https://www.instagram.com/lazy._.caiman/

충주호에 드리워진 산자락이 악어 떼가 호수로 자맥질하는 모습을 닮았다 하여 악어섬이라 부른다. 정식 등산로가 생길 때까지 악어봉 등산을 미루기로 하고 카페에 앉아 이를 보기로 한다. 바로 등산로 초입에 있는 대형 카페 '게으른악어'. 나무 그늘에 야외 테이블도 있고 라면도 직접 끓여 먹을 수 있어 캠핑 분위기를 낼 수 있다. 뭐 이런 곳까지 와서 라면이냐 하겠지만 악어섬을 내려다보며 먹는 라면 맛은 집에서 끓여 먹는 라면과 비교 불가다.

주변 볼거리·먹거리

충주호 1985년 충주시 종민동, 동량면 사이의 계곡을 막아서 만든 충주댐으로 인해 조성되었다. 5만 명의 수몰 이주민을 만들어낸 충주호는 충주시, 제천시, 단양군에 걸쳐 있고 육지 속의 바다로 불릴 만큼 소양호 다음으로 담수량이 큰 호수다. 충주에서는 충주호, 제천에서는 청풍호라 부른다.

Ⓐ 충청북도 충주시 동량면 함암리 361

TIP
- 물, 라면, 계란, 냄비, 버너 등을 바구니에 담아 계산 후 야외에서 끓여 먹으면 된다.
- 2022년 8월 기준 악어섬을 조망할 수 있는 악어봉은 국립공원 비법적 등산로이고 적발 시 범칙금이 부과된다. 등산로 정비가 진행 중이고 완료되면 그때 합법적으로 다녀오자.

추천 코스 제천 도심의 여름

1 COURSE 의림지 — 자동차 2분 — **2 COURSE** 삼한의 초록길 &에코브릿지 — 자동차 1분 — **3 COURSE** 제천비행장

주소 충청북도 제천시 모산동 241
운영시간 용추폭포 10:00~21:00/매주 월요일 분수 미가동
전화번호 043-651-7101
가는 법 제천역에서 버스 31번 승차 → 안모산 하차

8월 33주 소개(272쪽 참고)

주소 충청북도 제천시 모산동 317-6

2km에 달하는 사계절 산책길 삼한의 초록길과 의림지 신털이봉을 잇는 전망대형 육교 에코브릿지가 2021년 7월에 완공되었다. 이곳에 120여 종의 식물을 식재하고 에코브릿지 등 현대적인 건물을 설치하여 시민들의 산책길을 즐겁게 해주고 있다. 이곳에서 여름에는 초록빛 가득한 들판을, 가을에는 황금 들판을 내려다볼 수 있다. 엘리베이터가 있어 노약자들도 오를 수 있다.

주소 충청북도 제천시 고암동 1200-1

BTS 뮤직비디오에 등장하면서 유명해진 제천비행장 활주로는 군사 시설로 이용이 불가능했지만 시민들의 반환운동으로 인해 시민의 품으로 돌아왔다. 여름에 활주로 주변에는 해바라기, 백일홍이 활짝 피어 아름다운 꽃밭이 된다.

8월 넷째 주

여름 끝자락의 풍경

34 week

SPOT 1

소나무 그늘 아래 맥문동 보라 물결

장항 송림산림욕장

주소 충청남도 서천군 장항읍 송림리 산65 · **가는 법** 장항역에서 도보 이동 → 삼연리 승차장에서 버스 2-3번 승차 → 영흥아파트 하차 → 도보 38분(2.5km) 또는 택시나 자동차 이용 추천 · **전화번호** 041-950-4436 · **주차** 장항송림산림욕장주차장 이용 · **홈페이지** https://www.cheongpungcablecar.com/

    소나무 아래 보랏빛 물결을 보고 싶다면 8월 말 9월 초 서천 장항송림산림욕장으로 가 보자. 이곳은 사시사철 푸른 소나무가 1.5km 해안선을 따라 이어지고 8~9월이 되면 맥문동이 만개해 1년 중 가장 아름다운 풍경을 볼 수 있다.

    바닷바람을 막기 위한 방품림으로 1954년 장항농고(현 장항공고) 학생들이 해송을 심었으며, 덕분에 현재는 곰솔(해송) 1만 2,000여 그루가 있는 숲이 되었다. 장항송림산림욕장은 2019년 산림청 국가산림문화자산으로 지정되었으며, 2021년에는 자연 휴양림으로 지정되었다.

맥문동은 반그늘 또는 햇볕이 잘 드는 나무 아래에서 자라는데 이곳은 맥문동이 자라기에 최적의 환경이다. 무더운 여름 시원한 바닷바람과 소나무 그늘에서 산책 즐기기를 추천한다.

TIP
- 장항송림산림욕장 3주차장이 스카이워크와 가장 가까울 뿐만 아니라 풍성한 맥문동 군락지를 볼 수 있어 무더운 여름에는 3주차장을 통해 가는 것을 추천한다.
- 오후에 방문해 맥문동을 구경하고 스카이워크에서 서해를 구경한 후 데크에 앉아 시원한 바닷바람을 맞으며 일몰을 보는 것도 추천한다.
- 여름철 금~일요일에는 19:00까지 스카이워크를 연장 운영하니 스카이워크에서 노을빛에 물든 서해를 볼 수 있다.
- 습한 계절에는 송림 아래 모기가 많으니 모기기피제를 미리 준비하자.

주변 볼거리·먹거리

장항스카이워크전망대 높이 15m, 길이 250m의 장항스카이워크는 서해와 갯벌을 조망하기 좋은 곳이다. 스카이워크 앞바다는 676년 금강하구인 기벌포에서 신라와 당나라의 전투가 벌어져 당나라 20만 대군을 격파한 역사적인 장소이니만큼 방문 시 기벌포 해전을 떠올려 보자. 해 지는 시간보다 이르게 마감하니 내려와 데크에서 일몰을 보는 것을 추천한다.

Ⓐ 충청남도 서천군 장항읍 장항산단로34번길 122-16 Ⓞ 하절기(3~10월) 09:30~18:00(단, 금~일요일 19:00까지 연장 운영, 동절기(11~2월) 09:30~17:00(17:15 마지막 입장)/입장은 종료 30분 전까지 가능 Ⓒ 2,000원(지역화폐 2,000원 현장 환급) Ⓣ 041-956-5505

SPOT 2
산과 강, 숲을 보며 걷는 길
산막이옛길

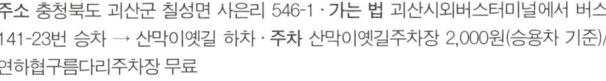

주소 충청북도 괴산군 칠성면 사은리 546-1 · 가는 법 괴산시외버스터미널에서 버스 141-23번 승차 → 산막이옛길 하차 · 주차 산막이옛길주차장 2,000원(승용차 기준)/연하협구름다리주차장 무료

　괴산군 칠성면 사은리 사오랑마을에서 산골마을인 산막이마을까지 연결됐던 총 길이 7km의 옛길로 이곳을 복원하여 산책로로 만들었다. 대부분의 구간을 친환경 공법으로 만들어 환경 훼손을 최소화했고 괴산댐 호수와도 잘 어우러진다.
　특히 산막이옛길의 랜드마크인 연하협구름다리는 유일하게 달천을 걸어서 건널 수 있다. 충청도양반길과 속리산국립공원은 갈은구곡으로 이어진다.
　산과 강이 아름다운 괴산을 제대로 느끼려면 이곳 산막이옛길을 추천한다. 여기에 코스를 연장하여 이름도 재미있는 충청

도양반길을 만날 수도 있으니 산과 물, 초록 숲이 어우러지는 괴산의 풍경을 보며 걷고 싶은 날 추천한다.

TIP
- 유람선이 있으니 코스 중 산막이옛길주차장에서 연하협구름다리까지 체력에 맞춰 걷고 돌아가는 여정은 유람선을 이용해 보자.
- 유람선 선착장 위치는 차돌바위선착장(주차장 부근)-산막이선착장-갈론 도선장(연하협구름다리 근처) 코스가 있으며, 이용요금은 5,000~8,000원 정도로 업체별로 다양하다. 운영사에 따라 신분증 확인이 필요하다.
- 연하협구름다리주차장을 이용한다면 가는 길이 좁으니 운전에 주의하자.
- 등산으로 등잔봉을 지나 한반도전망대로 가면 괴산의 한반도 지형을 볼 수 있다.
- 주말이면 산막이옛길 입구에는 농장에서 직접 운영하는 로컬푸드 직매장이 들어서니 이곳에서 당일 수확한 괴산의 신선한 농산물을 구매해 보는 것도 좋다.
- 산책코스(7km, 편도 2시간 30분 소요)로는 산막이옛길주차장-산막이 나루-삼신바위-연하협구름다리-굴바위나루-원앙섬-신랑바위를 추천한다

등산 코스
- 1코스(4.4km, 3시간 소요) : 노루샘 출발(산막이옛길주차장)-등잔봉(0.9km)-한반도전망대(1.1km)-천장봉(0.2km)-산막이마을(2.2km)
- 2코스(2.9km, 2시간 소요) : 노루샘 출발(산막이옛길주차장)-등잔봉(0.9km)-한반도전망대(1.1km)-진달래동산(0.9km)

주변 볼거리·먹거리

괴산자연드림파크
치유와 힐링을 위해 청정지역 괴산에 자연드림파크가 조성되었다. 치유센터와 자연드림의원도 있으며 아이들의 체험공간, 극장, 운동시설 그리고 숙박시설까지 다양하다. Non GMO 곡물을 먹인 돈육 한우를 맛볼 수 있는 '고기가가야할길', 우리밀면과 자연드림 춘장으로 만든 짜장면을 맛보는 중식당 '괴짜루', 엄선한 자연드림한우뼈를 이용한 '우당탕식당', 건강한 식사를 할 수 있는 '자연드림식탁' 등 다양한 식당이 있으며 조합원은 할인 혜택이 있다.

Ⓐ 충청북도 괴산군 칠성면 자연드림길 240 Ⓞ 11:30~21:00(브레이크 타임 15:00~16:00)/매주 월요일 휴무(괴짜루 기준) Ⓣ 043-760-4304 Ⓜ 안심짜장면 7,000원, 뷔페식(자연드림식탁) 12,000원, 뼈해장국(우당탕식당) 10,000원, 한돈삼겹살 14,000원(고기가가야할길)

SPOT 3

미래의 농촌과 카페가 만난다면
룰스퀘어

주소 충청북도 진천군 이월면 진광로 928-27 · **가는 법** 진천종합터미널에서 버스 500번 승차 → 갑을아파트 하차 → 도보 5분(330m) · **운영시간** 10:00~20:00/매주 일요일 휴무, 하절기(5~8월) 월요일 15:000까지 영업 · **입장료** 10,000원(식음료 쿠폰 포함, 카페 이용 시 음료 한 잔 무료, 키친 이용 시 8,000원 할인, 네이버 사전 예매 시 2,000원 할인) · **주차** 가능 · **대표메뉴** 아메리카노 5,500원, 민트라테 6,000원, 흑임자쌀롤케이크(조각) 6,800원

　미래 농촌문화복합공간이라는 낯선 단어가 잘 어울리는 곳이다. 이곳에서는 스마트팜 쇼룸, 식당, 베이커리 그리고 멋진 실내외 조경을 만날 수 있다. 이런 곳에 카페가 있다니 싶은 장소에 위치한 멋진 건물에 한번 놀라고 농업이라는 테마를 카페와 식당에 잘 적용했다는데 다시 한 번 놀라게 된다.

　아쿠아포닉스라는 농업기법과 ICT를 적용해 친환경 농장을 구축하고 있는 기업 만나CEA에서 만든 공간으로 미래의 농촌 모습을 보면서 커피와 식사를 할 수 있다. 실제 전시 공간이었던 무인양품의 아트디렉터 하라켄야가 직접 디자인한 무지하우스는 하우스비전 전시 이후 숙박시설로 활용되고 있다.

　직접 생산한 허브와 채소로 바로 요리하는 프렌치이탈리아 식당 '100퍼센트키친'은 생산과 소비가 동시에 이루어지는 이상적인 식당이라 할 수 있다. 실제 상시 오픈 중인 스마트팜 연구실에서 카페와 레스토랑에서 사용되는 채소와 허브들을 만날 수 있다.

주변 볼거리·먹거리

미잠미과 밥맛 좋기로 유명한 진천 쌀로 만든 빵을 판매한다. 쌀의 생산부터 도정, 제분, 제빵까지 전 과정에 참여하며, 밀가루와 방부제, 합성색소 걱정 없이 맛볼 수 있는 빵이다. 밀가루가 불편해 속이 편한 빵을 찾는다면 추천한다. 택배로도 구매 가능하다.

Ⓐ 충청북도 진천군 이월면 미리실길 125 Ⓣ 0507-1315-8183 Ⓜ 쌀단팥빵 1,800원, 쌀소보로 1,800원, 쌀소금빵 1,800원 Ⓗ http://www.mijam.co.kr/

추천 코스 광덕에서 힐링의 시간

1 COURSE 광덕사 — 도보 1분 → **2 COURSE** 광덕산 — 자동차 5분 → **3 COURSE** 화진담

주소	충청남도 천안시 동남구 광덕면 광덕사길 26
전화번호	041-567-0050
가는 법	천안종합버스터미널에서 버스 601번, 603번 승차 → 광덕사 하차

광덕산 자락에 위치한 광덕사는 신라 27대 선덕여왕 때 자장율사가 창건하고 진산대사가 중건한 절이다. 광덕사 입구에 있는 400년이 넘은 호두나무는 천연기념물로 지정되었으며 바로 우리나라 최초로 심은 호두나무다. 그래서 이곳이 바로 호두나무 첫 재배지로 알려져 있다.

주소 등산코스	충청남도 천안시 동남구 광덕면 광덕사 - 팔각정 쉼터 - 정상 - 장군바위 - 김부용묘 - 광덕사/총 산행거리 6km, 소요시간 3시간

천안과 아산의 경계에 위치한 광덕산은 699.3m의 산이지만 가파른 등산로로 이곳을 오르면 충청남도 대부분의 산을 오를 수 있다고 말할 정도다. 블랙야크 100대 명산 인증 장소라 인증을 위해 많은 이들이 찾는 곳이기도 하다. 시원한 나무 그늘 길을 따라 등산로를 오를 수 있다. 정상 조망이 답답해 아쉽다면 정상에서 산악구조대 초소 옆으로 난 길을 따라 편도 0.8km를 더 가면 석류봉의 멋진 전망도 볼 수 있다.

주소	충청남도 천안시 동남구 광덕면 보산원2길 30-4
운영시간	11:00~20:00(19:15 라스트 오더)
전화번호	0507-1335-7676
대표메뉴	볼빨간사과에이드 7,500원, 호두마을크림커피 7,500원, 아메리카노 5,800원

광덕양조장을 개조해 만든 카페다. 광덕양조장으로 운영되던 카페를 2022년 4월 새롭게 리모델링하면서 화진담으로 이름을 바꾸었다. 넓은 실내 공간에 높은 천장 덕분에 답답하지 않게 실내에서 커피 한잔 할 수 있으며 야외는 동남아시아 감성이라 마치 멀리 여행을 떠나온 듯한 기분을 낼 수 있다.

8월의 충청도
77번 도로 따라 서해를 즐겨보자

동해에 7번 국도가 있다면 서해에는 77번 국도가 있다. 파주에서 시작해 부산까지 해안선을 따라 이어진 도로로 한반도의 서해안과 남해안을 L자 형태로 잇는 대한민국에서 가장 긴 국도다. 2021년 보령해저터널의 개통으로 보령에서 태안으로 가는 77번 국도가 연결되었다. 여름 휴가철이 되면 더욱 인기를 끄는 도로가 바로 77번 국도다. 서해의 대표 대천해수욕장과 섬이지만 해저터널과 원산 안면대교 덕분에 더 이상 섬이 아닌 원산도, 그리고 남북으로 길게 뻗어 태안까지 다양한 매력의 서해를 77번 국도를 달리며 만나보자. 밀물에는 동해처럼 맑은 바다도 볼 수 있고 밀가루만큼 부드러운 모래사장을 걸으며 여름휴가를 보낼 수 있다.

2박 3일 코스 한눈에 보기

첫째 날
1. 14:00 대천역
   → 버스 100번, 101번 → 대천역 승차 시민탑광장 하차
2. 16:30 대천해수욕장 297p
3. 숙소

둘째 날
2. 09:00 대천해수욕장
   → 버스 102번 → 신흑8동, 시영아파트 승차 원산도출장소 하차
3. 09:40 원산창고 263p
   → 택시
4. 11:30 오봉산해수욕장 259p
   → 도보
5. 12:00 베이그릴121 263p
   → 택시
6. 14:00 영목항 263p
   → 버스 520번 → 고남2리영목항 승차 딴뚝사거리 하차

셋째 날
3. 10:00 파도리해수욕장 264p
4. 14:00 인생버거·해피준 카페 265p
5. 16:00 꽃지해수욕장 260p
   → 버스 946번 → 파도2리 파도리해수욕장 승차 태안공영버스터미널 하차
6. 16:30 태안공영버스터미널

대천해수욕장
원산창고

오불산해수욕장

베이크룸121

영목항

꽃지해수욕장

파도리해수욕장
인생버거
해피준 카페

무더위가 한풀 꺾이고 어디론가 떠나고 싶은 계절이다. 시원하고 무더위를 피할 수 있는 여름 여행과 달리 이제는 예쁘게, 멋지게 차려입고 여행지에서 사진을 남기고 싶다. 그럴 때 찾아갈 수 있는 충청도의 인생 사진 명소는 꽤 다양하다. 연미산자연미술공원에서 미술 작품들과 남기는 인생 사진, 해바라기 등 다양한 꽃과 함께 미르섬에서 남기는 인생 사진, 유럽의 오랜 성에서 남기는 인생 사진, 이국적인 팜파스와 함께 찍은 인생 사진 등 무궁무진하다. SNS 프로필 사진 바꿀 때가 됐다면 충청도로 떠나보자.

9월의 충청도

프로필 사진 바꾸려면
충청도로

9월 첫째 주

야경으로 더위를 식혀요

35 week

SPOT 1

대전의 야경을 제대로 즐기는
식장산전망대

주소 대전광역시 동구 낭월동 산2-1 · **가는 법** 대전역 중앙시장에서 버스 611번 승차 → 임도를 따라 도보 4km 또는 자동차로 식장산해돋이전망대까지 이동

식장산은 대전 동남쪽에 있으며 해발 623m로 대전에서 가장 크고 넓은 산이다. 대전을 한눈에 내려다볼 수 있는 전망대가 있을 뿐만 아니라 차로 쉽게 올라갈 수 있어 더 매력적이다. 이곳은 일출 일몰 야경이 모두 가능한 곳이다. 특히나 여름 무더위를 피해 야경을 보기 좋은 곳이다.

정상에 있는 전망대 앞에는 쉼터 날망채가 있다. 2021년 대전 동구의 시민제안 공모사업으로 선정되어 조성되었으며 이름 또한 주민 공모로 산마루, 언덕 위를 뜻하는 충청도 사투리 '날망'에 구분된 건물 단위 '채'를 더해 '날망채'로 지었다.

한옥 전망대 식장루에 올라서서 전망이나 야경을 봐도 좋고 전망대에서 조금 더 올라가 헬기장에서 일몰과 야경을 봐도 좋다.

주변 볼거리·먹거리

원미면옥 1953년 문을 연 오랜 역사를 가진 냉면전문점이다. 맑고 깔끔한 맛의 닭 육수를 베이스로 한 황해도식 냉면이다. 1953년에는 진짜 이런 맛이었을 것이라는 생각이 드는 그런 미지근한 냉면이다. 그래서 시원하고 자극적인 맛을 좋아하는 젊은이들에게는 호불호가 강할 수 있지만 가성비 최고의 노포 맛집으로 추천한다.

Ⓐ 대전광역시 동구 옥천로 421 Ⓞ 10:30~20:30/매월 첫째, 셋째 주 화요일 휴무 Ⓣ 042-286-7883 Ⓜ 물냉면 8,000원, 비빔냉면 9,000원, 냉면 곱빼기 9,000원, 온면 8,000원, 왕만두 6,000원

카페모리 대전 유일의 사이폰 커피 전문점이다. 카페 곳곳에 바리스타가 각종 대회에서 받은 상장이 있다. 다양한 원두를 선택할 수 있으니 본인 취향에 맞는 원두를 골라 사이폰 커피를 마셔보자.

Ⓐ 대전광역시 동구 세천공원로 16 Ⓣ 042-284-2334 Ⓜ 사이폰 커피 6,500원, 아메리카노 4,800원

TIP
- 산 아래 주차장이 4군데 있으나 전망대 입구까지 자동차가 올라갈 수 있고 식장산 전망대 마지막 주차장(정상까지 500m 거리)까지도 자동차로 이동할 수 있다.
- 자동차로 오를 수 있는 4km 구간은 도로 포장이 잘되어 있으나 교행이 간신히 되는 곳이라 반대편에서 자동차가 오는지 확인하며 운전해야 하기에 초보 운전자들에게는 추천하지 않는다.
- 날씨 상황에 따라 산 아래 주차장 입구에서 차단기로 통제할 수 있다.
- 전망대 위쪽에 있는 헬기장은 전망대처럼 유리벽이 없어 인물 사진을 찍기 좋다.

SPOT 2

살아있는 생태교육은 이곳에서
국립생태원

주소 충청남도 서천군 마서면 금강로 1210 · **가는 법** 서천역에서 새마을호 또는 무궁화호 기차 탑승 → 장항역 하차 → 도보 12분(800m) · **운영시간** 동절기(11~2월) 09:30~17:00/1시간 전 입장 마감/매주 월요일 휴관 · **입장료** 성인 5,000원, 청소년 3,000원, 초등학생 2,000원(서천군민, 다자녀 카드 소지자 무료, 그린카드 소지자 30% 할인) · **홈페이지** https://www.nie.re.kr

교과서에서만 배워 어렵게 느낄 수 있는 생태계 이야기를 눈으로 직접 보며 쉽게 알 수 있는 곳이 바로 이곳 국립생태원이다. 4,500여 종의 동식물을 이곳에서 만날 수 있다.

세계 5대 기후를 재현해 열대관, 사막관, 지중해관, 온대관, 극지관에서 각각 기후대별 어류, 파충류, 양서류, 조류 등 2,400여 종의 동식물이 살아 숨 쉬고 있어 대륙여행을 하는 기분이다. 기후대별 생태 차이를 눈으로 직접 보고 느낄 수 있어 아이들에게 어렵게 사막기후, 지중해기후에 관해 설명할 필요가 없다. 그래도 조금 더 전문적인 설명을 들으며 돌아보고 싶다면 생태해설 프로그램을 적극적으로 활용해 보자.

야외놀이터, 도시락을 먹을 수 있는 하다람 쉼터도 있어 야외 활동을 좋아하는 아이들과 함께 소풍을 나오기 좋은 곳이다.

TIP
- 그린카드 소지자는 입장료가 30% 할인되니 무료 발급 가능한 그린카드를 미리 준비하자.
- 3개월 내 발권한 유료 입장권을 소지하고 재방문 시 30% 할인되니 다시 갈 계획이 있다면 버리지 말고 입장권을 보관해 두자.
- 넓은 곳이니 무료로 이용할 수 있는 전기차를 잘 이용해 보자.
- 다양한 생태해설 프로그램이 준비되어 있으니 홈페이지에서 살펴보고 방문 이틀 전까지 미리 신청해 보자.

주변 볼거리·먹거리

장항도시탐험역 장항역은 한때 최고의 물류 기지였지만 시대의 흐름에 따라 쇠락의 길을 걷게 되었다. 그러나 '장항화물역 리모델링 및 공생발전 거점조성사업'을 통해 2019년 '장항도시탐험역'이라는 이름의 문화관광플랫폼으로 재탄생하였다. 이곳에는 장항의 역사를 볼 수 있는 '장항이야기뮤지엄', 어린이를 위한 '어린이시공간', 여행자와 주민에게 휴식과 정보를 제공하는 '도시탐험카페' 등이 있다.

Ⓐ 충청남도 서천군 장항읍 장항로 161번길 27 Ⓞ 10:00~19:00/매주 월요일 휴무 Ⓣ 041-956-2277

원조 큰길휴게소 김밥을 바로 말아 튀기는 튀김김밥으로 유명하다. 김말이 가격이 한 개에 3,000원이라 어떨까 궁금했는데 직접 만들어 다른 곳에서는 맛볼 수 없는 김말이이니 추천한다. 튀김김밥과 떡볶이의 궁합이 좋으니 꼭 같이 주문해 먹어보자. 재료가 소진되면 일찍 마감할 수 있으니 전화 후 방문하는 것이 좋다. 매장 내 식사는 7시까지 가능하다.

Ⓐ 충청남도 서천군 장항읍 장항로 174 Ⓞ 11:00~19:30/매주 일요일 휴무 Ⓣ 041-956-0657 Ⓜ 튀김김밥 4,000원, 김말이(1개) 3,000원, 2개 5,500원, 일반김밥 3,000원, 떡볶이 4,000원

SPOT 3

80년 역사를 품은 양조장

목도양조장

주소 충청북도 괴산군 불정면 목도로2길 10 · **가는 법** 괴산시외버스터미널에서 버스 105-6번 승차 → 목도공동정류장 하차 → 도보 342m(5분 소요) · **운영시간** 금~일요일 09:00~18:00(주중 무인판매) · **전화번호** 043-833-7010 · **대표메뉴** 생막걸리 3,000원, 맑은술 17,000원 · **페이지** https://www.instagram.com/mokdoju/

　1920년 일본 양조업자 부자가 괴산군에 세운 근대공장으로 시작했다. 그곳을 1937년 괴산군 16개 양조장을 통합한 괴산주조주식회사 유기옥 대표가 인수하여 오늘날에 이르렀다. 시작을 1920년으로 본다면 100년이 훌쩍 넘은 양조장이고 1937년으로 본다면 80년이 넘은 양조장이 된다.

　물맛 좋은 괴산의 양조장이기에 술맛도 좋은데 특히나 이곳은 여전히 누룩을 사용해 옛날 방식을 고스란히 지키면서 술을 빚고 있다. 오랜 세월의 양조장답게 1965년에 만들어진 나무현판이 있다. 양조장 건너편에는 따로 옛 물건들을 모아 둔 전시장 겸 시음장이 있으니 둘러보는 것도 좋고 막거리를 구매할 수도 있다.

주변 볼거리·먹거리

목도강수욕장 목도강은 소금, 젓갈 등 생활필수품과 괴산의 특산품인 고추, 담배 등을 물물교환하던 목도나루터가 있던 곳이다. 그곳에 지금은 강수욕장이 생겨 차박과 캠핑의 인기 명소로 거듭나고 있다. 2011년 시작된 목도강수욕장은 목도 관광 활성화를 위해 괴산군에서 지속해서 시설을 확충하고 있다.

Ⓐ 충청북도 괴산군 불정면 목도리 864-19

추천 코스 논산 즐기기

1 COURSE
김홍신문학관

🚗 자동차 6분

2 COURSE
관촉사 은진미륵

🚗 자동차 11분

3 COURSE
탑정호와 출렁다리

주소	충청남도 논산시 중앙로 146-23
운영시간	09:00~17:00/매주 월요일 휴무
전화번호	041-733-2018
홈페이지	http://www.kimhongshin.com/
가는 법	논산 시외버스터미널에서 버스 802-1번 승차 → 내동2지구 하차 → 도보 9분(553m)

대한민국 최초의 밀리언셀러 김홍신 작가의 공간을 담은 곳으로 그의 저서와 집필 공간 등을 살펴볼 수 있다. 단순히 책 전시가 아니라 작품 전시, 공연 등이 열려 문화 교류의 장이기도 하다. 이곳 1층에 있는 카페는 커피 맛이 좋아 조용히 커피 한잔 하고 문학관을 돌아보기 좋다.

주소	충청남도 논산시 관촉로1번길 25
운영시간	08:00~20:00
전화번호	041-736-5700
입장료	어른 2,000원, 청소년 1,500원, 어린이 1,000원

반야산 자락에 자리 잡은 관촉사는 인자한 미소의 은진미륵으로 유명하다. 논산의 대표 여행지인 관촉사의 은진미륵은 높이 18m로 우리나라 최대 석불이며 석조불상으로는 동양 최대다. 그 가치를 인정받아 2018년 국보 제233호로 승격되었다. 4월 초 벚꽃이 필 때면 관촉사 일주문부터 벚꽃터널이 만들어진다.

주소	충청남도 논산시 부적면 신풍리 769
전화번호	041-746-6645
입장료	어른 3,000원, 어린이·청소년 2,000원/어른은 2,000원, 청소년과 어린이는 1,000원 지역화폐로 환급

탑정호는 충청남도에서 두 번째로 큰 호수로 논산의 4개 면에 걸쳐 있다. 바다처럼 넓은 호수를 볼 수 있는 이곳에 출렁다리가 생기면서 볼거리, 즐길 거리가 늘어나고 있다. 저녁에는 화려한 조명과 함께 펼쳐지는 미디어 파사드 음악분수쇼가 일품이다.

9월 둘째 주

인생 사진 찍으러 떠나는 공주

36 week

SPOT 1

자연 미술 작품과 인생 사진

연미산 자연미술공원

주소 충청남도 공주시 우성면 연미산고개길 98 · **가는 법** 공주종합버스터미널에서 버스 741번, 760번 승차 → 연미산 하차 · **운영시간** 10:00~18:00(17:00) 입장 마감)/매주 월요일 휴관 · **입장료** 성인 5,000원, 청소년 3,000원, 공주시민 무료 · **전화번호** 041-853-8828 · **홈페이지** http://www.natureartbiennale.org/

　연미산 자락에 자리 잡은 이곳은 자연 속에 미술 작품들이 있는 곳이다. 2006년부터 시작된 금강자연미술비엔날레의 작품들이 전시가 끝난 후에도 자연스럽게 이곳과 쌍신공원 곳곳에 남아 있다. 매년 달라지는 주제 덕에 다양한 작품들이 연미산을 채우고 있다. 비가 오면 비와 함께, 단풍이 들면 단풍과 함께하는 것이 바로 이곳의 자연 미술 작품이다.

　공주의 설화와 관계 깊은 곰 조형물이 곳곳에 보인다. 몇 해 전 '숲속 은신처'라는 주제로 전시를 해 다양한 형태의 오두막, 집들이 보인다. 오두막, 곰 조형물 등 작품들과 사진을 찍으면

인생 사진이 탄생하는 곳이니만큼 이곳은 인생 사진 맛집으로 통한다.

TIP
- 산길을 따라 걸어야 하니 발이 편한 신발을 추천한다.
- 동절기인 12월부터 2월까지는 운영하지 않는다.

주변 볼거리·먹거리

연미산 연미산자연미술공원 반대편 등산로를 따라 800m 정도 오르면 금강을 한눈에 내려다볼 수 있는 연미산 정상이 나온다. 정상에는 데크가 있어 편하게 정상 전망을 즐길 수 있다. 짧은 등산으로 일출을 볼 수 있어 추천한다.

Ⓐ 충청남도 공주시 우성면 신웅리

SPOT 2

사계절 화려한 꽃과 함께
인생 사진 한 컷

미르섬

주소 충청남도 공주시 금벽로 368 · 가는 법 공주종합버스터미널 → 도보 10분 · 운영시간 24시간 이용 · 전화번호 041-840-8556

공산성 너머 금강변에 자리 잡은 미르섬은 두 달에 한 번 정도 정기적으로 방문하게 되는 곳이다. 계절별로 다른 꽃들이 잘 관리되고 있기 때문이다. 이른 봄 유채꽃부터 수레국화, 양귀비, 코끼리 마늘꽃, 해바라기, 코스모스, 그리고 가을 핑크뮬리에서 댑사리까지 다양한 꽃을 만날 수 있다.

10년 전까지만 해도 이곳은 이름 없는 섬이었지만 '용'의 순우리말인 '미르'라는 이름을 붙여주었다. 공산성 앞에 자리 잡고 있어 야간에 조명이 켜지면 마치 용의 형상과 같다는 데서 영감을 얻어 미르섬이라 부르게 되었다.

매년 9월 또는 10월에 백제문화제가 미르섬과 공산성 일대에서 열리며 그 기간에는 미르섬에서 공산성까지 다리가 만들어져 금강을 바로 건너갈 수 있다. 또한 금강에는 돛단배와 연등을 설치해 화려한 야경을 볼 수 있다.

TIP
- 금강신관공원주차장에 주차하고 5분 정도 걸으면 도착한다.
- 그늘이 없어 모자와 양산은 필수다.
- 금강을 따라 동쪽과 서쪽 모두 탁 트여 있어 일출과 일몰 모두를 볼 수 있다.
- 매년 인기 있는 꽃을 심어 볼거리가 달라질 수 있으며 매월 꽃이 개화하는 시기가 다르니 아래의 내용을 참고하자.
    - 12~2월 : 설경
    - 4~5월 : 유채꽃, 양귀비, 수레국화
    - 6월 : 코끼리 마늘꽃
    - 7~8월 : 해바라기
    - 9~10월 : 코스모스, 해바라기, 핑크뮬리, 수크령

주변 볼거리·먹거리

로컬커피 1943년에 지어진 구옥을 카페로 개조했다. 항아리에 들어간 밤 크림브릴레를 추천한다. 10월 말 입구에 있는 은행나무가 물들어갈 때 은행나무와 한옥이 어우러진 풍경이 아름답다.

Ⓐ 충청남도 공주시 용당길 55-7 Ⓞ 12:00~21:00/매주 월요일 휴무 Ⓣ 0507-1331-4707 Ⓜ 아메리카노 4,000원, 밤 크림브릴레 6,000원

SPOT 3

복어가 통째로 들어있는
태평식당

주소 충청남도 논산시 강경읍 옥녀봉로35번길 9 · 가는 법 강경역 → 도보 20분 · 운영시간 11:00~20:00 · 전화번호 041-745-0098 · 대표메뉴 복탕 15,000원, 우어회 (中) 40,000원

된장과 고춧가루를 넣은 얼큰한 국물에 복어 반 마리가 통째로 들어가 있는 복어탕이다. 미나리를 넉넉히 넣고 복어는 적당히 말려서 끓인 것이라 살이 쫄깃하다.

금강으로 올라오는 황복을 잡아 복어탕을 만들어 팔기 시작하면서 강경에는 복어탕을 판매하는 식당이 유난히 많다. 현재는 연안에서 올라오는 황복이 줄어들어 일반 복어를 사용한다.

주변 볼거리·먹거리

강경산소금문학관 지하 1층, 지상 2층 규모의 건물에 강경의 역사와 문화를 전시한 공간, 박범신 작가의 작품 세계를 엿볼 수 있는 저서와 작가의 서재, 논산 지역 작가의 전시와 체험 공방 등이 마련되어 있다. 옥녀봉 아래에 위치해 아름다운 일몰을 보기 좋다. 언덕길을 따라가다 보면 소설 〈소금〉의 배경이 된 집이 나온다.
ⓐ 충청남도 논산시 강경읍 강경포구길 38
ⓞ 09:00~18:00/매주 수요일 휴관

추천 코스 자연을 만나는 곳 대천

1 COURSE 보령무궁화수목원
🚗 자동차 10분

2 COURSE 옥마산전망대
🚗 자동차 25분

3 COURSE 대천해수욕장

주소 충청남도 보령시 성주면 성주산로 318-57
전화번호 041-931-6092
운영시간 하절기 09:00~18:00, 동절기 09:00~17:00/매주 월요일·공휴일 휴무

성주산 자락에 위치한 보령무궁화수목원에는 무궁화뿐만 아니라 다양한 식물들을 볼 수 있다. 여름에는 시원한 편백나무숲에서 산림욕을 즐기기도 좋고 2020년 조성된 스카이워크에서 보령무궁화수목원 전망을 즐겨도 좋다.

주소 충청남도 보령시 성주면 개화리 114-22

해발 601m 옥마산에 전망대가 생겨 보령과 서해 바다를 한눈에 내려다볼 수 있다. 자동차로 편하게 접근할 수 있어 더욱 좋은 이곳에는 패러글라이딩 활공장도 있어 바람이 좋은 날 낮에는 패러글라이딩을 즐기는 이들을 볼 수 있다. 가을에는 황금 들판과 바다를 한눈에 담을 수 있으며 일몰과 야경도 볼 수 있다.

주소 충청남도 보령시 신흑동
전화번호 041-933-7051
홈페이지 http://daecheonbeach.kr/

보령에 있는 충청남도 대표 해수욕장으로 8km의 긴 해안이 이어진다. 한여름에는 전 세계인들의 축제인 머드축제가 열리는 보령의 최고 명소다.

9월 셋째 주

초 록 빛 가 득 한 여 행

37 week

SPOT 1

대청호를 품은 천상의 정원

수생 식물학습원

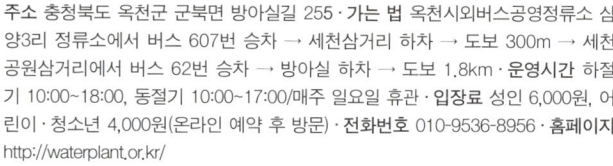

주소 충청북도 옥천군 군북면 방아실길 255 · **가는 법** 옥천시외버스공영정류소 삼양3리 정류소에서 버스 607번 승차 → 세천삼거리 하차 → 도보 300m → 세천공원삼거리에서 버스 62번 승차 → 방아실 하차 → 도보 1.8km · **운영시간** 하절기 10:00~18:00, 동절기 10:00~17:00/매주 일요일 휴관 · **입장료** 성인 6,000원, 어린이·청소년 4,000원(온라인 예약 후 방문) · **전화번호** 010-9536-8956 · **홈페이지** http://waterplant.or.kr

아주 오래전 바다였던 이곳은 검은 암석이 인상적이다. 바다의 흔적인 변성퇴적암과 대청호수에 둘러싸인 이곳은 100만 평 호수 정원 위에 자리 잡은 천상의 정원이다. 검은 벽돌로 만들어진 건물들이 마치 유럽의 고성(old castle) 같이 이국적인 명소로 인기를 끌고 있다. 이곳의 영어 이름이 Aquatic Botanic Gardens인데 어쩌면 수생식물학습원이라기보다는 영어 이름이 더 잘 어울리는 것도 풍경 덕분이다. 이국적인 풍경을 보러 이곳을 방문했다가 대청호를 품은 이곳의 자연 풍경을 보고 반하게 된다.

TIP

- 매일 제한된 인원만 방문 가능하다. 미예약 시 방문 불가하니 최소 방문 하루 전 인터넷이나 전화예약은 필수다. 토요일은 예약 마감되는 경우가 많으니 토요일 방문 예정이라면 꼭 미리 예약하자.
- 여름에는 덥고 모기가 있을 수 있으니 주의하자.
- 언덕길을 오르내리고 걷는 구간이 많으므로 짐은 적게, 신발은 편한 것으로 준비하자.
- 전체를 돌아보는데 1시간 반 이상 소요되니 여유롭게 시간 계획을 잡자.
- 전망대는 안전의 이유로 닫혀있는 경우가 많으며 세상에서 가장 작은 교회도 놓치지 말자.
- 호수 위에 Cafe The Lake가 있어 커피 마시며 풍경을 즐길 수도 있다.

주변 볼거리·먹거리

옥천성당 충청북도에서 유일하게 남아 있는 1940년대의 천주교 성당이다. 보기 드문 하늘색 성당 모습에 여행자들의 발길이 멈춘다. 국가 등록문화재 제7호다.

Ⓐ 충청북도 옥천군 옥천읍 중앙로 91 Ⓣ 043-731-9981

SPOT 2

가을에 만나는 하얀 눈꽃 세상

추정리메밀꽃

주소 충청북도 청주시 낭성면 추정리 339-2 · **가는 법** 청주고속버스터미널에서 버스 502번 승차 → 영운동행정복지센터에서 버스 211번, 211-1번, 211-2번 환승 → 추정리 오봉산골 하차 → 도보 800m

언덕을 따라 새하얀 메밀꽃 물결을 볼 수 있는 곳이다. 몇 해 전 이곳은 개인이 양봉을 위해 봄에는 유채, 가을에는 메밀을 심었던 곳이다. 사유지인 이곳을 일반인들에게 무료로 개방하면서 이제는 양봉과 함께 꽃구경을 위한 여행지로 자리 잡아가고 있다. 비탈진 언덕을 따라 2만 2,148㎡의 대규모 메밀꽃밭이 조성되어 있고 9월 중순 꽃이 피기 시작해 9월 말이면 만개한 꽃을 볼 수 있다. 천천히 언덕길을 걸으며 메밀꽃을 구경하고 이 가을 새하얀 눈꽃을 만나보자.

주변 볼거리·먹거리

강촌곤드레 곤드레밥 전문점이다. 주문하면 그때그때 지은 곤드레밥이 나온다. 시골 된장찌개를 넣거나 양념간장에 비벼 김에 싸먹으면 맛있다. 더덕구이까지 나오는 정식을 추천한다. 마지막에 나오는 누룽지도 놓치지 말자.

ⓐ 충청북도 청주시 상당구 가덕면 단재로 1414 ⓞ 11:00~20:00 ⓣ 043-287-7724 ⓜ 곤드레정식 11,000원, 곤드레밥 8,000원, 닭도리탕(예약) 45,000원

고은당 고은당 별당이 있는 한옥카페다. 잘 가꾼 넓은 정원으로 가을이면 차 한잔하며 황금 들판을 내려다볼 수 있다.

ⓐ 충청북도 청주시 상당구 문의면 남계2길 35-11 ⓞ 11:00~21:00 ⓣ 043-293-8436 ⓜ 드립커피 5,500원, 쑥라테 7,000원, 수제약과 5,000원 ⓗ https://www.instagram.com/cafe_goeundang/

TIP
- 안전과 혼잡의 이유로 주말에는 1.5km 전에 주차하고 걸어야 할 수도 있다.
- 언덕길을 걸어야 하니 발이 편하고 보호할 수 있는 안전한 신발을 준비하자.
- 사람들이 많이 찾는 시기에는 음료를 마실 수 있는 임시 카페가 들어서기도 한다.
- 산에 있어 오후 3~4시가 되면 해가 지니 이른 방문을 추천한다.

SPOT 3

돌담 안 역사를 품은 곳
해미읍성

주소 충청남도 서산시 해미면 읍내리 179 · **가는 법** 서산공용버스터미널 버스 510번 승차 → 해미시내버스승강장 하차 → 도보 8분 · **운영시간** 하절기(3~10월) 05:00~21:00, 동절기(11~2월) 06:0~190(문화재해설 10:00~17:00) · **전화번호** 0507-1325-8006

지금은 서산 시내에서 떨어진 작은 읍내지만 조선 태종 18년(1418년)부터 효종 때(1650년)까지 약 200년 동안은 충청도 병마절도사가 있던 국방의 요충지였다. 충무공 이순신이 병사 여의 군관으로 부임해 10개월간 근무한 곳이기도 하다.

해미읍성은 우리나라에서 보존이 아주 잘된 성곽 중 하나다. 성벽에는 청주, 공주 등 각 고을명이 새겨져 있다. 축성 당시 고을별로 정해진 구간을 맡도록 함으로써 성벽이 무너질 때 그 구간의 고을이 책임을 지게 한 실명제로 부실 공사를 막을 수 있었던 건 아닐까?

해미읍성의 주 출입로인 진남루를 지나 들어가면 내부에는 동헌, 옥사 등 조선시대의 가옥, 객사 등을 그대로 재현해 두었다.

해미읍성은 천주교 순교성지기도 하다. 1866년 병인양요에 이어진 박해 때는 이곳에 있는 해미영에 끌려와 감옥에 갇히고, 회화나무에 묶여 고문당하고 처형당했다. 2014년 프란치스코 교황의 방문으로 이곳이 더욱 유명한 순교성지가 되었다. 매년 10월에는 해미읍성축제가 열린다.

TIP
- 대형 주차장이 동문(잠양루) 쪽에 있고 무료이다. 주장 쪽에 유명세를 타고 있는 해미호떡이 있다.
- 아이들과 함께라면 국궁체험(3,000원)도 가능하다.
- 현재 성곽 걷기는 금지다.

주변 볼거리·먹거리

해미순교성지 해미천 주변에서 1866년부터 1872년 사이 1,000명 이상의 신자들이 처형당하고 생매장당했다. 이중 132명은 이름과 출신지가 남겨져 있으나 나머지는 무명의 순교자들이다. 대성당은 생매장 구덩이를 상징하는 원형이다. 2014년 이곳을 방문한 프란치스코 교황의 동상도 있다. 교황청은 2021년 해미순교성지를 국제성지로 지정 선포했으며 이는 아시아에서 세 번째다.

Ⓐ 충청남도 서산시 해미면 성지1로 13 Ⓞ 매일 11:00 미사(기타 야외시설은 운영시간 없음) Ⓣ 041-688-3183

SPOT 4

우리나라에도 있다, 미식 투어
가스트로투어

주소 충청북도 제천시 의림동 32-5(제천시외버스터미널 앞 광장 집결지) · **운영시간** 11:00~13:00 · **전화번호** 043-647-2121(4인 이상 예약 시 수시운영, 전화로 사전 예약 필수)

가스트로투어는 배, 위를 뜻하는 이탈리아어와 여행이 합쳐진 미식 여행을 뜻한다. 해외에서만 보던 그런 맛집 투어가 우리나라에도 있다니 놀랍다. 제천의 특성을 살린 유명 맛집을 도보로 이동하며 제천의 맛을 경험할 수 있다. 2시간 정도 소요되며 사전 예약으로 4인 이상일 때 수시로 진행된다.

TIP
- 우천시에도 진행되니 우산 혹은 우비를 준비하자.

코스 안내
- A코스 : 관계의미학-덩실분식-마당갈비-샌드타임-빨간오뎅
- B코스 : 대장금식당-상동막국수-이연순사랑식-빨간오뎅-솔티맥주

주변 볼거리·먹거리

관계의미학 여인숙을 개조해서 만든 카페로 직접 로스팅한 커피를 맛볼 수 있다. 실내 인테리어는 커피에 집중할 수 있는 분위기다.

Ⓐ 충청북도 제천시 숭문로16길 14 Ⓞ 12:00~19:00/매주 화요일 휴무, 마지막주 월~화요일 휴무 Ⓣ 0507-1410-0690 Ⓜ 에스프레소 3,500원, 스팀팩 4,500원, 핸드드립커피 6,000원 Ⓗ https://www.instagram.com/gwangyeuimihak/

덩실분식 제천하면 덩실분식을 떠올릴 정도로 유명한 집이다. 분식점이지만 이름과 달리 찹쌀떡과 도넛을 판매한다. 1965년 문을 연 후 50년이 훌쩍 넘은 노포 맛집이다. 1인당 구매할 수 있는 수량도 제한되어 있고 재료 소진 시 품절이라는 말에서 이곳의 인기를 실감할 수 있다.

Ⓐ 충청북도 제천시 독순로6길 5 Ⓞ 08:30~18:00(재료 소진 시 조기 마감)/매주 일요일 휴무 Ⓣ 043-643-2133 Ⓜ 덩실찹쌀떡(09:00 판매 시작) 1,000원, 덩실팥도넛(10:00 판매 시작) 1,000원, 덩실링도넛(10:00 판매 시작) 1,000원 Ⓗ https://www.instagram.com/gwangyeuimihak/

추천 코스 해미읍성 맛집 투어

1 COURSE 영성각 👣 도보 3분
2 COURSE 해미당 👣 도보 3분
3 COURSE 얄개분식

주소	충청남도 서산시 해미면 남문1로 40-1
운영시간	11:00~19:00/매주 월~화요일 휴무
전화번호	041-688-2047
대표메뉴	유니짜장 6,000원, 짬뽕 8,000원, 탕수육(小) 16,000원
가는 법	서산공용버스터미널에서 버스 510번 승차 → 해미시내 버스승강장 하차 → 도보 8분

짬뽕 맛집으로 유명한 집이다. 진한 짬뽕으로 짬뽕 마니아들이 찾는 곳 중 하나다. 토마토케첩이 들어간 탕수육도 인상적이다.

주소	충청남도 서산시 해미면 남문1로 37-4 호명빌딩 101호
운영시간	11:30~20:00(주말 11:00~20:00)
전화번호	0507-1301-3882
대표메뉴	아메리카노 4,000원, 카페라테 5,000원, 해미읍성모양양갱 2,000원

해미읍성을 한눈에 바라볼 수 있는 전망 좋은 카페다. 좁고 작은 2층 외관이 인상적인데, 테이블은 몇 개 없지만 2층 통유리창에 앉아 한눈에 해미읍성을 보며 커피 한잔 할 수 있다.

주소	충청남도 서산시 해미면 읍성마을4길 24-1
운영시간	11:00~18:00
전화번호	041-688-8327
대표메뉴	떡볶이(2인분) 10,000원

〈응답하라! 1988〉에 나온 추억의 분식집이 바로 해미읍성 앞에 있다. 가게 곳곳에 드라마 출연진들과 유명인들의 방문 사인이 있다. 리노베이션으로 더 이상 TV에서 본 노포의 모습은 아니지만 추억의 떡볶이 맛은 그대로다. 떡볶이를 먹고 국물에 밥을 비벼 먹는 것이 이 집에서는 코스다.

9월 넷째 주

가 을 의 시 작

38 week

SPOT 1

은빛 물결 팜파스그라스와
인생 사진

청산수목원

주소 충청남도 태안군 남면 연꽃길 70 · **가는 법** 태안공영버스터미널에서 버스 701번 승차 → 삼거리 하차 → 도보 15분(1km) · **운영시간** 하절기(6~10월) 08:00~19:00, 봄(4~5월) 09:00~18:00, 동절기(11~3월) 09:00~17:00 · **입장료** 팜파스, 핑크뮬리 시즌(8월 하순~11월) 성인 11,000원, 어린이 · 청소년 8,000원, 유아 6,000원/동절기, 홍시 창포연꽃 시즌 등 시즌별로 요금 상이 · **전화번호** 0507-1324-0656 · **홈페이지** http://www.greenpark.co.kr/gnu

　청산수목원은 연꽃 등 200여 종의 습지식물이 있는 수생식물원, 예술 작품 속 배경과 인물을 만날 수 있는 테마 정원, 600여 종의 나무가 있는 수목원으로 구성되어 있다. 그중 사람들에게 가장 인기가 많은 곳은 팜파스그라스가 있는 곳이다.
　팜파스그라스 덕분에 조금 이르게 가을을 느낄 수 있다. 베이지색의 화려한 꽃을 피우는 팜파스그라스는 서양 억새로도 불린다. 8월 하순부터 피기 시작해 가을이 깊어갈수록 더욱 화려해져 9~10월 화려한 은빛 물결을 만날 수 있다. 억새와 비슷하

지만 그 높이가 2~3m에 이르러 그 속에 들어가 가을 사진을 남겨보자.

TIP
- 팜파스그라스는 줄기가 날카로워 사진 찍을 때 베이지 않도록 주의하자.
- 팜파스그라스는 매표소에서 고갱가든을 지나 출구 가까이에 있다.

주변 볼거리·먹거리

 **몽산포해수욕장** 깨끗한 백사장이 펼쳐지고 넓은 솔밭으로 잘 알려진 바닷가 캠핑 명소다. 물이 빠지면 사막처럼 변하는 바다에서 조개잡이 등의 체험이 가능해 가족 여행자들에게 인기가 좋다. 주변에 천연기념물인 모감주나무 군락이 있다.

Ⓐ 충청남도 태안군 남면 신장리 353-59

SPOT 2

일몰이 아름다운 사찰

부석사

주소 충청남도 서산시 부석면 부석사길 243 · **가는 법** 서산공용버스터미널에서 버스 660번, 661번, 620번 승차 → 부석사 하차 → 도보 2.4km 또는 택시 이용 · **전화번호** 041-662-3824 · **홈페이지** https://jf21.cafe24.com/

서산 도비산 자락에 자리 잡은 천년고찰이다. 부석사의 창건 연대는 신라 문무왕 17년(677년)에 의상대사가 지었으며 그 뒤 무학대사가 중수하였다고 전한다. 임도를 따라 차로 쉽게 갈 수 있으며 경내에서 서해 바다를 한눈에 내려다볼 수 있어 가족 여행자에게도 추천한다.

서해 바다를 조망하고 있으니 일몰 맛집이기도 하다. 주차하고 올라가는 길에 보이는 운거루에서 일몰을 봐도 좋다. 운거루 옆에는 도비산다원이 있어 중간에 들러 차 한잔 하기 좋다.

> [TIP]
> - 부석사 옆 암자 언덕에는 차를 만들기 위해 키우는 구절초가 9월 말에서 10월 초가 되면 가득하다.
> - 부석사에서 700m만 산길을 오르면 도비산 정상에 이를 수 있고 정상에는 해돋이 전망대도 있다.

주변 볼거리·먹거리

카페모월 적송숲에 둘러싸인 숲속 카페다. 3층으로 된 실내에서도 통유리창 덕에 자연을 오롯이 느낄 수 있다. 야외에는 오두막도 있어 아이들과 함께하기도 좋다. 일부 공간은 노키즈존으로 운영된다.

Ⓐ 충청남도 서산시 인지면 관청터길 7-1 Ⓞ 10:00~19:00 Ⓣ 041-663-8905 Ⓜ 아메리카노 4,500원, 백향과에이드 6,500원, 자몽차 6,000원, 케이크 7,000원 Ⓗ https://www.instagram.com/cafe_mowol/

SPOT 3
빵집이 마을로
뚜쥬루 빵돌가마마을

주소 충청남도 천안시 동남구 풍세로 706 · **가는 법** 천안종합버스터미널에서 버스 640번, 650번 승차 → 현대까치아파트 하차 → 도보 100m · **운영시간** 매장 08:00~22:00, 장작가마카페 11:00~20:00, 쌀케이크매장 12:00~18:00/매주 화요일 휴무 · **전화번호** 041-578-0036 · **대표메뉴** 돌가마만쥬 2,200원, 거북이빵 2,300원, 돌가마브레드 9,800원 · **홈페이지** https://toujours.co.kr/

뚜쥬루라는 이름만 들으면 프렌차이즈 빵집의 가짜가 아니냐고 하지만 이곳은 마을까지 이룬 천안의 오래된 빵집이다. 뚜쥬르는 '언제나, 항상 변함없는'이란 뜻의 프랑스어로 안전하고 건강에 좋은 빵을 만들려는 이곳의 철학이 담겨있다. 20년 팥 장인이 매일 아침 팥을 끓이고 천안 밀 등 지역농산물을 이용해 빵을 만든다. 10여 년간 이곳을 방문하면서 감탄하게 되는 곳이다. 성정점에서 시작하여 천안에만 4개의 뚜쥬루가 있으며 이곳 빵돌가마마을이 가장 크다. 동화 속에 들어간 것처럼 귀여운 건물 앞에서 사진은 필수다. 그곳에서는 팥 장인이 팥을 끓이고 있을 수도 있다.

주변 볼거리·먹거리

천안흥타령축제 매년 9월 말이면 천안은 춤의 도시가 된다. 2003년 처음 개최되어 2022년 18회를 맞이하는 천안흥타령축제는 전 세계에서 120만 명의 국내외 사람들이 방문하는 국내 최대 규모의 축제다.

ⓐ 천안종합운동장 및 천안시 일대 ⓗ https://cheonanfestival.com/ko/index.php

추천 코스 유구 한 바퀴

1 COURSE 🚗 자동차 20분
▶ 수리치골성지

2 COURSE 🚶 도보 12분
▶ 유나인버거조인트 유구

3 COURSE
▶ 유구천 핑크뮬리

| 주소 | 충청남도 공주시 신풍면 용수봉갑길 544 |

수리치 나물이 자생하는 골짜기라 해서 수리치골이라 부른다. 천주교 박해 때 천주교 신자들이 숨어 살면서 이곳이 형성되었다. 순례길이 다양하게 있어 종교를 떠나 산책하며 차분하게 돌아보기 좋다. 유구 주민에게 추천받은 숨은 명소다.

주소	충청남도 공주시 유구읍 시장길 25-1 A-2
운영시간	11:00~19:30/매주 일요일 휴무
전화번호	0507-1402-8441
대표메뉴	오리지널치즈버거 6,900원, 유나인디럭스버거 8,900원
홈페이지	https://www.instagram.com/u9burgerjoint/

공주 유구에 있는 수제버거집이다. 이름이 어렵지만 유구의 지명을 생각하면 기억하기 쉽다. 주문과 동시에 패티를 굽기 때문에 미리 전화로 주문하면 빠르게 맛볼 수 있다.

| 주소 | 충청남도 공주시 유구읍 유구리 648-18(유마교 부근) |
| 가는 법 | 유구터미널 → 도보 7분 |

여름철 수국으로 화려했던 유구천은 가을이 되면 핑크뮬리의 분홍빛으로 물든다. 위치는 수국과 달리 유마교 근처다. 억새과는 일출 일몰 빛에 더욱 아름다우니 늦은 오후 방문을 추천한다.

SPECIAL

유네스코가 인정한
백제 역사유적지구

백제의 옛 수도였던 3개 도시에 남아 있는 유적은 이웃한 지역과의 빈번한 교류를 통하여 문화적 전성기를 누렸던 고대 백제 왕국의 후기 시대를 대표한다. 백제는 기원전 18년에 건국되어 660년 멸망할 때까지 700년 동안 존속했던 고대 왕국으로, 한반도에 형성된 초기 삼국 중 하나였다. 백제역사유적지구는 공주시, 부여군, 익산시 3개 지역에 분포된 8개 고고학 유적지로 이루어져 있다.

- 공주 : 웅진성과 관련된 공산성, 공주무령왕릉과 왕릉원
- 부여 : 사비성과 관련된 부소산성, 정림사지, 나성, 부여왕릉원
- 익산 : 왕궁리 유적, 미륵사지

공산성

백제가 웅진에 수도를 두었던 475년부터 부여로 천도하는 538년까지 약 63년간의 왕성으로 웅진성이라 불렸지만 지금은 공산성이다. 공산성은 공주시 금성동과 산성동에 걸쳐 있는 약 20만㎡ 규모의 거대한 산성이다.

Ⓐ 충청남도 공주시 금성동 53-51 Ⓞ 09:00~18:00 Ⓒ 성인 1,500원 Ⓣ 041-856-7700

공주무령왕릉과 왕릉원

공주무령왕릉과 왕릉원은 충청남도 공주시 금성동 송산리에 있는 웅진시대 백제 왕실의 능묘군이며, 백제 왕릉 혹은 무령왕릉이란 이름으로 널리 알려져 있어 2021년부터는 송산리고분군이라는 이름 대신 공주무령왕릉과 왕릉원이라 부른다. 1971년 고분군의 배수로를 정비하는 과정에서 우연히 무령왕릉이 발견되어 고고학적 조사가 이루어졌다.

Ⓐ 충청남도 공주시 웅진동 55 Ⓞ 09:00~18:00 Ⓒ 성인 1,500원 Ⓣ 041-856-3151

관북리유적과 부소산성

왕궁의 시설물로 볼 수 있는 면적 650㎡ 규모의 대형 건물지가 발견되었다. 이 주변에서 출토된 금동제 허리띠로 이곳이 왕의 공간임을 알 수 있다. 부소산성은 백제 사비기 왕궁의 배후산성이다. 평상시에는 왕궁의 후원 역할을 하다가 위급할 때에는 왕궁의 방어시설로 이용되었다. 서쪽으로는 백마강을 끼고 부여의 가장 북쪽에 위치한 표고 106m의 부소산 정상에 축조되었다. 산성 내부에서는 많은 수의 건물지가 발견되었고, 슬픈 전설을 간직한 낙화암도 이 안에 있다.

Ⓐ 충청남도 부여군 부여읍 부소로 31 Ⓒ 어른 2,000원, 청소년 1,100원, 어린이 900원

정림사지

정림사지는 부여의 중심부에 위치하고 있으며, 주변에는 동쪽으로 금성산, 북쪽으로 부소산에 둘러싸여 있다. 사비시대 수도의 가장 중심적인 위치에 있던 사찰이다.

Ⓐ 충청남도 부여군 부여읍 정림로 83 Ⓒ 어른 1,500원, 청소년 900원

부여왕릉원

부여왕릉원은 충남 부여군 능산리 부여나성 바로 밖에 인접해 있다. 백제 왕릉으로 전하는 이 고분군은 동서로 이어지는 해발 121m의 능산리산의 남사면 산록에 위치한다. 좌우로는 야트막한 구릉들이 감싸고 있으며, 고분군 앞으로는 왕포천이라는 개울이 흐르고 있다.

Ⓐ 충청남도 부여군 부여읍 능산리 388-1 Ⓑ 09:00~18:00 Ⓒ 어른 1,000원, 청소년 600원

나성

나성은 수도를 방어하기 위해 구축한 외곽성으로 현재의 부여읍을 감싸며 원상을 잘 간직하고 있다. 부소산성에서 시작하여 도시의 북쪽과 동쪽을 보호하고 있다. 나성은 방어의 기능을 가질 뿐만 아니라 수도의 안과 밖을 구분하는 상징성을 갖고 있다.

Ⓐ 충청남도 부여군 부여읍 능산리 산67 Ⓑ 09:00~18:00 Ⓣ 041-830-2330 Ⓔ 부여왕릉원 입장 시 함께 관람 가능

9월의 충청도
한류의 원조 백제를 만나다

무더운 여름이 끝나고 선선한 바람이 불어오기 시작하면 무더위로 미뤘던 산책이나 여행이 다시 하고 싶어진다. 그러던 차에 전국에서 축제 소식이 들려온다. 그중 공주와 부여의 백제문화제 소식은 그 어떤 곳보다 반갑다. 축제를 위해 도시 곳곳이 단장하며 아름다워지기 때문이다. 백제문화제에 직접 참여하지 않더라도 도시 곳곳을 천천히 돌아보며 찬란한 문화를 꽃피워 이웃 나라에 전파했던 백제문화를 느껴보자. 천년의 역사를 품은 두 도시를 돌아보기에 2박 3일은 짧다.

🚩 2박 3일 코스 한눈에 보기

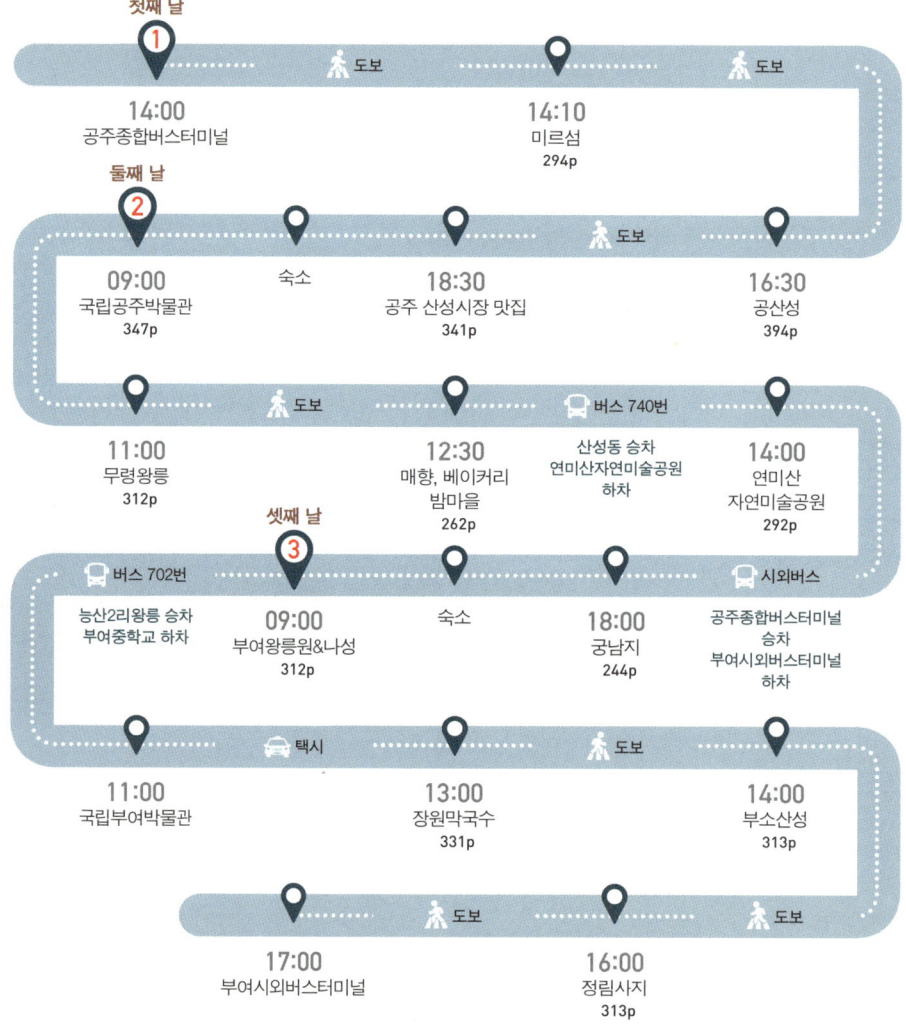

첫째 날
- ① 14:00 공주종합버스터미널
- 도보
- 14:10 미르섬 294p
- 도보
- 16:30 공산성 394p
- 버스 740번 / 산성동 승차 연미산자연미술공원 하차
- 14:00 연미산 자연미술공원 292p
- 12:30 매향, 베이커리 밤마을 262p
- 18:30 공주 산성시장 맛집 341p
- 숙소
- 09:00 국립공주박물관 347p

둘째 날
- ② 09:00 국립공주박물관 347p
- 도보
- 11:00 무령왕릉 312p
- 버스 702번 / 능산2리왕릉 승차 부여중학교 하차

셋째 날
- ③ 09:00 부여왕릉원&나성 312p
- 숙소
- 18:00 궁남지 244p
- 시외버스 / 공주종합버스터미널 승차 부여시외버스터미널 하차
- 11:00 국립부여박물관
- 택시
- 13:00 장원막국수 331p
- 도보
- 14:00 부소산성 313p
- 도보
- 17:00 부여시외버스터미널
- 16:00 정림사지 313p
- 도보

충청도의 들판은 황금빛으로 변신한다. 조금 일찍 일어나 낮은 산을 올라 황금 들판 너머 일출을 즐겨보자. 일교차가 큰 9~10월에는 낮은 산에서도 운해를 볼 수 있어 가까운 동네 뒷산 등산도 추천한다. 그래도 실패 확률을 낮추려면 진악산, 구봉산, 용암사 등 짧은 등산으로 운해 확률이 높은 산을 올라 보자. 발아래 운해가 가득하고 운해가 사라지면서 황금 들판을 보는 것만으로도 마음이 풍요로워진다.

10월의 충청도

넉넉하고 풍성한
가을

10월 첫째 주

붉은 꽃의 유혹

39 week

SPOT 1
충청도에서 피는 꽃무릇
성주산 자연휴양림

주소 충청남도 보령시 성주면 화장골길 57-228 · **가는 법** 보령종합터미널에서 중앙시장으로 도보 800m 이동 → 버스 804번 승차 → 성주8리 하차 → 도보 400m · **입장료** 성인 1,000원, 청소년 800원, 어린이 400원 · **전화번호** 041-934-7133 · **주차** 2,000원(매표소 전 주차장 이용 시 무료)

보령의 대표 산이라 할 수 있는 성주산(해발 680m) 자락에 있는 자연휴양림이다. 1993년 개장했으며 숲속의집, 체험휴양관, 야영장, 어린이 물놀이터, 산림욕장, 숙박시설 등이 있다. 여름철이면 더위를 식힐 수 있는 시원한 편백나무숲과 계곡이 있으며, 가을이면 알록달록 오색 단풍을 볼 수 있다.

9월과 10월 사이에는 주차장 앞 소나무숲에 붉은 상사화가 개화해 붉은 물결을 이룬다. 2011년 노송숲에 조성된 꽃무릇 군락지는 5,500㎡에 25만여 송이의 꽃무릇을 볼 수 있다. 꽃무릇의 군락지가 많지 않기에 이곳의 꽃소식이 반갑기만 하다.

주변 볼거리·먹거리

 **남포집** 매운 칼국수, 안 매운 칼국수 선택해서 먹을 수 있다. 멸치향 가득한 칼국수이며 칼국수와 닭발 또는 칼국수와 머릿고리를 주문하는 사람들이 많다. 함께 나오는 김치와 깍두기가 일품이다.

Ⓐ 충청남도 보령시 성주면 성주중앙길 69-4 ☏ 041-934-9057 Ⓜ 매운칼국수 7,000원, 안매운칼국수 7,000원, 검은콩콩국수 7,000원, 부침개 8,000원, 닭발 12,000원

 **성주사지** 백제 오합사에서 시작해 통일신라시대 대낭혜화상 무염이 중창하여 성주사라 하였다. 산자락 아래 있지만 탁 트인 성주사터다. 성주사지 오층석탑, 중앙삼층석탑 등이 있다. 과거 성주사는 충청남도는 물론 온 나라에서도 손꼽히는 절로 이 일대에서 가장 번창하던 사찰이었으며, 특히 무염의 문도는 2,000명에 이르렀을 정도로 큰 사찰이었다.

Ⓐ 충청남도 보령시 성주면 심원계곡로93 Ⓒ 성주사지 천년역사관 하절기 09:00~18:00, 동절기 09:00~17:00/매주 월요일 휴관, 야외는 별도 운영시간 없음 ☏ 041-933-6758

> **TIP**
> - 9월 말에서 10월 초가 되면 빨간 꽃무릇이 활짝 핀다.
> - 성주산자연휴양림 매표소 앞 양쪽 소나무숲에 꽃무릇 군락지가 있어 꽃무릇만 볼 계획이라면 별도로 매표하지 않아도 된다.

SPOT 2

하늘을 걷는 기분을 느끼다
옥순봉과 구담봉

주소 충청북도 제천시 수산면 괴곡리 · 가는 법 단양시외버스공영터미널 다누리센터 앞에서 대교-양당행 버스(하루 2회) 승차 → 장회 하차 → 도보 1.7km · 운영시간 국립공원 탐방로 전체가 일몰 후부터 일출 2시간 전까지의 야간산행 금지 · 주차 소형/중형 기준 성수기(5월 1일~11월 30일) 5,000원, 비수기 4,000원(카드결제만 가능) · 전화번호 043-422-5062

　　옥순봉출렁다리와 옥순대교를 한눈에 내려다볼 수 있는 곳이 바로 옥순봉이다. 대나무 죽순과 비슷하다 하여 붙여진 이름이다. 단양팔경과 제천 10경에 속하는 이곳은 기암으로 이루어진 283m 봉우리로 경관이 아름다워 소금강이라 부른다. 옥순봉구담봉주차장에서 1.4km 정도 가면 옥순봉구담봉삼거리가 나온다. 이곳에서 우측 구담봉으로 0.6km, 옥순봉은 0.9km를 가면 된다. 옥순봉만 오른다면 4.6km로 약 4시간이 소요되고 구담봉만 오른다면 4km로 3시간이 소요된다. 그러나 옥순봉과 구담봉을 모두 오른다면 주차장에서 삼거리까지 가는 시간을 절약하

니 왕복 5.8km로 5시간이 걸린다. 그래서 많은 이들이 2개의 봉우리를 탐방한다.

구담봉은 옥순봉구담봉삼거리에서 600m만 더 가면 되지만 작은 봉우리 2개를 넘어야 하고 급경사와 암벽이 포함되어 쉽지 않은 코스다. 이 암벽은 90도에 가까운 가파른 계단으로 되어 옥순봉 코스보다 더 힘들다. 그러나 이곳에서 보이는 제비봉과 장회나루 기암괴석을 보면 계단을 오르느라 힘들었던 것도 잊게 된다. 구담봉은 물속에 비친 바위가 거북 무늬를 띠고 있어 붙여진 이름이다.

TIP
- 등산코스 1(왕복 4.6km, 4시간 소요) : 옥순봉구담봉 주차장 - 옥순봉구담봉삼거리 - 옥순봉
- 등산코스 2(4km, 3시간 소요) : 옥순봉구담봉 주차장 - 옥순봉구담봉삼거리 - 구담봉
- 등산코스 3(5.8km, 5시간 소요) : 옥순봉구담봉 주차장 - 옥순봉구담봉삼거리 - 구담봉 - 옥순봉구담봉삼거리 - 옥순봉 - 옥순봉구담봉삼거리 - 옥순봉구담봉 주차장

주변 볼거리·먹거리

옥순봉출렁다리 대한민국 명승 제48호 옥순봉을 길이 222m, 폭 1.5m의 아찔한 출렁다리를 통해 만날 수 있다. 2021년 개장하였으며 출렁다리를 건너기 전 청풍호와 옥순대교를 전망대에서 한눈에 볼 수 있다. 현재 이곳에서 옥순봉까지의 등산로는 연결되어 있지 않아 옥순봉구담봉주차장으로 가야 등산할 수 있으며 옥순봉에서 내려다보는 옥순봉출렁다리와 옥순대교의 풍경도 멋지다.

Ⓐ 충청북도 제천시 수산면 옥순봉로 342 Ⓞ 09:00~18:00(17:20 마지막 입장)/매주 월요일 휴무 Ⓣ 043-641-6738 Ⓒ 3,000원 (지역화폐 2,000원 현장 환급), 제천시민 1,000원

SPOT 3

청천저수지 앞 뷰 맛집
카페 블루레이크

주소 충청남도 보령시 청라면 죽성로 154 · 가는 법 보령종합터미널에서 도보 800m → 중앙시장에서 버스 608-2번 승차 → 보령병원 하차 → 도보 180m · 운영시간 10:00~19:00 · 전화번호 0507-1309-5616 · 대표메뉴 아메리카노 4,500원, 자몽차 5,500원, 리치청포도에이드 6,000원

주변 볼거리·먹거리

봉채국수 블루레이크 바로 옆 식당이다. 걸어서 건너갈 수는 없고 차로 이동해야 한다. 뷰는 블루레이크와 같은 청천저수지를 바라보니 국수집이면서 뷰 맛집이기도 하다.

ⓐ 충청남도 보령시 청라면 죽성로 162 ⓞ 11:00~21:00(라스트 오더 20:00) ⓣ 041-935-7227 ⓜ 잔치국수 7,000원, 웰빙비빔생국수 7,000원

청천저수지 36번 국도를 따라 보령으로 가는 길에 만나게 되는 청천저수지는 충남의 3대 저수지 중 하나다. 농업용수를 공급하기 위해 만들어진 이곳은 호수를 따라 산책할 수 있는 수변데크가 잘 조성되어 있고 데크와 함께 메타세쿼이아가 어우러져 있다.

ⓐ 충청남도 보령시 청라면 항천리 551-3

갱스커피 1970~80년대에 전성기를 누리던 성주산 탄광촌에 있는 광산근로자들의 목욕탕을 개조해 만든 대형카페다. 높은 산 중턱에 위치해 전망이 좋고, 카페 입구의 징검다리 포토존은 탁 트인 풍경과 함께 인생 사진을 남길 수 있어 인기 좋다. 해가 지는 시간에 가면 일몰도 볼 수 있다.

ⓐ 충청남도 보령시 청라면 청성로 143 ⓞ 10:00~20:00 ⓣ 041-931-9281 ⓜ 아메리카노 6,000원, 카페라테 7,000원, 애플망고주스 8,000원

청천저수지를 앞마당처럼 사용하고 있는 카페다. 그래서 이름도 블루레이크다. 이곳의 뷰는 저수지 앞에 있는 나무 한 그루가 책임지고 있다. 나무 아래 벤치 2개가 있어 확실한 포토존이 되고 있는 것이다. 물론 겨울보다는 초록잎이 가득할수록 더 보기 좋다. 영화 〈결백〉의 촬영지이기도 하다.

추천 코스 조치원 핑크뮬리 구경 가기

1 COURSE 세종전통시장 · 도보 3분
2 COURSE 거부장 · 자동차 8분
3 COURSE 신안리 핑크뮬리

주소	세종특별자치시 조치원읍 조치원8길 42
전화번호	044-868-4209
주차장	주변 공용주차장
가는 법	조치원역 → 도보 3분

1931년 개설된 조치원시장이 2013년 세종특별자치시가 출범하며 세종전통시장으로 새롭게 태어났다. 매 4, 9일은 오일장이 열리는 날이다. 시장 내 왕천파닭의 파닭, 주전부리의 떡볶이, 튀김, 성씨네보리밥, 광진손짜장 등이 맛집으로 유명하다.

주소	세종특별자치시 조치원읍 조치원로 58-1
운영시간	11:30~21:00/매주 일요일 휴무
전화번호	044-862-6070
대표메뉴	국내산생삼겹살 15,000원, 제육볶음(大) 40,000원, 볶음밥 2,000원

삼겹살전문 식육식당이다. 두툼하게 나온 삼겹살을 두꺼운 불판에 굽는다. 기본으로 나오는 밑반찬인 미역줄기볶음과 콩나물무침도 고기와 같이 굽고 고기를 다 먹을 때쯤엔 볶음밥을 시켜 파채무침과 함께 볶으면 이 집의 특미 볶음밥이 된다.

주소	세종특별자치시 조치원읍 신안리 244-13
입장료	무료

개인 농원이지만 핑크뮬리가 개화하는 계절에는 일반인들에게 무료로 공개하고 있다. 핑크뮬리와 팜파스, 메타세쿼이아가 어우러지는 풍경을 볼 수 있다. 이른 아침에 가면 메타세쿼이아 너머 일출도 볼 수 있다.

10월 둘째 주

황 금 들 판 을 찾 아 서

40 week

SPOT 1

8개의 봉우리 너머
황금 들판과 바다

팔봉산

주소 충청남도 서산시 팔봉면 금학리 · **가는 법** 서산공용버스터미널에서 버스 705번 승차 → 팔봉산 하차 → 도보 200m(팔봉산무료주차장)

    8개의 봉우리가 장관을 이루고 그 너머로 서산의 황금 들판과 바다가 펼쳐진다. 해발 362m의 산으로 아름다운 풍경 덕에 서산 9경 중 제5경으로 꼽힌다. 8개의 봉우리가 기암괴석으로 이루어져 있고 제일 높은 3봉은 삼면이 석벽으로 둘러싸여 있어 아슬아슬 등산하는 긴장감도 있다. 정상에 올라서면 가로림만이 한눈에 펼쳐진다. 짧은 등산으로도 하늘과 바다, 산이 어우러지는 풍경을 볼 수 있어 등산 초보자에게도 추천한다.

주변 볼거리·먹거리

맛있게먹는날 본점
서산 동부전통시장에 있는 해산물 전문점이다. 시장 내에 있다 보니 해산물이 신선하고 주꾸미나 낙지 등은 시가로 정해진다. 시장에 위치해 있어 관광지 물가가 아닌 현지인 물가로 신선한 해산물을 맛볼 수 있다. 메뉴에는 없지만 아나고+주꾸미, 아나고+낙지 등 해산물 조합으로 먹어보는 것을 추천한다.

Ⓐ 충청남도 서산시 시장2로 13 Ⓞ 10:00~22:00/매월 첫째, 셋째 주 월요일 휴무 Ⓣ 041-665-9435 Ⓜ 아나고볶음·탕·구이(中) 50,000원, 해물탕(中) 50,000원, 갱개미무침 30,000원, 낙지·주꾸미·새조개 시가

TIP
- 1봉에서 8봉으로 갔다 원점으로 돌아오는 것이 힘들어 2대의 차량으로 이동할 경우 한 대는 반대편에 세워두는 것이 좋다. 1봉 주차장은 팔봉산 무료주차장이고 8봉 주차장은 어송리 무료공영주차장이다.
- 1~3봉까지의 뷰가 핵심이며 시간과 체력이 부족하다면 1~3봉까지만 등산하는 것도 좋다.
- 1~8봉까지 전체 등산할 경우 3~4시간 정도 소요된다.

SPOT 2

짧은 등산으로 물돌이와
일출을 한 번에

장군봉

주소 세종특별자치시 금남면 부용리 · 가는 법 세종고속시외버스터미널에서 버스 75번 승차 → 대박리(광덕사) 하차 → 도보 950m

가을에 등산하고 싶다면 높은 산보다는 낮은 봉우리부터 시작하는 것을 추천한다. 이곳 장군봉은 243m의 낮은 봉우리지만 황금빛으로 물들어가는 가을 들판을 볼 수 있어 가성비 좋은 등산을 할 수 있다. 거기에 황금 들판 물돌이라 더욱 좋다. 이곳은 일출 포인트이기도 한데 일교차가 큰 5월과 10월에는 시기를 맞춘다면 운해 너머 일출을 볼 수도 있다.

TIP

- 장군봉을 오르는 방법은 크게 부용리주차장에서 시작하는 방법과 광덕사에서 오르는 방법이 있다. 전자는 가파른 오르막과 계단으로 장군봉으로 오르는 코스이며, 후자는 능선을 따라 완만한 길로 꾀꼬리봉을 지나 장군봉으로 향한다. 일출 등산이라면 광덕사 등산을 추천한다.
- 장군봉 전망대에서 아래로 내려오면 명품 소나무와 함께 멋진 사진을 찍을 수 있는 곳이 있다.

주변 볼거리·먹거리

이도커피 사유 중정을 가진 모던한 인테리어의 카페다. 중정을 숲으로 꾸몄고 정해진 시간마다 수증기가 나와 몽환적인 안개 숲으로 만들어 준다. 세종시 호탄리에 있는 이도커피와 같이 운영하는 곳으로 차분한 분위기에서 커피를 마실 수 있다. 로스팅 카페로 커피 맛도 보장한다.

Ⓐ 세종특별자치시 금남면 금남구즉로 497
Ⓞ 10:00~18:00 Ⓣ 044-867-2507 Ⓜ 아메리카노 5,000원, 드립커피 6,500~9,000원
Ⓗ http://leedocoffee.co.kr/

SPOT 3
시원한 박속밀국낙지탕
원풍식당

주소 충청남도 태안군 원북면 원이로 841-1 · 가는 법 태안공영버스터미널에서 버스 360번, 321번, 400번 승차 → 장터 하차 · 운영시간 09:30~20:00 · 전화번호 041-672-5057 · 대표메뉴 박속밀국낙지탕 15,000원, 낙지볶음 15,000원, 우럭젓국 10,000원 · 홈페이지 https://www.instagram.com/ewolseoga/

나박나박 썬 박을 넣은 맑은 탕에 살아 있는 낙지를 넣어 끓이는 박속밀국낙지탕 전문점이다. 낙지 금어기인 여름 7~8월이 지나고 박이 제철일 때 박속밀국낙지탕이 가장 맛있을 때다. 살짝 익힌 낙지를 이곳의 비법소스와 함께 먹으면 잊을 수 없는 맛이다. 기본 밑반찬도 백반정식집처럼 잘 나온다. 기본 1인분에 칼국수와 수제비가 넉넉하게 포함되어 있다.

주변 볼거리·먹거리

카페 림즈 원북면에 있는 감각적인 카페다. 교외에 있는 카페도 아닌 원북 주민센터 옆에 있는데 이런 힙한 감각이라니 다시 한번 놀라게 된다. 2층 규모의 카페라 공간도 넓고 답답하지 않으며 커피뿐만 아니라 구움과자도 추천한다.

ⓐ 충청남도 태안군 원북면 원이로 841-3 ⓞ 화~금요일 12:00~20:00, 토~일요일 11:00~20:00 ⓣ 0507-1321-3846 ⓜ 아메리카노 4,500원, 카페라테 5,000원, 땅콩크림라테 6,500원 ⓗ https://www.instagram.com/cafe.leemz/

추천 코스 구절초 가득한 영평사

1 COURSE 🚌 버스 15분 → **2 COURSE** 🚗 자동차 15분 → **3 COURSE**

▸ 정부세종청사 옥상정원　　▸ 빠스타스 어진점　　▸ 영평사

주소	세종특별자치시 도움6로 11
운영시간	월~금요일 10:00~17:00, 토·일요일 10:00~16:00/1~2월 혹한기, 7~8월 혹서기에는 운영하지 않음
전화번호	044-200-1149
가는 법	오송역에서 버스 B2, B3번 승차 → 정부세종청사 북측주차장 하차
기타	정부세종청사 옥상정원 예약 사이트 또는 현장 접수

15개의 청사 건물을 하나로 연결한 전체 3.6km 길이의 세계 최대 규모의 옥상정원으로 기네스북에도 등재되어 있다. 예약은 필수이며 해설사의 안내를 받으며 관람할 수도 있다. 방문 시에는 신분증을 반드시 준비해야 한다.

주소	세종특별자치시 가름로 232 세종비즈니스센터 B동 1층 113호
운영시간	11:00~21:00(15:00~17:00 브레이크 타임, 14:30, 20:30 라스트 오더)
전화번호	0507-1411-1928
대표메뉴	까르보나라 9,900원, 트러플 크림뇨끼 18,900원, 명란로제빠네 15,900원, 마르게리따 15,900원

세종시의 터줏대감 같은 오래된 이탈리안 가정식 레스토랑이다. 본점은 종촌동에 있고 새롬동에 2호점, 이곳이 3호점으로 청사에서 가장 가깝다. 계절별로 메뉴가 달라지며 2021년 블루리본으로 선정되었다. 매장이 작아 예약이 가능한 평일에는 예약을 추천한다.

주소	세종특별자치시 장군면 산학리 444
전화번호	044-857-1854
가는법	세종고속시외버스터미널에서 버스 222번 승차 → 첫마을6단지 하차 → 버스 52번 환승 → 영평사 입구 하차

겹벚꽃으로 아름다웠던 영평사는 10월이 되면 영평사 뒤 장군산이 구절초로 가득하고 영평사구절초축제가 열린다.

4월 18주 소개(154쪽 참고)

10월 셋째 주

가 을 속 으 로

41 week

SPOT 1
코스모스와 억새가 가득
백마강

주소 충청남도 부여군 부여읍 구교리 279(백마강생활체육공원) · **가는 법** 부여시외버스터미널 → 도보 30분(자동차 이용 시 3분) · **전화번호** 041-835-5509

　공주를 관통하는 금강은 유구천과 합하여 부여군에 이르러 백마강이 된다. 백마강은 백제에서 가장 큰 강이라는 뜻이다. 백마강은 시민들의 휴식 공간이자 운동 공간으로 가을이면 백제문화제 준비로 화려해지는데, 코스모스, 백일홍 등 화려한 꽃으로 시민들에게 아름다운 풍경을 선사한다.
　백마강을 따라 아래쪽으로 내려오면 나래공원이 나오고 그곳에서는 은빛으로 반짝이는 억새를 만날 수 있다. 억새는 일몰 빛에 더욱 아름다워지며 이곳에 서서 일몰을 감상할 수 있다. 전망대가 완성되면 일몰 명소가 될지도 모르겠다.

TIP
- 코스모스 꽃단지는 구드래나루터 선착장에서 백제교까지다.
- 억새는 백제교를 지나 나래공원 주변이며 현재 전망대 공사가 진행중이다.

주변 볼거리·먹거리

성흥산성
Ⓐ 충청남도 부여군 임천면 군사리 산 7-10
2월 9주 소개(090쪽 참고)

장원막국수 구드래나루터 선착장 근처에 있는 부여의 인기 맛집이다. 시골집을 개조해 만든 식당이지만 주말 대기 인원을 본다면 깜짝 놀라게 되는 식당이다. 새콤달콤한 육수에 메밀 함량이 높은 막국수가 처음에는 생소하지만 돌아서면 다시 생각나는 맛이다. 편육이라고 메뉴에는 되어 있지만 우리가 아는 수육이다. 얇게 썰어진 편육으로 면을 싸 먹으면 제대로 맛을 즐길 수 있다.

Ⓐ 충청남도 부여군 부여읍 나루터로62번길 20 Ⓞ 11:00~27:00 Ⓣ 041-835-6561 Ⓜ 막국수 8,000원, 편육 20,000원(1인 방문 시 반접시 주문 가능)

SPOT 2
노래가 저절로 나오는
칠갑산과 천장호 출렁다리

주소 충청남도 청양군 정산면 천장리(천장호출렁다리) · **가는 법** 청양시외버스터미널에서 버스 401번 승차 → 천장리 하차 → 도보 350m · **운영시간** 천창호출렁다리 매주 금~일요일 야간 개장(11~2월 20:00까지, 3~10월 21:00까지)

　　칠갑산은 해발 561m의 도립공원으로, 만물생성의 7대 근원이 생겨난 곳이란 의미를 담고 있다. 산세가 험해 '충남의 알프스'라는 별명이 생겼으며 교통이 불편하여 울창한 숲이 그대로 남아 있다. 칠갑산은 가장 험한 장곡사에서 오르는 장곡로 코스, 천장호출렁다리에서 오르는 청장로 코스 등 9개의 등산로가 있다. 그중 가장 볼거리가 많은 천장호를 지나는 코스를 추천한다. 아쉽게도 칠갑산 정상은 조망이 좋지 않은 산이다.

　　칠갑산에 도착하는 순간부터 '콩밭 매는 아낙네야~'라고 시작하는 노래 〈칠갑산〉이 저절로 떠오른다. 청장호출렁다리는 2017년 개통 당시 국내 최장 출렁다리로 청양을 상징하는 고추모형의 주탑을 통과해 천장호수를 돌아볼 수 있다.

천장호에는 용과 호랑이의 전설이 전해진다. 천년의 세월을 기다려 승천하려던 황룡이 자기 몸을 바쳐 다리를 만들어 한 아이의 생명을 구하고, 이를 본 호랑이가 영물이 되어 칠갑산을 수호하고 있다는 이야기가 전한다.

> **TIP**
> - 가장 짧은 코스는 도림로에서 정상까지 약 2km, 가장 긴 코스는 칠갑산휴양림에서 정상까지 약 6.5km이다.
> - 천장호출렁다리를 한눈에 조망할 수 있는 포인트는 출렁다리를 지나 칠갑산 등산로에 있는 데크 전망대다.
> - 천장로 코스는 천장호주차장 – 등산로입구 – 칠갑산 정상으로 편도 4.4km, 1시간 40분 정도 소요된다.

주변 볼거리·먹거리

장곡사 이곳에는 대웅전이 상대웅전과 하대웅전 2개로 나뉘어 있다. 가을에는 단풍이 아름답고 봄에는 늦은 벚꽃이 아름다운 곳이다.

Ⓐ 충청남도 청양군 대치면 장곡길 241 Ⓣ 041-942-6769

알품스공원 장곡사 입구에 자리 잡은 공원으로 2022년 만들어졌다. 청정한 청양을 대표하는 장곡천 생태공원에서 생명의 시작점인 알을 조형화한 모습을 담고 있다. 중심에 알이 있고 주변을 둘러싸고 데크 산책로가 마치 둥지를 연상하게 한다. 장곡사를 돌아보고 근처에 있는 장승공원, 백제문화체험박물관과 연계하면 좋다. 청양스탬프 투어에 포함되어 있다.

Ⓐ 충청남도 청양군 대치면 장곡리 77

SPOT 3

U자 모양의 건물
공간태리

주소 대전광역시 유성구 수통골로 9 · **가는 법** 현충원역에서 버스 104번, 102번 승차 → 수통골기점지 하차 → 도보 200m · **운영시간** 11:00~22:00 · **전화번호** 042-719-2102 · **대표메뉴** 시나몬아이슈페너 6,000원, 아메리카노 5,500원, 라임패션에이드 7,500원 · **홈페이지** https://www.instagram.com/o.ganteri.official/

독특한 건물 2개가 U자 형태로 중정을 두고 마주하고 있다. 한쪽은 공간태리, 한쪽은 만인산에서 호떡집으로 유명한 봉이호떡이다. 이곳은 건물 사진 하나만으로도 사람들이 궁금해하는 곳인데, 1층의 도서관 계단 같은 구조가 인상적이다. 야외에도 테이블이 있어 날씨가 좋은 날에는 수통골을 즐기기에 더없이 좋다.

주변 볼거리·먹거리

봉이호떡 만인산에서 대기가 길기로 유명한 만인산호떡집 수통골 지점이다.
Ⓐ 대전광역시 유성구 수통골로 9 Ⓗ 12:00~20:00/매주 화요일 휴무 Ⓣ 042-719-2027 Ⓜ 꿀호떡 2,000원, 가래떡 1,500원, 어묵 4,000원

빈계산 414m의 산으로 대전시민들이 즐겨 찾는 산이다. 적당한 오르막으로 힘들지 않아 초보 등산객들에게 좋다. 조망 좋은 곳이 몇 군데 있어 힘들이지 않고 등산을 즐길 수 있다. 수통골주차장에서 시작해 편도 2.2km 거리로 별도의 정상석은 없다.
Ⓐ 대전광역시 유성구 계산동 354(주차장 위치)

추천 코스 버그네순례길

1 COURSE 🚗 자동차 8분
▶ 솔뫼성지

2 COURSE 🚗 자동차 8분
▶ 합덕성당

3 COURSE
▶ 신리성지

주소 충청남도 당진시 우강면 송산리 산45-3
운영시간 10:00~17:00
전화번호 041-362-5021
홈페이지 www.solmoe.or.kr

한국의 산티아고길이라 불리는 버그네순례길은 솔뫼성지에서부터 신리성지에 이르는 13.3km를 잇는 내포 역의 순교 역사를 되돌아볼 수 있는 길이다. 그중 솔뫼성지는 '소나무가 뫼를 이루고 있다' 하여 순우리말로 '솔뫼'라 이름 붙여진 곳으로, 한국 최초의 사제 성 김대건 안드레아 신부가 태어난 곳이다. 김대건 신부 생가와 기념관이 있으며 200~300년 세월을 품은 80그루의 소나무가 인상적이다.

주소 충청남도 당진시 합덕읍 합덕성당2길 22
전화번호 041-363-1061

1929년 지어진 고딕양식의 성당이다. 지금의 성당은 1929년에 신축된 것으로 종탑이 쌍탑으로 되어 있어 한국에서는 보기 드문 건축양식이다. 김대건 신부의 스승이던 매스트르 신부의 묘가 뒤뜰에 있다. 천주교가 박해를 받던 시기 수많은 신자가 순교했던 장소이다. 가을이면 성당 곳곳에 국화가 가득해 국화 향기로 가득하다.

주소 충청남도 당진시 합덕읍 평야6로 135
운영시간 월~금요일 11:00~21:30, 토~일요일 10:00~21:30
전화번호 041-363-1359
홈페이지 http://sinri.or.kr/

신리성지는 제5대 조선교구장 다블뤼 주교가 거처하던 곳으로 천주교 탄압이 한창이던 때 조선에서 가장 큰 교우 마을로 조선의 카타콤바(로마시대 비밀교회)로 불리는 곳이다. 초록 잔디밭에는 다섯 성인의 경당이 있어 기도하며 차분히 이곳을 돌아볼 수 있다. 9~10월 전망대에 오르면 황금 들판을 한눈에 볼 수 있다. 신리성지 내부에 카페 치타누오바가 문을 열어 신리성지 관람 후 쉬어갈 수 있다.

10월 넷째 주
운 해 의 계 절

42 week

SPOT 1
운해 너머 일출을
구봉산

주소 대전광역시 서구 괴곡동 · 가는 법 대전복합버스터미널에서 버스 201번 승차 → 구봉마을8단지 하차 → 도보 1km

　구봉산은 높은 봉우리 9개가 빼어나게 솟아 있다 해서 구봉산이라 부른다. 해발 264m의 낮은 산이지만 정상에 오르면 9개의 봉우리와 탁 트인 풍경에 놀란다. 600m 정도 짧은 등산만으로도 그런 멋진 풍경을 볼 수 있다는 사실에 다시 한 번 놀라게 된다. 정상에는 구봉정이 있어 대전 시내를 한눈에 내려다볼 수 있다. 노루벌 물돌이마을도 위에서 내려다볼 수 있는데 물돌이 덕분에 운해가 생기기 좋은 조건을 가지고 있는 구봉산은 운해를 쉽게 볼 수 있는 곳이다. 사방이 확 트여 있어 일출 일몰 모두 볼 수 있다.

TIP
- 구봉산을 오르는 가장 쉽고 빠른 방법은 성애노인요양원 옆 등산로를 따라 600m 정도 오르는 것이다.
- 일교차가 크고 습도가 90% 이상 높다면 이곳에서 운해를 볼 확률이 높다.
- 가을에 방문하면 황금빛으로 물든 노루벌마을을 산 위에서 볼 수 있다.

주변 볼거리·먹거리

쿠로가배로스터리
브라운계열의 모던한 인테리어가 인상적이지만 커피맛은 더욱 인상적인 스페셜티 커피를 맛볼 수 있는 카페다.

Ⓐ 대전광역시 서구 변동로 1 Ⓞ 10:00~21:00/매주 월요일 휴무 Ⓣ 0507-1360-3409 Ⓜ 에스프레소 3,500원, 쿠로프레소 3,500원, 콜드브루 4,500원

SPOT 2
운해, 일출, 동굴 사진 모두 가능한
진악산

주소 충청남도 금산군 금산읍 · 가는 법 금산시외버스터미널에서 버스 600번 승차 → 하금리에서 하차 → 도보 1.2km(택시 이용 시 12분)

　진악산은 해발 737m로 충청남도에서는 세 번째로 높은 산이다. 주릉에 펼쳐지는 기암괴봉의 경관이 아름다운 곳으로 성치산, 구봉산, 오대산, 대둔산 등을 조망할 수 있다. 진악산은 금산 시내에서 가까운 산이지만 의외로 사람들에게는 많이 알려지지 않아 충청도의 숨겨진 운해 일출 명소라 할 수 있다. 들머리에서 2km 능선을 따라 정상으로 가기에 그리 어렵지 않게 산을 오를 수 있어 캄캄한 새벽에 출발해야 하는 일출 등산에 최적의 장소다.
　정상에는 데크가 잘 조성되어 있어 편하게 일출을 즐길 수 있고 정상 아래쪽에는 관음굴이 있어 동굴 사진도 찍을 수 있다.

TIP
- 진악산을 오르는 방법 중 가장 쉬운 방법은 진악산 광장에서 시작해 능선을 따라 2km를 오르는 것이다. 이곳에는 주차장과 화장실 등 편의시설이 잘 갖춰져 있다.
- 보통 산에 '악(岳)'자가 들어가면 험난한 산이라 여기지만 진악산의 악은 '즐거울 락(樂)'으로 즐겁게 오를 수 있는 산이다.
- 정상 아래에 있는 눈썹바위에서는 아찔한 풍경을 담을 수 있다.
- 정상 300m 아래에 동굴 사진을 찍을 수 있는 관음굴이 있으니 놓치지 말자.

주변 볼거리·먹거리

금산 인삼약령시장 인삼·약초상가들이 밀집해 있는 '인삼의 거리'는 국내 인삼유통의 중심지다. 전국 인삼생산량의 70%가 이곳에서 거래되고 있어 품질 좋은 인삼을 구입하기에 좋다. 인삼튀김, 인삼막걸리도 맛볼 수 있다. 매년 9~10월이면 금산인삼축제가 열린다.

Ⓐ 충청남도 금산군 금산읍 인삼약초로 24
Ⓞ 08:00~18:30 Ⓣ 041-753-3219

금산천 몇 해 전부터 금산천을 따라 봄이면 튤립, 가을이면 코스모스 등 다양한 꽃을 심어 볼거리를 제공하고 있다. 백김이교 양쪽으로 산책 삼아 꽃구경하기 좋다.

Ⓐ 충청남도 금산군 금산읍 아인리 502-59

SPOT 3
아메리카노가 없어요
미스터브루쓰

주소 충청북도 옥천군 옥천읍 향수길 40 · **가는 법** 옥천시외버스공영정류장에서 도보 850m → 구금리 정류장에서 버스 25-1번 승차 → 구읍사거리 하차 → 도보 4분 · **운영시간** 월~금요일 11:00~18:00, 토요일 및 공휴일 11:00~19:00/매주 일요일 휴무 · **전화번호** 0507-1325-9577 · **대표메뉴** 핸드드립커피 4,500원~6,000원 · **홈페이지** https://www.instagram.com/mrbrews_coffee/

이곳에는 아메리카노가 없다. 대신 다양한 원두의 핸드드립 커피가 있을 뿐이다. 바리스타의 실력에 따라 커피 맛이 많이 달라지는데 아메리카노를 없애고 핸드드립을 제공하는 이곳의 커피맛은 보장한다. 싱글 오리진에서 자체 블렌딩까지 원두를 골라 먹는 즐거움이 있다. 바리스타가 추천하는 오늘의 커피가 있는 곳이기도 해 어떤 커피가 나올지 궁금해진다. 바리스타가 정성스럽게 한 잔 한 잔 커피 내리는 모습을 보는 것도 이곳에서는 그림이 된다.

주변 볼거리·먹거리

용암사 신라시대의 사찰로 사찰 뒤쪽에는 운무대가 있어 일출과 운해를 볼 수 있는 곳으로 유명하다. 일교차가 큰 날이라면 이른 아침 운해를 보러 가 보자. 발아래 가득한 운해를 볼 수 있다.

Ⓐ 충청북도 옥천군 옥천읍 삼청2길 400 Ⓣ 043-732-1400

추천 코스 공주 산성시장 맛집

1 COURSE ▶ 부자떡집 ※도보 1분
2 COURSE ▶ 단골닭강정 ※도보 2분
3 COURSE ▶ 간식집

주소	충청남도 공주시 용당길 11
운영시간	08:00~19:00
전화번호	041-854-5454
대표메뉴	부자떡(1개당) 1,300원, 알밤모찌(1개당) 2,000원, 인절미(1kg) 11,000원
홈페이지	http://www.bujadduck.com/
가는 법	공주종합버스터미널에서 산성시장행 버스 200번, 125번 승차 → 산성시장 하차

1982년부터 공주 산성시장에서 떡을 만들어 판매하고 있다. 인절미는 공주에서 유래한 떡이라 그런지 당일 만든 인절미를 맛볼 수 있다. 이곳에 가면 늘 두 손 가득 떡을 사서 나오게 된다.

주소	충청남도 공주시 산성시장2길 99
운영시간	08:00~18:00
전화번호	041-855-7352
대표메뉴	강정+후라이드 19,000원, 뼈닭강정 18,000원, 뼈후라이드 18,000원

배달해 먹는 닭강정과 다른 푸짐한 닭강정을 맛볼 수 있다. 후라이드는 주문 후 시간이 걸리니 미리 전화로 주문하는 것을 추천한다. 1983년에 문을 연 이곳은 현재 40년 가까이 운영 중인 백년가게다.

주소	충청남도 공주시 산성시장1길 46
운영시간	10:00~16:00/매주 화요일 휴무(장날 1, 6일 제외)
전화번호	041-852-4812
대표메뉴	잡채만두(6개) 3,000원, 김밥(2줄) 3,000원, 떡볶이(1인분) 3,000원

잡채가 가득 들어있는 만두로, 주문하면 한번 찐 만두를 기름에 구워준다. 만두를 먹을 때는 이곳에서 주는 초장 소스에 곁들여서 먹자. 특별한 비법이 있는 만두는 아니지만 자꾸 생각나는 맛이다.

10월 다섯째 주

가 을 의 시 작

43 week

SPOT 1

3,000여 그루의 은행나무가 있는
청라은행마을

주소 충청남도 보령시 청라면 장현리 688(신경섭 가옥) · 가는 법 보령종합터미널에서 도보로 중앙시장 이동 → 버스 607번 승차 → 당살미 하차

　　3,000여 그루의 은행나무가 있는 보령 청라은행마을은 가을이면 마을 전체가 노란빛으로 물든다. 이곳에 은행나무가 많은 데는 옛날 오서산 아래 구렁이 한 마리가 살았는데 이 구렁이는 천 년 동안 매일 용이 되게 해달라고 기도하여 마침내 황룡이 되어 여의주를 물고 승천하였고, 이를 본 까마귀들이 노란색 은행을 보고 황룡의 여의주라 생각하여 마을로 물고 와 키우면서 마을에 수많은 은행나무가 자라게 되었다고 한다.
　　청라은행마을은 우리나라 최대 은행나무 군락지로 인위적으로 관광을 위해 조성한 마을이 아니라 농촌의 풍경과 어우러진 모습이 더욱더 매력적이다. 신경섭 가옥과 정촌유기농원은 각

각 다른 매력이 있으니 천천히 농촌과 어우러진 은행마을을 즐겨보길 추천한다.

TIP
- 청라은행마을의 중심이 되는 곳은 신경섭 가옥과 정촌유기농원 두 곳이다.
- 은행잎이 노랗게 물들었을 때도 아름답지만 은행잎이 바닥에 깔려 노란 카펫을 만들어 줄 때도 아름답다.
- 전국 최대 은행 산지답게 암나무가 많아 바닥에 떨어진 은행 열매를 조심해야 한다. 이곳에 갈 때는 은행을 밟을 각오를 하고 가야 하며 자동차에 오르기 전에는 꼭 신발 닦기를 추천한다.

주변 볼거리·먹거리

소라곱창전문 식당이 많지 않은 청라은행마을 가는 길목에 있어 매년 방문하는 곳이다. 밑반찬이 정갈하고 곱창전골에는 냉이가 들어가 있어 특별한 맛을 낸다. 동네 주민들이 손님이라 주민들은 메뉴에 없는 삼겹살 구이도 주문할 수 있는 정감 있는 식당이다.

Ⓐ 충청남도 청양군 화성면 구숫골길 9 Ⓣ 041-943-9190 Ⓜ 곱창전골(小) 18,000원

SPOT 2

산에서 만나는 은빛 억새물결

오서산

주소 충청남도 홍성군 광천읍 오서길351번길 8-10(오서산공영주차장) · 가는 법 광천 버스터미널에서 버스 701번 승차 → 상담 하차

오서산 정상은 해발 790m로 서해를 한눈에 내려다보고 있어 서해의 등대라 불리는 산이다. 보령과 청양, 홍성 3개의 시도에 걸쳐있는 산으로 예로부터 까마귀와 까치가 많이 살아 오서산이라 부른다. 10월이면 능선을 따라 가득한 은빛 억새군락지를 볼 수 있어 전국 5대 억새 명소로 꼽힌다. 일출 일몰 모두 조망이 가능하며 이 시간에는 기울어진 햇살에 황금빛으로 빛나는 억새를 만날 수 있다.

TIP
- 오서산을 오르는 들머리는 홍성 광천상담주차장, 보령 오서산자연휴양림, 보령 청소면 성연주차장 등이 있다. 짧은 코스로 오를 수 있는 곳은 오서산자연휴양림이며, 가장 풍경이 좋은 곳은 홍성 광천상담주차장에서 정암사를 지나 1,600계단을 지나는 코스다.

등산 코스
- **홍성 광천상담주차장** : 상담주차장-정암사-오서산전망대-오서산정상-오서산전망대-정암사-상담주차장
- **보령 오서산자연휴양림** : 오서산자연휴양림-월정사-오서산 정상-월정사-오서산자연휴양림

주변 볼거리·먹거리

광천전통시장 1926년 개설된 광천전통시장은 광천토굴 새우젓으로 유명하다. 김장철에 사람들이 젓갈을 사기 위해 많이 들르는 곳이다. 매 4일, 9일에는 오일장이 열려 활기찬 모습을 볼 수 있다.

Ⓐ 충청남도 홍성군 광천읍 광천로285번길 8-16 ☎ 041-641-2164

SPOT 3

100년이 넘은 선지해장국

영동옥

주소 충청북도 영동군 영동읍 영동시장1길 29-2 · **가는 법** 영동시외버스공용터미널 → 도보 800m · **전화번호** 043-743-3173 · **대표메뉴** 선지해장국 8,000원

영동 여행지에서 만난 지역주민에게 맛집을 물어보니 100년 넘은 식당이라며 추천해 준다. 100년이 넘은 식당이라 허름한 노포일 것이라 생각하고 찾았지만 외관은 새로 단장한 건물에 테이블이 4~5개 정도인 식당이었다. 온라인상에 리뷰도 거의 없어 반신반의했지만, 메뉴도 없이 단일메뉴로 판매되는 선지해장국을 받아 맛을 보면 진짜라는 확신이 든다. 시집올 때부터 시어머니가 40년 동안 운영해오고 있었고 이제는 여든이 넘은 며느리가 운영하고 있으니 정확한 기록은 없지만 이곳이 100년 넘은 식당임을 잠시 놀러 온 옆집 할머니가 확인해 주었다. 그렇게 이곳은 비공식 100년 식당이다. 선지해장국은 자극적이지 않으며 먹고도 여운이 남는 그런 맛이다.

주변 볼거리·먹거리

송호리국민관광지 금강 상류에 자리 잡은 캠핑장, 수련원 등이 있는 가족 휴양지다. 가을에는 금강을 따라 활엽수 단풍과 은행나무가 아름다워 단풍캠핑, 은행 캠핑 명소로 알려져 있다. 캠핑하지 않아도 울창한 소나무숲을 따라 산림욕을 즐기기에 좋다.

ⓐ 충청북도 영동군 양산면 송호리 280 ⓣ 043-740-3228 ⓒ 어른 2,000원, 청소년 1,500원, 어린이 1,000원

추천 코스 배론성지의 단풍과 함께

1 COURSE 배론성지 — 자동차 11분
2 COURSE 안녕책 — 자동차 3분
3 COURSE 제천한방엑스포공원

주소 충청북도 제천시 봉양읍 배론성지길 296
운영시간 09:00~18:00
전화번호 043-651-4527
홈페이지 http://www.baeron.or.kr/
가는 법 제천시외버스터미널에서 버스 852번 승차 → 배론 하차

전국에서 성지순례 신자들이 찾는 천주교 성지다. 천주교 박해시대 교우촌으로 조선 후기 천주교도 황사영이 머무르며 백서를 썼던 토굴과 최양업 신부의 묘가 있다. 가을에는 단풍 명소로 유명해 많은 이들이 찾는 곳이다.

주소 충청북도 제천시 봉양읍 용두대로36길 21
운영시간 일~금요일 11:30~19:00, 토요일 11:00~17:00/매월 첫째, 셋째, 다섯째 주 일요일 휴무
전화번호 070-8259-7295
홈페이지 https://www.instagram.com/salut_books/

작은 다락방이 있는 독립서점이다. 작은 오두막이 생각나는 외관에서부터 책방지기의 취향이 고스란히 묻어나는 책 정리까지 취향 저격이다. 책과 함께 소품도 구매 가능하다.

주소 충청북도 제천시 한방엑스포로 19 한방생명과학관
운영시간 하절기 09:00~18:00, 동절기 09:00~17:00/매주 월요일 휴관
전화번호 043-653-9550
홈페이지 https://www.expopark.kr/

한방생명과학관, 국제발효박물관, 약초허브식물원, 한방마을 약초판매장 등 한방세계에 대한 다양한 볼거리와 먹거리가 있다. 자작나무숲과 색깔정원은 마치 유럽의 정원을 보는 듯 잘 가꿔져 있다.

10월의 충청도
내포 천주교순례 길을 따라 걷는다

충청도에서 성지순례를 빼놓고는 이야기할 수 없다. 1865년 선교사들의 보고에 따르면 전국 신자의 절반 이상은 충청도에 살았고, 그중 절반은 내포 사람이었다. 그리고 가장 많은 천주교 성지가 충청도에 있다. 종교를 떠나 천주교 박해를 이겨내고 자신의 신앙을 지켜낸 순교자들에게 감사함을 느낀다. 2014년 프란치스코 교황의 방문으로 이곳의 가치를 다시 한 번 인정받았다. 천천히 순례자처럼 이 길을 따라가 보자. 여기서 소개하는 코스는 내포 지역 순교성지를 포함해 도시 이동이 많아 자동차 이용을 추천한다.

🚩 2박 3일 코스 한눈에 보기

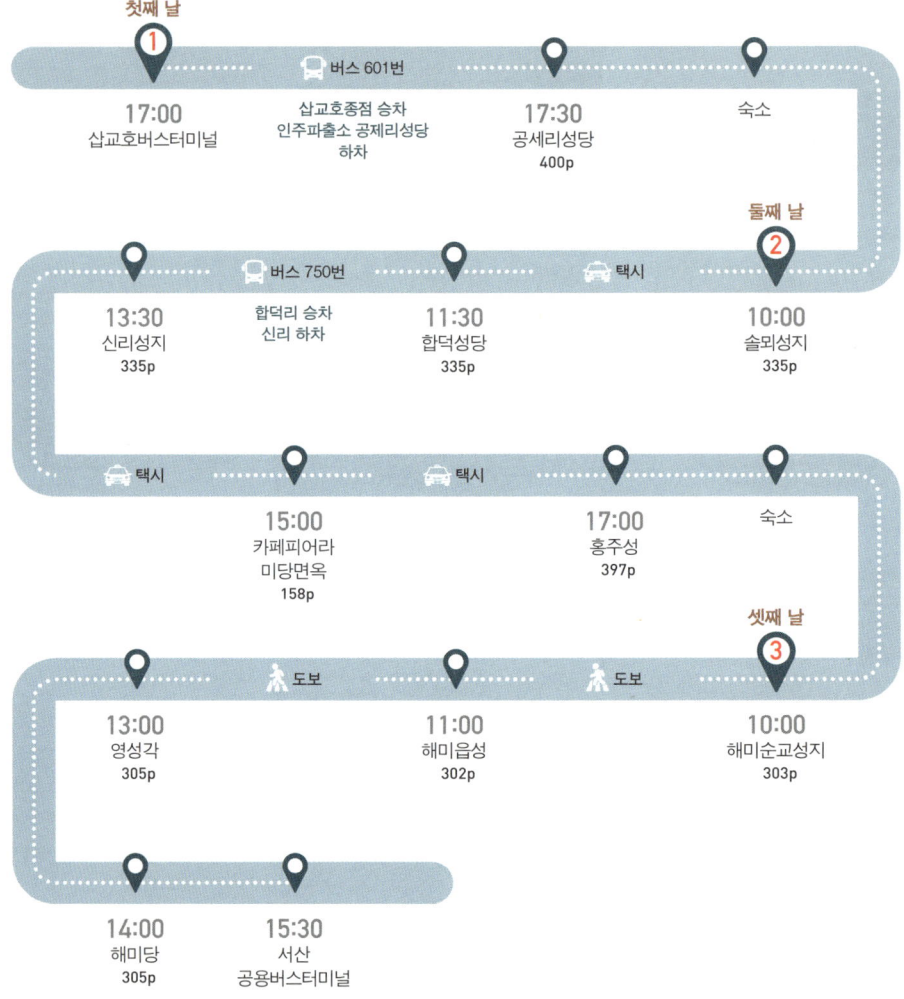

첫째 날
- 17:00 삽교호버스터미널
- 버스 601번 / 삽교호종점 승차 인주파출소 공제리성당 하차
- 17:30 공세리성당 400p
- 숙소

둘째 날
- 10:00 솔뫼성지 335p
- 택시
- 11:30 합덕성당 335p
- 버스 750번 / 합덕리 승차 신리 하차
- 13:30 신리성지 335p
- 택시
- 15:00 카페피어라 미당면옥 158p
- 택시
- 17:00 홍주성 397p
- 숙소

셋째 날
- 10:00 해미순교성지 303p
- 도보
- 11:00 해미읍성 302p
- 도보
- 13:00 영성각 305p
- 14:00 해미당 305p
- 15:30 서산 공용버스터미널

348　Travel in chungcheong-do 52week >>

은행나무가 노랗게 물들고 알록달록 단풍이 물들면 충청도의 가을은 절정에 이른다. 충청북도에서 시작된 단풍은 충청남도로 이어진다. 단풍이 지고 나도 아쉬워할 필요가 없다. 주황빛으로 물든 메타세쿼이아의 군락지가 충청도 곳곳에 있기 때문이다. 10월 말부터 시작된 충청의 가을은 11월 말이 되어야 끝이 난다. 한 달간 이어질 충청도의 가을을 즐기려면 미리미리 체력을 쌓아두자.

11월의 충청도

깊어가는
충청도의 가을

11월 첫째 주

사 찰 의 가 을

44 week

SPOT 1

경내를 가득 채운 애기 단풍

마곡사

주소 충청남도 공주시 사곡면 마곡사로 966 · **가는 법** 공주종합버스터미널에서 버스 770번 승차 → 마곡사 하차 · **입장료** 성인 3,000원, 청소년 1,500원, 어린이 1,000원, 경로 무료 · **전화번호** 041-841-7222 · **홈페이지** http://www.magoksa.or.kr/

인근의 사찰을 가면 '마곡사의 말사이다'라는 문구를 많이 보게 되는데, 이곳이 바로 100여 개의 충청남도·대전·세종지역 사찰을 관장하는 대본산 대한불교조계종 제6교구 본사 마곡사다. 640년 자장이 창건하였고 고려 명종 때 보조국사가 중수하였다고 전하는 천년고찰이다. 이곳은 2018년 '산사, 한국의 산지승원'으로 유네스코 세계유산에 등재되었다.

'춘마곡추갑사(春麻谷秋甲寺)'라는 말은 '봄에는 마곡사의 봄 풍경이 좋고 가을에는 갑사의 가을 풍경이 좋다'는 뜻인데, 가을에 마곡사를 방문한다면 '춘마곡추마곡'이라는 말로 바뀌어야 한다는 생각이 절로 들 것이다. 마곡사로 가는 계곡길, 백범 김구 선생의 명상길도 아름다우니 놓치지 말자.

TIP
- 마곡사 식당가 앞에 있는 주차장에 주차하고 600m 숲길을 걸어가며 풍경을 즐겨도 좋고, 자동차로 매표소를 통과해 마곡사 앞에 있는 주차장까지 가도 좋다.
- 명부전 앞 애기 단풍은 마곡사에서 놓치지 말아야 한다.
- 영산전 현판은 1465년 세조가 직접 쓴 것이니 지나치지 말고 돌아보자.
- 백범 김구 선생이 1898년 마곡사에서 출가하고 후에 은신한 곳도 마곡사로 김구 선생의 흔적을 찾아 돌아보는 것도 좋다.

주변 볼거리·먹거리

마곡사 서울식당 주차장 앞에 있는 산채정식집이라 주차가 편하고, 산사 앞 식당답게 다양한 나물뿐만 아니라 주문과 동시에 구워나오는 전이 입맛을 돋운다.
Ⓐ 충청남도 공주시 사곡면 마곡상가길 13-2 Ⓗ 08:30~20:00 Ⓣ 041-841-8016 Ⓜ 더덕산채정식 18,000원, 산채정식 15,000원, 산채비빔밥 9,000원

SPOT 2

세조길 단풍길을 따라 만나는
산사의 가을
법주사

주소 충청북도 보은군 속리산면 법주사로 405 · **가는 법** 속리산터미널 → 도보 30분 · **입장료** 성인 5,000원, 청소년 2,500원, 어린이 1,000원 · **전화번호** 043-543-3615 · **홈페이지** http://www.beopjusa.org/

　　속리산 자락에 위치한 대한불교조계종 제5교구 본사다. 이곳 역시 마곡사와 더불어 2018년 '산사, 한국의 산지승원'으로 유네스코 세계유산이다. 법주사는 신라 진흥왕 14년에 창건한 천년 고찰이다.

　　법주사로 가는 2km의 오리숲길은 세조가 방문했을 때 행차했던 길을 따라 세조길로 이어진다. 법주사 곳곳에 물든 단풍도 아름답지만, 이곳이 더욱 아름다운 것은 속리산을 병풍 삼아 있기 때문이다. 국보 팔상전, 쌍사자석등, 석련지 등이 속리산과 어우러진 풍경을 보고 나면 다른 곳보다 유난히 비싼 문화재 관람료도 개의치 않게 된다.

TIP
- 주차장에서부터 법주사까지 1.5km가 넘는 길을 30분 정도 걸어야 하니 편한 신발은 필수다.

주변 볼거리·먹거리

정이품송 600년으로 추정되는 높이 15m의 노거수로 천연기념물 103호로 지정되었다. 1464년 세조가 법주사로 행차할 때 타고 있던 가마가 이 소나무 가지에 걸릴까 염려하자 소나무 스스로 가지를 번쩍 들어 올려 가마를 통과하게 했다고 전해진다. 이 연유로 세조는 소나무에 정2품 벼슬을 내렸다.

Ⓐ 충청북도 보은군 속리산면 법주사로 99
☏ 043-542-3006

SPOT 3

은행나무와
메타세쿼이아의 조화

피나클랜드 수목원

주소 충청남도 아산시 영인면 월선길 20-42 · 가는 법 아산시외버스터미널에서 버스 614번 승차 → 모원리 하차 → 도보 700m · 운영시간 수목원 09:00~19:00(입장마감 18:00), 카페 10:00~21:00 · 입장료 성인 10,000원, 청소년 9,000원, 어린이 8,000원, 커피세트 12,000원, 브런치세트 20,000원 · 전화번호 0507-1495-2584 · 홈페이지 https://pinnacleland.co.kr/

아산 영인면에 있는 수목원이다. 아산만 방조제 매립을 위해 채석장으로 사용되던 곳으로 거제 외도 보타니아를 설립한 이창호 선생이 만든 곳이다. 2021년 카페, 식당이 새 단장을 하면서 커피나 식사와 함께 수목원을 돌아볼 수 있게 되었다. 입구에는 메타세쿼이아와 은행나무가 있어 다른 곳에서 볼 수 없는 조합을 볼 수 있다. 또한 자작나무숲과 은행나무가 어우러져 특별한 가을 풍경을 만날 수 있다. 전망대로 가면 아산만을 조망할 수도 있다.

주변 볼거리·먹거리

영인산자연휴양림 영인산에 있는 이곳은 물놀이장, 집라인, 산림박물관 등이 있어 아이들과 함께 나들이하기 좋은 곳이다. 능선을 따라 봄에는 철쭉이 가득하고 가을에는 억새가 가득해 계절을 느끼기 좋은 곳이기도 하다. 휴양림에서 짧은 등산으로 영인산을 오를 수 있다.

Ⓐ 충청남도 아산시 영인면 아산온천로 16-26 Ⓞ 08:00~18:00 Ⓣ 041-538-1958 Ⓒ 성인 2,000원, 청소년 1,500원, 어린이 1,000원 Ⓒ 중형 2,000원

추천 코스 갑사 가는 길

1 COURSE 신원사 — 자동차 12분
2 COURSE 장순루 — 자동차 8분
3 COURSE 갑사

주소 충청남도 공주시 계룡면 신원사동길 1
입장료 3,000원
전화번호 041-852-4230
가는 법 공주종합버스터미널에서 버스 500번 승차 → 옥룡동주민센터 하차 → 버스 310번 환승 → 신원사 하차

3월 12주 소개(114쪽 참고)

주소 충청남도 공주시 계룡면 마방길 5-12
운영시간 11:00~16:00/매주 월요일 휴무
전화번호 041-857-5010
대표메뉴 고추짬뽕 10,000원, 짬뽕 9,000원, 탕수육 20,000원

고추짬뽕과 탕수육으로 유명한 곳이다. 방송에서 은둔 식당으로 소개될 만큼 도심에서 떨어진 계룡에 위치해 있다. 신원사나 갑사와 가까워 그곳에 가는 길에 들러보길 추천한다.

주소 충청남도 공주시 계룡면 갑사로 567-3
입장료 성인 3,000원
전화번호 041-857-8981

'추갑사'라는 말이 있을 정도로 가을 갑사의 단풍은 아름답다. 갑사 가는 길에 만나는 은행나무길도 좋다.

4월 17주 소개(150쪽 참고)

11월 둘째 주
깊어가는 가을

45 week

SPOT 1
구불구불 단풍길
말티재와 말티재전망대

주소 충청북도 보은군 장안면 장재리 산4-14(말티재전망대) · **가는 법** 보은시외버스공용정류장 → 택시 이동(15분 소요)

고려 태조 왕건이 말을 타고 속리산에 오르기 위해 돌을 깔아 길을 만들었다고 전해진다. 이후 조선 세조가 피부병으로 요양차 속리산 법주사로 행차할 때 가마에서 내려 말을 갈아타고 올랐던 길이라 하여 말티재라 부른다. 또한 말의 어원은 '마루'로 '높다'는 뜻이니 말티고개는 '높은 고개'라는 이름의 유래도 전해지고 있다. 2020년 2월 전망대가 조성되어 구불구불 뱀 같은 말티재고개를 한눈에 내려다볼 수 있다. 일몰이 아름다운 곳이다.

주변 볼거리·먹거리

속리산테마파크 모노레일 속리산테마파크에는 모노레인, 집라인, 스카이바이크, 스카이트레일이 있다. 모노레일은 7~8분 소요되며 정상에 도착하면 하행차를 예약하고 정상과 그곳의 목탁봉 카페를 즐겨 보자. 조금 심심할 수도 있지만 편하게 올라 속리산의 풍경을 즐기기에 좋다.

Ⓐ 충청북도 보은군 속리산면 속리산로 600 모노레일 승강장 Ⓞ 10:00~17:00(평일, 10:00 첫운행), 09:00~17:00(토~일요일 09:20 첫 운행) Ⓒ 모노레일 왕복요금 대인 7,000원, 소인 4,000원, 스카이 바이크(1대 최대 4인 탑승) 20,000원, 스카이트레일(1시간 이용 가능) 15,000원, ☎ 043-542-7998

삼년산성 삼국사기에 따르면 이 산성은 축성하는 데 3년이 걸렸다고 전하며 신라는 이곳을 백제 공격을 위한 최전방기지로 삼았다. 가장 높은 곳이 22m에 달하고 너비가 5~8m이다. 산성에 서서 보은을 한눈에 내려다볼 수 있으며 사람들이 많이 찾지 않아 조용하게 돌아보기 좋다.

Ⓐ 충청북도 보은군 보은읍 성주1길 104 ☎ 043-542-3384

> **TIP**
> - 전망대 가는 길에는 꼬부랑길 카페도 있어 커피 한잔 할 수 있다.
> - 속리산 숲체험휴양마을 주차장과 전망대 주차장 사이 데크길은 단풍이 멋지니 지나치지 말자.

SPOT 2

충주 시민들의 단풍 명소
석종사

주소 충청북도 충주시 직동길 271-56 · **가는 법** 충주공용버스터미널 → 택시 이동 (17분 소요) · **전화번호** 043-854-4705 · **홈페이지** http://www.sukjongsa.org/

충주 시민들이 생각하는 충주의 단풍 명소다. 지역민들이 찾는다면 이곳이야말로 진짜가 아닐까? 신라시대 절터였던 이곳은 조계종 사찰로 5층 석탑만이 남아 있었으나 1983년 비로소 창건되어 창건 시기는 짧다. 금봉산 자락에 있는 이곳은 출가한 승려들만을 위한 공간을 지향하고 재가자들에게도 공간을 열어두었으며 템플스테이도 운영하고 있다. 가을이면 경내에 단풍이 가득해 산사의 가을을 즐길 수 있다.

TIP
- 조실채 뒤 등산로를 따라 조금 올라가면 사찰을 한눈에 내려다볼 수 있다.
- 대웅전 뒤쪽 단풍과 단청이 어우러지는 풍경이 아름답다.

주변 볼거리·먹거리

듀레베이커리 호암점 호암저수지에 자리 잡은 대형 베이커리 카페다. 야외 공간도 넓고 호암지를 한눈에 내려다볼 수 있어 단풍이 아름다운 계절에 방문한다면 카페에서 편안하게 단풍 구경을 할 수 있다. 소금버터빵이 유명한데 소금버터빵은 1인당 5개까지만 구매 가능하다.

Ⓐ 충청북도 충주시 중원대로 3250 Ⓞ 09:30~21:30/매주 화요일 휴무 Ⓣ 043-848-5451 Ⓜ 소금버터빵 2,200원, 통마늘빵 5,500원, 아메리카노 4,800원

SPOT 3
추억의 경양식집
훼미리 레스토랑

주소 충청남도 홍성군 홍성읍 아문길 59 · **가는 법** 홍성터미널에서 버스 276번, 860번 승차 → 푸른외과 하차 · **운영시간** 11:00~21:00/매월 첫째, 셋째 주 일요일 휴무 · **전화번호** 041-632-5103 · **대표메뉴** 돈가스 8,000원, 오무라이스 8,000원, 비프가스 12,000원, 치즈돈가스 9,000원

어린시절 추억을 떠올릴 수 있는 경양식집이다. 입구에는 착한가격업소 안내문이 붙어 있을 정도로 착한 가격, 청결한 가게 운영으로 기분 좋은 서비스를 제공하는 곳이다. 이곳 내부로 들어가면 마치 30년 전으로 타임머신을 타고 들어간 듯하다. 왕돈가스는 큰 접시를 가득 채우고도 넘치게 담겨 나와 성인 남자가 먹어도 배가 부를 넉넉한 양이고, 곁들임 야채도 푸짐하다. 한국인은 밥심이라 말하듯 밥도 별도로 넉넉하게 나와 배부르게 추억을 맛볼 수 있다.

주변 볼거리·먹거리

용봉산 해발 381m로 높은 산은 아니나 산 전체가 기묘한 바위와 봉우리로 되어 있어 충청남도의 금강산이라 부르는 홍성의 진산이다. 용의 몸집에 봉황의 머리를 얹은 듯한 산의 모양으로 용봉산이라 부른다.

ⓐ 충청남도 홍성군 홍북읍 ⓣ 041-630-1784 ⓔ 추천 코스 : 용봉산무료주차장-병풍바위-용바위-악귀봉-노적봉-용봉산 정상-최영장군활터-용봉산무료주차장(약 5.2km)

추천 코스 천안의 가을

1 COURSE 🚗 자동차 3분
독립기념관단풍나무숲길

2 COURSE 🚗 자동차 3분
천안커피웍스

3 COURSE
이동녕선생생가지

주소	충청남도 천안시 동남구 목천읍 독립기념관로 1
운영시간	09:30~18:00/매주 월요일 휴관, 단풍나무숲길은 휴관일에도 이용 가능
전화번호	041-560-0114

20년이 넘은 단풍나무가 만들어 내는 단풍터널이 4km가량 이어진다.

주소	충청남도 천안시 동남구 목천읍 서리1길 26
운영시간	화~일요일 10:00~21:00, 월요일 10:00~15:00
전화번호	010-9489-0822
대표메뉴	롱블랙 4,500원, 플랫화이트 5,000원
홈페이지	https://www.instagram.com/cheonan.coffee/

독립기념관과 가까운 카페이며 높은 창으로 인해 답답하지 않고 우드톤의 인테리어가 편안함을 더해 준다.

주소	충청남도 천안시 동남구 목천읍 동리4길 36
운영시간	하절기 09:00~18:00, 동절기 09:00~17:00/매주 월요일 휴관
전화번호	041-521-3355
홈페이지	https://www.cheonan.go.kr/leedn.do

독립운동가 석오 이동녕 선생의 생가와 기념관이 함께 있다. 신흥무관학교 초대 교장이자 대한민국 임시정부 창립 일원으로 독립운동을 이야기할 때 빼놓을 수 없는 석오 이동녕 선생의 이야기를 이곳에서 살펴볼 수 있다. 생가 주변에는 왜가리 서식지가 있어 아이들과 함께하는 생태체험으로도 추천한다.

11월 셋째 주
은행나무길을 걸어 봐

46 week

SPOT 1
아름다운 10대 가로수길
현충사곡교천 은행나무길

주소 충청남도 아산시 염치읍 백암리 502-3 · **가는 법** 온양온천역에서 버스 970번 승차 → 신일아파트입구 하차

곡교천 충무교에서부터 현충사 입구까지 2.2km 구간에 양쪽으로 350여 그루의 은행나무가 있어 은행나무터널을 볼 수 있다. 몇 해 전까지만 해도 자동차가 다니는 길이었지만 보행자 전용으로 바뀌면서 안전하게 은행나무를 구경할 수 있다. 여름에는 시원한 나무 그늘로 공원처럼 쉬어가기 좋고 가을에는 황금빛 터널 아래 인생 사진을 남길 수 있다. '전국의 아름다운 10대 가로수길'로 선정된 바 있다.

TIP
- 은행잎이 황금빛으로 물들 때도 좋지만 잎이 떨어져 황금 카펫을 만들었을 때 이 곳이 더욱 아름답다.
- 사람 없는 풍경을 찍고 싶다면 이른 아침 방문을 추천한다.
- 무료 자전거 대여소가 아산문화예술공작소 근처에 있으니 아래 곡교천을 자전거로 달려보자.

주변 볼거리·먹거리

카페 언더힐 은행나무길 옆에 위치한 주택을 개조해 만든 카페다. 은행나무길을 걷다 잠시 쉬어가며 커피 한잔 하기 좋다. 재료가 넉넉하게 들어간 샌드위치 맛집으로 소문이 나 있다.

Ⓐ 충청남도 아산시 염치읍 송곡남길 90 1층 Ⓣ 0507-1348-2430 Ⓜ 힐라테 6,000원, 아메리카노 5,000원, 토마토바질샌드위치 6,600원, Ⓗ https://www.instagram.com/cafe.underhill/

SPOT 2
차분한 단풍 구경은 여기서
향천사

주소 충청남도 예산군 예산읍 향천사로 117-20 · **가는 법** 예산버스터미널에서 버스 545-4번, 530번 승차 → 예산초교앞 하차 → 도보 1.6km · **홈페이지** http://www.sukjongsa.org/

    금오산 향로봉 아래에 있는 천년고찰이다. 백제 말 의자왕 16년 의각스님이 창건하였으나 임진왜란 당시 전소되었다가 중건되었다. 조용한 사찰이지만 가을이면 경내와 금오산 자락 계곡을 따라 알록달록 단풍이 물들어 가을 여행지로 좋다. 예산 시내에서 차로 10분이면 갈 수 있어 예산 군민들에게는 휴식처 같은 곳이다. 계곡의 화려한 애기 단풍으로 여행자들에게 단풍 명소로 소문이 나 있다.

| TIP |
- 계곡으로 넘어가는 길에 있는 천불전은 515불이 봉안되어 있는 충청남도문화재 제173호다.
- 계곡을 따라 단풍산책로가 좋으니 편한 신발을 신고 단풍길을 즐겨보자.

주변 볼거리·먹거리

예산국수 예산 8미 중 하나인 예산국수는 예산슈퍼 어디서든 살 수 있지만 이곳에서는 직접 만들어 말리는 모습, 말린 국수를 툭툭 잘라 종이에 돌돌 말아주는 등 특별한 풍경을 볼 수 있다. 이곳의 국수로 잔치국수를 만들어 먹으면 공장에서 생산된 국수와 이곳의 국수가 확연히 다름을 알 수 있다.

Ⓐ 충청남도 예산군 예산읍 천변로 167 ⓣ 041-332-2912 ⓒ 소면 4,000원, 중면 4,000원, 메밀면 5,000원

SPOT 3

대전 빵지순례지
성심당

주소 대전광역시 중구 대종로480번길 15 · **가는 법** 중앙로역 2번 출구 → 도보 180m · **운영시간** 08:00~22:00 · **전화번호** 1588-8069 · **주차** 10,000원 이상 구매 시 주차권 제공(우리등주차장) · **대표메뉴** 튀김소보로 1,600원, 판타롱부추빵 1,800원, 튀김소보로세트(6개) 10,000원 · **홈페이지** https://www.sungsimdang.co.kr/

대전하면 성심당을 먼저 떠올릴 정도로 유명한 빵집이다. 1958년 대전역 앞 작은 빵집으로 시작해 대전역, 롯데백화점 대전점, DCC 등 여러 곳에 지점을 낸 대전의 향토빵집이다. 본점 옆 건물에는 케익부띠끄가 있어 케이크와 구움과자 등을 별도로 구입할 수 있고 앞에 있는 옛맛솜씨에서는 빙수 등 추억의 맛을 볼 수 있다.

주변 볼거리·먹거리

한국도로공사회덕메타세쿼이아길 경부고속도로 옆에 있어 고속도로에서도 보이는 곳이다. 한국도로공사에서 도로를 만들면서 우려되는 산림파괴를 최소화하기 위해 숲을 조성한 것이다. 고속도로변에 있어 자동차의 소음도 있지만 조용하게 주황빛 메타세쿼이아길을 걷고 싶을 때 추천한다.

ⓐ 대전광역시 대덕구 신대동 21-3

추천 코스 아산의 가을

1 COURSE ☞ 공세리성당   🚗 자동차 16분

2 COURSE ☞ 현충사   🚗 자동차 7분

3 COURSE ☞ 아산지중해마을

주소 충청남도 아산시 인주면 공세리성당길 10
전화번호 041-533-8181
가는 법 삽교천시외버스터미널에서 버스 601번, 600번 승차 → 인주파출소 공세리성당 하차

12월 51주 소개(400쪽 참고)

주소 충청남도 아산시 염치읍 백암리
운영시간 하절기 09:00~18:00, 동절기 09:00~17:00/매주 월요일 휴관
전화번호 041-539-4600

충무공 이순신의 사당이 있는 곳으로 가을이 되면 화려한 가을 풍경으로 단풍 여행지가 된다.

주소 충청남도 아산시 탕정면 탕정면로8번길 55-7
전화번호 041-547-2246

흰색 건물에 파란색 돔 지붕으로 지중해를 떠올리게 하는 복합쇼핑몰이다. 그리스 산토리니의 하얀 벽과 파란 지붕 등 유럽을 떠올리게 만드는 마을이다. 66개 동의 건물로 이루어져 있고 레스토랑, 카페. 공방 등이 있다.

11월 넷째 주

주황빛으로 물드는
메타세쿼이아 숲

47 week

SPOT 1

최고의 뷰 포인트를 찾아

장태산
자연휴양림

주소 대전광역시 서구 장안로 461 · **가는 법** 대전역 역전시장에서 버스 20번 승차 → 장태산자연휴양림 하차 · **운영시간** 24시간 연중무휴 · **전화번호** 042-270-7883 · **홈페이지** https://www.jangtaesan.or.kr:454/

　개인이 20년 동안 조성한 메타세쿼이아숲을 대전시에서 관리하며 모든 사람이 볼 수 있는 자연휴양림이 되었다. 숲속의집과 산림휴양관이 있어 숙박하며 산림욕을 즐길 수도 있다. 메타세쿼이아숲 곳곳에 산림욕을 즐길 수 있도록 휴식 시설이 잘 조성되어 있다. 306m 높이의 장태산 등산과 연계할 수 있으며 형제바위에서는 일몰을 바라보며 숲속어드벤처를 조망할 수 있는 곳이다. 전망대가 되는 숲속어드벤처 또한 뷰가 좋은 곳이다. 출렁다리가 생기면서 그곳을 조망할 수 있는 바위가 최고의 뷰 포인트로 꼽히고 있다.

주변 볼거리·먹거리

인터뷰카페 장태산 장태산 자연휴양림 입구에 있는 카페로 숙소와 함께 운영중이다. 계곡 옆 야외 좌석도 있어 계절을 느낄 수 있다.

Ⓐ 대전광역시 서구 장안로 452 ⓓ 09:00~19:00 Ⓜ 아메리카노 4,500원, 플랫화이트 5,000원 Ⓗ https://stayinterview.co.kr/pension/13

장안저수지 장태산 자연휴양림으로 가는 길에 있는 저수지로 반영과 물안개를 볼 수 있는 곳이다. 가는 길이 비포장이라 운전에 주의가 필요하다.

Ⓐ 대전광역시 서구 장안동 산11-5

TIP

- 아찔한 전망을 자랑하는 바위는 당나귀가 있는 식당 매점 옆 계단으로 오르면 되고 이곳에서 일출을 볼 수 있다. 일몰은 형제바위 전망대에서 볼 수 있다.
- 숲길을 걸으며 산림욕을 즐길 수 있도록 편한 신발을 추천한다.

SPOT 2

이국적인 메타세쿼이아숲

온빛 자연휴양림

주소 충청남도 논산시 벌곡면 황룡재로 480-113 · **가는 법** 논산시외버스터미널에서 버스 323번 승차 → 한삼천리 하차 → 도보 4분

2019년 처음 이곳을 찾았을 때 옥색 물빛과 주황색 메타세쿼이아숲 그리고 노란색 집을 보고 여긴 스위스라며 감탄했었다. 매 계절 이곳을 찾아 기록을 남기고 공유하면서 조금씩 이국적인 사진 명소로 소문이 나기도 했다. 이제는 드라마 촬영지로 더 잘 알려지면서 조용한 시간을 찾기가 더욱 어려워졌다.

TIP
- 주차장에서 5분 정도 걸으면 나오는 노란색 집과 그 앞에 있는 사방댐이 이곳의 주요 명소다.
- 봄에는 철쭉, 여름에는 초록숲, 가을에는 주황빛 메타세쿼이아숲, 겨울에는 설경이 아름다운 사계절 사진 맛집이다.

주변 볼거리·먹거리

김종범사진문화관
사진 전시관과 카페가 함께 있다. 산책로를 따라 대나무숲이 있고 그곳에 있는 숲속교회는 사진 찍기 좋은 곳이다.
Ⓐ 충청남도 논산시 양촌면 대둔로351번길 48 Ⓓ 10:00~19:00 Ⓣ 0507-1341-3233

SPOT 3

덕산 온천수를
프라이빗 숙소에서

온연 프라이빗 빌라 앤 스파

주소 충청남도 예산군 덕산면 온천단지1로 69-5 · 가는 법 덕산스파정류장 → 도보 10분 · 전화번호 0507-1486-1888 · 홈페이지 https://www.onyun.co.kr/

    덕산온천은 게르마늄 성분이 포함되어 있어 근육통, 관절염 등에 효능이 있다고 알려져 있다. 이곳은 예산 10경 중 하나로 꼽히며 온천지구 내에 온천장과 관광호텔들이 있다. 온연 프라이빗 빌라 앤 스파는 덕산온천 지구에 있는 숙박시설로 천연온천을 개별 룸테라스에서 즐길 수 있다. 추운 겨울에도 프라이빗한 야외 천연온천을 즐길 수 있다.

주변 볼거리·먹거리

덕산 메타세쿼이아 길 덕산온천관광지 입구에 메타세쿼이아 치유의숲길이 450m 정도 이어져 있다. 길 가운데는 사랑의 우체통이 있는데, 이는 멸종한 지 45년 만에 자연적 부화에 성공한 황새를 기념하기 위해 매년 황새가 자연의 품으로 돌아간 7월 23일 편지가 배달되는 느린 우체통이다.

Ⓐ 충청남도 예산군 덕산면 시량리 27-31

내포보부상촌 보부상을 주제로 전시관, 저잣거리 및 난장 등을 체험해 볼 수 있어 아이들과 함께하면 좋다.

Ⓐ 충청남도 예산군 덕산면 온천단지1로 55 Ⓗ 화~금요일 10:00~19:00, 토~일요일 10:00~20:00/매주 월요일 휴무 Ⓣ 041-337-8830 Ⓒ 성인 11,000원, 청소년 9,000원, 소인 7,000원(예산군민, 충청도민 할인)

추천 코스 청주에서 문화와 예술로 채우는 하루

1 COURSE 국립현대미술관 청주
🚶 도보 5분
2 COURSE 동부창고
🚗 자동차 6분
3 COURSE 수암골전망대

주소 충청북도 청주시 청원구 상당로 314
운영시간 10:00~18:00/매주 월요일 휴관
전화번호 043-261-1400
홈페이지 https://mmca.go.kr/

담배공장이던 연초제조창 창고가 미술관으로 변신했다. 마치 프랑스의 옛 기차역이 오르세미술관으로, 영국의 화력발전소가 테이트모던미술관으로 변신한 것과 같다. 또한 이곳은 수도권을 제외한 첫 국립현대미술관이며 국내 최초의 수장형 미술관이라 의미 있는 곳이다.

주소 충청북도 청주시 청원구 덕벌로 30
운영시간 10:00~22:00/매주 월요일 휴무
전화번호 0507-1325-6861
홈페이지 https://www.dbchangko.org/

카페부터 창의예술공간, 연습공간 등 다양한 문화를 경험할 수 있는 복합문화예술공간이다. 창고를 개조해 만든 곳으로 곳곳에 있는 그라피티가 힙한 감성을 돋운다. 직접 참여하지 않고 그냥 카페에서 차 한잔 해도 좋다.

주소 충청북도 청주시 상당구 수동 81-245
전화번호 043-201-2042
주차 삼일공원주차장 이용

청주 시내를 한눈에 내려다볼 수 있는 전망대로 드라마 촬영지로 알려지면서 수암골 카페거리가 생겨 연인들의 데이트 장소로 많이 이용된다. 밤에 방문한다면 청주의 야경을 즐길 수 있다.

11월의 충청도
지하철로 만나는 천안 아산 단풍

11월 초에서 중순까지 충청도는 가을빛으로 물든다. 은행나무가 노랗게 물들고 단풍나무가 빨갛게 물들고 마지막으로 메타세쿼이아까지 주황빛으로 물들며 가을은 절정에 이른다. 아무리 아름다운 여행지라도 접근성이 떨어지면 아쉬운데 천안과 아산은 수도권에서 1호선으로 올 수 있는 접근성 좋은 여행지다. 수도권의 단풍이 절정을 지날 때 즈음 이곳의 단풍은 절정이 된다.

2박 3일 코스 한눈에 보기

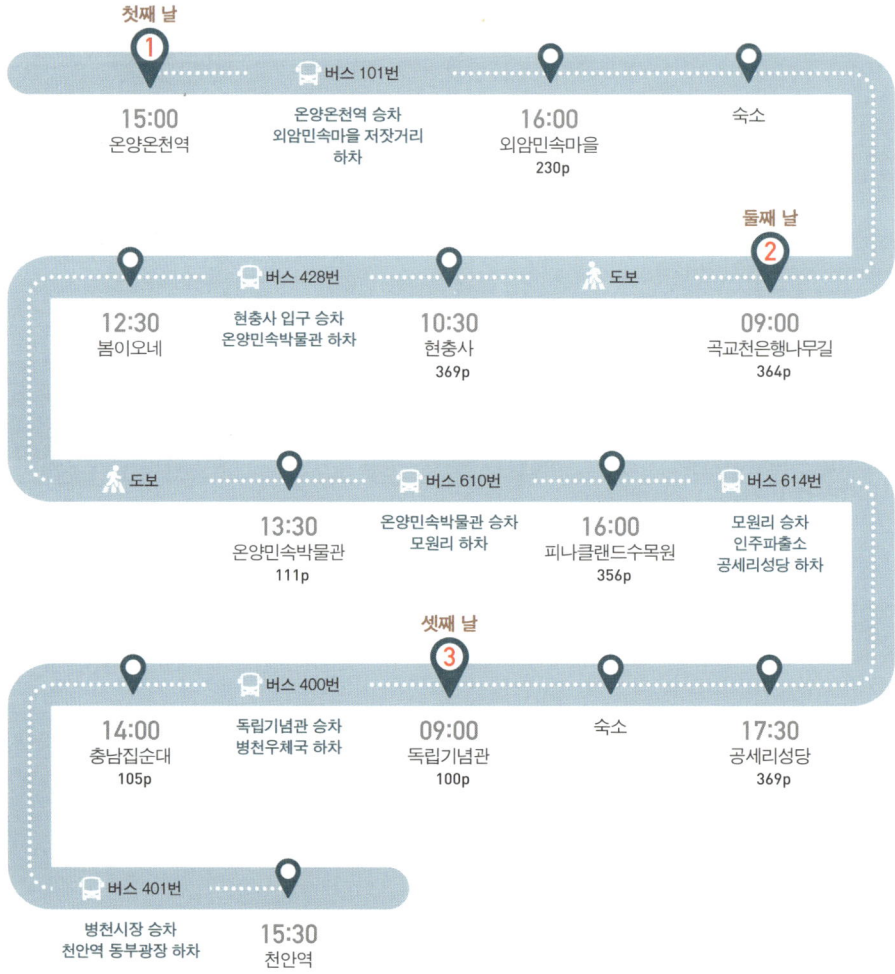

첫째 날
- 15:00 온양온천역
- 버스 101번 온양온천역 승차 / 외암민속마을 저잣거리 하차
- 16:00 외암민속마을 230p
- 숙소

둘째 날
- 09:00 곡교천은행나무길 364p
- 도보
- 10:30 현충사 369p
- 버스 428번 현충사 입구 승차 / 온양민속박물관 하차
- 12:30 봄이오네
- 도보
- 13:30 온양민속박물관 111p
- 버스 610번 온양민속박물관 승차 / 모원리 하차
- 16:00 피나클랜드수목원 356p
- 버스 614번 모원리 승차 인주파출소 공세리성당 하차
- 17:30 공세리성당 369p
- 숙소

셋째 날
- 09:00 독립기념관 100p
- 버스 400번 독립기념관 승차 / 병천우체국 하차
- 14:00 충남집순대 105p
- 버스 401번 병천시장 승차 / 천안역 동부광장 하차
- 15:30 천안역

한 해를 마무리하기에 서해보다 좋은 곳이 있을까? 해안을 따라 드라이브하다 어디에 멈춰서도 아름다운 일몰을 볼 수 있는 곳이 바로 서해의 매력이다. 낙엽이 지고 황량한 풍경이 아쉽다면 잘 꾸며진 영화세트장이나 드라마 촬영지 선샤인랜드, 온달관광지 등으로 가보자. 황량한 풍경 대신 화려한 세트를 돌아보다 보면 마치 시간여행을 온 듯하다. 크리스마스 즈음에는 크리스마스트리로 화려하게 꾸며지는 공세리성당, 국립세종수목원 등과 카페를 찾아다니는 즐거움도 빼놓을 수 없다.

12월의 충청도

서해 일몰을 보며
한 해를 마무리

12월 첫째 주
겨 울 의 시 작

48 week

SPOT 1
해 질 무렵 은빛 물결
신성리갈대밭

주소 충청남도 서천군 한산면 신성리 125-1 · **가는 법** 서천여객터미널에서 버스 6-3번 승차 → 온동리 하차 → 도보 2.5km(택시 이용 시 20분 소요) · **전화번호** 041-950-4018

　서천군과 군산시가 만나는 금강하구에 펼쳐진 갈대밭으로 너비 200m, 길이 1.5km, 면적 10만여 평이 넘는 규모이다. 금강 하류에 위치한 까닭에 퇴적물이 쉽게 쌓이고 범람의 우려로 인해 강변습지에 농사를 짓지 않아 자연스럽게 무성한 갈대밭이 형성되었다.
　신성리 갈대밭은 영화 <공동경비구역 JSA>로 유명해진 곳이다. 그 이외에도 <킹덤>, <추노> 등 다양한 드라마 촬영지로 알려진 아름다운 갈대밭으로 우리나라 4대 갈대밭 중 하나다. 주차를 하고 제방에 올라서서 보면 한눈에 갈대밭을 내려다볼 수 있고 스카이워크와 전망대에서 은빛 갈대 물결을 조망하며 산책을 즐길 수도 있다.

겨울이 되면 이곳은 청둥오리를 비롯한 오리류, 고니류 등 40여 종, 10만여 마리의 철새가 찾아드는 곳이기도 하다.

TIP
- 5월부터는 초록빛 갈대를, 10월 초에서 12월 초까지는 은빛 갈대를 만날 수 있다.
- 해 질 무렵 방문하면 일몰 빛에 반짝이는 금빛 갈대를 볼 수 있다.
- 해가 지는 방향은 제방 너머이니 스카이워크에서 제방을 바라보면 역광에 반짝이는 갈대와 일몰을 즐길 수 있다.

주변 볼거리·먹거리

선도리갯벌마을 기암괴석 너머 일몰을 볼 수 있는 곳이다. 이곳은 '낙조 감상하기 좋은 해안길'로 꼽힌 국도 5호선의 한 부분이다. 갯벌이 드러나면 쌍섬까지 걸어갈 수도 있다. 비인해변으로 가면 기암괴석 너머 일몰을 바라볼 수도 있다.

Ⓐ 충청남도 서천군 비인면 선도리 383번지

춘장대해수욕장 울창한 송림, 완만한 경사의 백사장과 갯벌체험을 할 수 있는 곳이다. 여름 휴가철이 아니어도 사계절 카이트 보딩을 즐기는 이들을 많이 볼 수 있다. 낙조가 아름다운 곳으로 갈매기와 함께 일몰을 즐기기 좋다.

Ⓐ 충청남도 서천군 서면 춘장대길 20
Ⓣ 041-953-3383 Ⓗ http://www.chunjangdaebeach.com/

SPOT 2

세종의 새로운 랜드마크

금강보행교
(이응다리)

주소 세종특별자치시 연기면 세종리 29-111(금강보행교 남측주차장), 세종특별자치시 연기면 세종리 548-115(금강보행교 북측주차장) · 가는 법 세종시고속시외버스터미널에서 버스 221번 승차 → 세종시청 하차 → 도보 12분 · 운영시간 06:00~23:00

2022년 3월 세종의 새로운 랜드마크 금강보행교가 개통했다. 금강보행교는 금강을 건널 수 있는 국내에서 가장 긴 보행교로 그 모양이 특별하다. 바로 하늘에서 내려다보면 동그라미 모양이기 때문인데, 이는 '함께 둥글게 행복하자'라는 의미를 담고 있다. 또한 금강보행교는 세종대왕이 한글을 반포한 1446년을 기념하기 위해 길이 1,446m, 폭은 460m로 건설되어 조선 4대 임금인 세종과 행복도시 6개 생활권의 의미를 담고 있다.

이곳 금강보행교는 일몰 후 조명이 들어오면 도심의 고층 아파트와 함께 더욱 화려해진다.

TIP
- 북쪽 주차장에서는 바로 전망대로 오를 수 있다.
- 전망대 중앙에서 파노라마 기능으로 사진을 찍으면 전체를 찍을 수 있다.
- 복층 구조로 되어 있으며 1층은 자전거, 2층은 보행자 전용이다.
- 조명은 일몰 후 23시까지 켜져 있으며 야경 명소로 알려져 있다.

주변 볼거리·먹거리

원수산 해발 251m의 낮은 산이지만 짧은 등산으로 세종시를 한눈에 내려다 볼 수 있는 곳이다. 일몰이 아름다우며 야경 명소이기도 하다. 아이들이 숲체험을 할 수 있는 놀이터가 곳곳에 있어 아이들과 함께 하기도 좋은 곳이다.

Ⓐ 세종특별자치시 연기면 세종리 734-40

SPOT 3

돈가스에 황태국,
돌솥밥이 나오는 식당

여러분 고맙습니다

주소 충청남도 공주시 제민천3길 86-1 · **가는 법** 공주종합버스터미널에서 버스 600번 승차 → 중동사거리 하차 → 도보 4분 · **운영시간** 07:00~18:00/늦은 저녁 식사는 전화 확인 · **전화번호** 041-852-6595 · **대표메뉴** 등심돈가스 12,000원, 안심돈가스 15,000원, 황태해장국 10,000원

간판에는 등심돈가스, 안심돈가스 메뉴만 적혀있을 뿐 가게 이름이 없다. 그런데 이곳의 이름이 '여러분고맙습니다'라니 그 이름만으로도 흥미를 끌기에 충분하다. 19년 전 처음 가게를 열었을 때 아마도 이름 없이 시작했다 이렇게 굳어졌을 것이다. 돈가스를 주문하면 1인분 양의 황태해장국이 나오고 뚝배기에 갓 지은 밥도 한솥 나온다. 밥을 그릇에 퍼내면 여느 돌솥밥과 마찬가지로 물을 부어 누룽지도 끓여내준다. 돈가스와 뚝배기돌솥밥, 그리고 황태해장국까지 어울리지 않는 조합일 듯하지만 너무나 잘 어울린다. 거기에 구수한 누룽지는 디저트 역할을 한다. 이름만큼 음식도 인상적이다.

주변 볼거리·먹거리

홈바운드 고향인 공주로 다시 내려온 사장님, 그래서 이름이 홈바운드다. 구도심과 잘 어울리는 감각적인 인테리어가 눈에 띈다. 알밤테린느를 추천하며 원두는 륙스를 사용한다. 최근 숙소도 함께 운영하고 있어 숙소에서 홈바운드의 감성을 그대로 느낄 수 있다.

Ⓐ 충청남도 공주시 산성1길 12 Ⓞ 금~월요일 11:00~18:00/매주 화~목요일 휴무 Ⓣ 010-7532-7474 Ⓜ 아메리카노 4,000원, 카푸치노 4,500원, 밤크림라테 6,000원, 알밤테린느 5,500원 Ⓗ https://www.instagram.com/homebounder/

추천 코스 소제동으로 가자~

1 COURSE 파운드 — 도보 1분 — **2 COURSE** 오아시스 — 도보 2분 — **3 COURSE** 치앙마이방콕

주소 대전광역시 동구 수향길 25
운영시간 11:30~21:00(15:00~17:00 브레이크 타임)
전화번호 070-4449-8381
대표메뉴 서천 김 페스토 파스타 13,900원, 예산 꽈리고추 닭구이 14,900원, 금산 추부 깻잎 리조또 15,900원, 안면도 대하 로제파스타 18,900원
홈페이지 https://www.instagram.com/found__soje/?igshid=o4s33c0si7

금산 깻잎, 서천 김, 예산 꽈리고추 등 충청도 지역 식재료를 이용한 음식을 맛볼 수 있다. 그냥 깻잎 크림 보리 리조또도 '금산 추부 깻잎'이 들어가 요리가 더욱 건강하고 특별해진다.

주소 대전광역시 동구 철갑3길 15
운영시간 11:00~21:00
전화번호 042-626-0075
대표메뉴 아메리카노 5,000원, 우유니 아인슈페너 6,500원, 태양에이드 6,500원
홈페이지 https://www.instagram.com/oasis__soje/

소제동의 시조새격인 초기 카페다. 사막 같은 소제동에 오아시스가 되어 준 그런 카페다.

주소 대전광역시 동구 철갑3길 8
운영시간 11:00~21:00/15:00~17:00 브레이크 타임
전화번호 042-628-7890
대표메뉴 치앙마이식 뼈찜 29,000원, 코코넛커리씨푸드 에그누들 17,000원, 쉬림프 팟타이 17,000원
홈페이지 http://www.glowseoul.co.kr/layout.php?f=home

대전에서 태국 치앙마이 감성을 고스란히 느낄 수 있는 곳이다. 다른 곳에서 맛보기 힘든 뼈찜 램쌥을 추천한다.

12월 둘째 주

드라마 세트장에서
나만의 영화 한편

49 week

SPOT 1

1900년대 한성으로 떠나는
시간여행

논산
선샤인랜드

주소 충청남도 논산시 연무읍 봉황로 102 · 가는 법 논산시외버스터미널 오거리에서 버스 201번, 213번, 220번, 212번, 204번 승차 → 훈련소입소대대 하차 → 도보 17분(1km) · 운영시간 하절기 09:00~18:00, 동절기 09:00~17:00/매주 수요일 휴무 · 전화번호 041-730-2955 · 홈페이지 http://www.nonsan.go.kr/sunshine/

군인훈련소만 연상되던 논산 연무에 드라마 제작을 위해 논산시가 부지와 기반시설을 제공하고 드라마 제작사가 공동 투자하여 만든 국내 최초의 민관합작 드라마 테마파크이며, 국내 유일의 개화기 촬영장이다.

연면적 6천 평 규모에 근대양식 건축물 5동, 와가 19동, 초가 4동, 적산가옥 9동이 있어 1900년대 초 개화기 한성을 그대로 재현하고 있어 근대화를 배경으로 하는 드라마, 영화 촬영 장소로 활용되고 있다.

선샤인랜드는 드라마의 촬영지로 이용된 선샤인 스튜디오뿐만 아니라 한국전쟁 이후 풍경을 그대로 재현한 1950스튜디오, 스크린사격 등을 실내에서 즐기는 밀리터리 체험관, 생생한 전투현장을 체험할 수 있는 서바이벌 체험장으로 구성되어 있다.

TIP
- 근대화 거리에서 인생 사진을 남기고자 한다면 선샤인스튜디오 내부에 있는 양품점에서 개화기 의상, 한복, 일본 의상을 대여해 활용해 보자.
- 드라마의 대사, 등장인물을 떠올리며 여행하는 즐거움을 위해 미리 드라마에 대한 정보를 확인하고 둘러보자.
- 1950년대 이후의 거리 풍경을 볼 수 있는 1950스튜디오는 무료로 이용 가능하다.
- 글로리호텔 2층 가배정은 개화기 인테리어 카페로 커피와 샌드위치 등을 맛볼 수 있다.

주변 볼거리·먹거리

은진손칼국수 엄마가 집에서 만들어 주는 칼국수가 떠오르는 소박한 멸치육수 칼국수집이다. 지역민들에게 더 인기 있는 식당이지만 평일 점심에도 대기해야 하는 지역 맛집이다. 메뉴는 손칼국수밖에 없지만 여름에는 콩국수도 맛볼 수 있다.

Ⓐ 충청남도 논산시 은진면 매죽헌로25번길 8 Ⓞ 11:30~18:30/매주 일요일 휴무 Ⓣ 041-741-0612 Ⓜ 칼국수 5,000원, 콩국수 6,000원

SPOT 2

삼국시대로 시간여행을 하다

온달관광지

주소 충청북도 단양군 영춘면 온달로 23 · **가는 법** 단양시외버스공영터미널(별곡2리 여성발전센터 앞)에서 단양-구인사행 버스(하루 7회 운영) 승차 → 온달관광지 하차 · **운영시간** 12~2월 09:00~17:00(16:00까지 입장 가능), 3~11월 09:00~18:00(17:00까지 입장 가능) · **입장료** 성인 5,000원, 청소년 3,500원, 어린이 2,500원, 경로 1,500원

고구려 명장 온달장군과 평강공주의 전설을 테마로 한 온달관광지는 드라마 세트장뿐만 아니라 천연동굴, 온산산성까지 볼 수 있는 단양팔경 중 하나다.

많이 보던 조선시대 한옥이 아니라 고구려시대의 건축양식이라 1500년 전으로 여행을 떠난 듯하다. 〈태왕사신기〉, 〈연개소문〉 등 다양한 사극의 배경이 된 이곳은 여전히 사극 촬영지로 활용되고 있다. 건물 내부는 역사적 인물의 소개 및 촬영 소품들을 볼 수 있는 전시관으로도 꾸며져 있다.

관광지 안에는 4억 5천 년 전에 생성된 것으로 추정되는 천연기념물 제261호 온달동굴이 있는데, 온달동굴은 주굴과 지굴의 길이가 800m 정도인 천연동굴이다.

온달동굴 위 성산 정상부의 온달산성은 한강 유역을 차지하기 위한 고구려와 신라의 전투가 치열했던 격전지로 온달이 이곳에서 신라에 맞서다 전사한 것으로 추측된다.

TIP
- 입구에는 향토음식점들이 몰려 있어 식사 전후 돌아보기 좋다.
- 온달동굴은 반드시 입구에 있는 안전모를 착용해야 하며 왕복 1.6km 좁은 동굴을 걷고 일부 구간은 허리를 숙여 100m 이상 걸어야 하는 구간이 있어 임산부와 노약자들에게는 안전을 이유로 추천하지 않는다.
- 온달산성에 오르면 남한강과 영춘면을 한눈에 내려다볼 수 있다.

주변 볼거리·먹거리

도담삼봉 남한강 한가운데 우뚝 솟은 3개의 바위로 만들어진 섬으로 단양팔경 중 하나다. 겨울에는 꽁꽁 얼어붙은 남한강 위에 새하얀 눈이 쌓여 여름과 다른 겨울의 풍경을 볼 수 있다.

Ⓐ 충청북도 단양군 매포읍 삼봉로 644-13 Ⓣ 043-422-3037 Ⓔ 주차 3,000원(제3 주차장 무료)

SPOT 3

부여시장에서 발견한 보물 같은 카페
구름한조각

주소 충청남도 부여군 부여읍 중앙로13번길 23-1 · **가는 법** 부여시외버스터미널 → 도보 6분 · **운영시간** 12:00~20:00/매주 일~월요일 휴무 · **전화번호** 0507-1346-6546 · **대표메뉴** 에그타르트 3,000원, 다쿠아즈 3,500원, 오늘의 케이크 6,500원 · **홈페이지** https://www.instagram.com/gureum_buyeo/

부여시장에서 발견한 보물 같은 카페다. 시장에서 이런 디저트 카페가 운영될까 싶지만 맛을 보면 누구라도 다시 찾게 되는 곳이다. 부여의 제철 과일을 이용해 만든 케이크는 꼭 맛보길 추천한다. 여름에 맛본 애플망고케이크가 맛있어 계절별로 달라지는 케이크를 맛보기 위해 다시 방문하고 싶어질 정도다. 커피도 다양한 원두를 선택할 수 있어 핸드드립을 추천한다.

주변 볼거리·먹거리

백제문화단지 1400년 전 백제 왕궁인 사비궁을 그대로 재현한 역사 테마파크다. 왕궁뿐 아니라 능사, 고분공원, 위례성 등이 조성되어 있다.

Ⓐ 충청남도 부여군 규암면 백제문로 455 Ⓞ 화~목요일(하절기) 09:00~18:00, (동절기) 09:00~17:00/금~일요일(하절기) 09:00~22:00, (동절기) 09:00~17:00 Ⓒ 성인 6,000원, 소인 3,000원, 야간개장(대인) 3,000원, (소인) 1,000원 Ⓗ https://www.bhm.or.kr/html/kr/

시골통닭 부여중앙시장에 있는 통닭집이다. 옛날통닭으로 통째로 튀겨나오는데 바삭한 식감을 위해 포장보다는 꼭 식당에서 먹기를 추천한다. 포장이라면 미리 전화해두면 바로 가게 앞이 공영주차장이라 30분 무료 주차가 가능하다.

Ⓐ 충청남도 부여군 부여읍 중앙로5번길 14-9 Ⓞ 10:00~~22:00/매주 월요일 휴무 Ⓣ 041-835-3522 Ⓜ 통닭 16,000원, 삼계탕 12,000원, 닭계장 7,000원

추천 코스 공주 짬뽕 로드

1 COURSE 🚗 자동차 7분 신관짬뽕

2 COURSE 🚗 자동차 10분 동해원

3 COURSE 청운식당

주소	충청남도 공주시 전막2길 32-7
운영시간	11:00~21:00(15:00~17:00 브레이크 타임)/매주 일요일 휴무
전화번호	041-857-2041
대표메뉴	짬뽕 8,000원, 짜장면 6,000원 탕수육(소) 14,000원

공주시민들 사이에서 짬뽕 맛집으로 인기를 끌고 있는 곳이다. 넉넉하게 들어간 고기와 찐득한 육수가 일품이다. 가게를 이전해 매장이 새단장했다.

주소	충청남도 공주시 납다리길 22
운영시간	11:00~15:00, 토요일 10:00~15:30/매주 일요일 휴무
대표메뉴	짬뽕 9,000원, 짜장면 7,000원, 탕수육(소) 15,000원
가는 법	공주종합버스터미널에서 도보 6분

공주에서 제일 유명한 짬뽕집이며 전국 5대 짬뽕집으로 손꼽히는 곳이다. 전국 짬뽕 마니아들이 찾는 곳으로 육짬뽕 전문이다.

주소	충청남도 공주시 의당면 의당로 321-8
운영시간	10:40~14:40(라스트 오더 14:30)/매주 일요일 휴무
전화번호	041-853-8314
대표메뉴	짬뽕 9,000원, 짜장면 6,000원

가게가 작고 영업시간이 짧아 대기는 기본이다. 중국집에 있는 그 흔한 탕수육, 군만두도 없이 짜장면과 짬뽕만 가능하며, 거기에 곱빼기 메뉴만 추가된다. 따로 공깃밥이 없어 진한 짬뽕 국물에 밥을 말아 먹고 싶다면 즉석밥 챙기는 것을 추천한다.

12월 셋째 주

눈 내린 고택

50 week

SPOT 1

수백 개의 장독대 위로
흰눈이 쌓이면

명재고택

주소 충청남도 논산시 노성면 노성산성길 50 · 가는 법 논산시외버스터미널에서 버스 501번, 509번, 508번 승차 → 교촌리 하차 → 도보 500m · 운영시간 하절기 10:00~17:00, 동절기 10:00~16:00/매주 월요일 휴무 · 전화번호 041-735-1215

　조선시대의 학자 명재 윤증 선생 생전에 지어진 곳으로, 조선 중기 호서지방의 전형적인 일반가옥을 보여주는 곳이다. 안채는 ㄷ자형, 사랑채까지 포함된 구조는 ㅁ자형의 목조 단층건물이다. 고택 앞에 있는 네모진 연못은 조선시대의 전통적인 연못이라 할 수 있다. 후손이 머물며 현재 한옥 스테이를 운영하고 있다. 명재고택을 이야기하며 수백 개의 장독대를 빼놓을 수 없다. 장독대 너머에는 세 그루의 느티나무가 있는데, 이 느티나무와 장독대 그리고 고택이 어우러진 모습이 아름답다.

주변 볼거리·먹거리

노성산 일출 노성산애향공원에서 출발해 1.8km 정도 걸으면 정상에 도착한다. 경사도가 가파르지 않고 완만해 일출 산행으로 어렵지 않다. 해발 348m 정상에서는 일출을 볼 수 있다.

Ⓐ 충청남도 논산시 노성면 교촌리 346-10(노성산애향공원)

TIP
- 후손의 사생활 침해를 막기 위해 지정된 장소 외에는 출입금지이니 반드시 준수해야 한다.
- 눈이 오는 날이라면 새하얀 장독대에 쌓인 눈을 보기 위해 찾는 곳이다.

SPOT 2

공주의 대표 여행지

공산성

주소 충청남도 공주시 금성동 53-51 · 가는 법 공주종합버스터미널에서 버스 125번 승차 → 공산성 하차 · 운영시간 09:00~18:00 · 입장료 성인 1,200원, 청소년 800원, 어린이 600원 · 전화번호 041-856-7700

　공주의 대표 여행지이며 중심에 있어 한번은 마주치게 되는 백제시대 산성이다. 백제시대에는 웅진성으로 불리다가 고려시대 이후 공산성으로 불린다. 475년 주왕이 웅진으로 천도하여 이곳에 자리 잡은 후 538년 성왕이 부여로 천도할 때까지 64년간 중심산성이었다. 공산성에는 출입구로 사용되는 금서루 외에도 진남루(남문), 영동루(동문), 공복루(북문) 등 4개의 성문이 있다.
　현재 이곳은 유네스코 세계유산 백제역사유적지구로 지정되어 있다. 봄에는 벚꽃, 진달래로 시작해 철쭉, 가을에는 구절초, 단풍까지 아름다운 계절의 변화를 느낄 수 있는 곳이다. 무엇보다 성곽에 서서 금강과 공주시내를 한번에 내려다볼 수 있어 공주 여행에서는 빠질 수 없는 곳이다.

TIP
- 안내소 운영시간이 09:00부터지만 운동, 일출을 위해 이른 아침이나 저녁 출입이 가능하다.
- 산성의 둘레가 2,450m로 오르막 내리막이 심해 한 바퀴를 돌고 싶다면 편한 신발을 추천한다.
- 시기에 따라 다르지만 금강 너머로 해가 뜨니 공산성 또는 그 주변 성곽에서 일출을 봐도 좋다.
- 입구 금서루에서 왼쪽 공복루 방향이 금강을 한눈에 내려다볼 수 있어 전망과 사진 찍기 좋은 곳이다.
- 한여름을 제외하고는 토~일요일에는 웅진성 수문병 근무교대식이 펼쳐진다.

주변 볼거리·먹거리

시장정육점식당 공산성 앞 백미고을 앞에 자리 잡은 식육식당이다. 야삭한 공주 알밤이 들어간 육회비빔밥이 인기 있으며 선지국이 함께 나온다. 한우구이도 합리적인 가격에 맛볼 수 있다.

Ⓐ 충청남도 공주시 백미고을길 10-5 Ⓞ 11:00~20:00(15:00~17:00 브레이크 타임)/매주 일요일 휴무 Ⓣ 041-855-3074 Ⓜ 육회비빔밥 13,000원, 따로국밥 9,000원, 선지해장국 8,000원

SPOT 3

SNS 감성 순대전골
국일순대

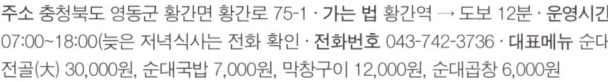

주소 충청북도 영동군 황간면 황간로 75-1 · **가는 법** 황간역 → 도보 12분 · **운영시간** 07:00~18:00(늦은 저녁식사는 전화 확인 · **전화번호** 043-742-3736 · **대표메뉴** 순대전골(大) 30,000원, 순대국밥 7,000원, 막창구이 12,000원, 순대곱창 6,000원

월류봉을 찾았다 우연히 찾은 식당이다. 대부분의 손님은 지역 주민으로 식사시간에만 붐비는 조용한 식당이다. 순대전골에 들어가는 순대는 분식집에서 맛볼 수 있는 순대가 들어가 있지만 곱창과 내장이 넉넉하게 들어가 전혀 아쉽지 않다. 곱창을 처음 주문하면 나오는 정갈한 모습이 마치 SNS 인기 맛집의 음식 모습이지만 이곳 주인은 무뚝뚝한 노부부다. 이곳에 갈 때는 현금을 준비하는 것도 좋다.

주변 볼거리·먹거리

월류봉 달이 머물다 가는 봉우리라는 뜻의 월류봉은 깎아지른 듯한 절벽 아래로 초강천이 흐르고 있어 절경이다. 바위와 소나무가 많아 겨울에 찾아도 아쉽지 않고 눈이 내린다면 더욱 아름답다. 월류봉 둘레길을 따라 트레킹을 해도 좋다.

Ⓐ 충청북도 영동군 황간면 원촌리 산18-12

덕승관 황간IC에서 가까워 경부고속도로 이용 시 들르기 좋은 유니짜장 전문점이다. 일반 면보다 가늘어 양념이 면에 잘 스며들어 여느 중국집과는 다른 유니짜장을 맛볼 수 있다. 재료 소진 시 일찍 문을 닫을 수 있으니 주말 마감 시간 즈음에는 전화 후 방문해 보자.

Ⓐ 충청북도 영동군 황간면 소계로 5 Ⓞ 11:00~19:30(15:00~17:00 브레이크 타임)/매주 월요일 휴무 Ⓣ 043-742-4122 Ⓜ 유니짜장 6,000원, 짬뽕(전복) 9,000원, 군만두 5,000원, 탕수육(小) 17,000원

추천 코스 눈 내린 홍성

1 COURSE 홍예공원 → 자동차 10분 → **2 COURSE** 이응노의집 → 자동차 7분 → **3 COURSE** 홍주성

주소 충청남도 홍성군 홍북읍 홍예공원로 38
가는 법 내포신도시고속시외버스 정류소 → 도보 10분

충청남도 도청이 있는 내포신도시에 있는 공원으로 충청남도도서관과 연계해 방문하면 좋다. 도서관과 공원 사이에 작은 자작나무숲이 있어 눈 내린 날 방문한다면 도심 속에서 눈 쌓인 숲길을 걸을 수 있다.

주소 충청남도 홍성군 홍북읍 이응노로 61-7
운영시간 09:00~18:00/매주 월요일 휴관(야외시설은 이용 가능)
전화번호 041-630-9232
홈페이지 https://www.hongseong.go.kr/leeungno/index.do

홍성의 대표 미술가 이응노의 삶과 작품을 만날 수 있는 곳이다. 예술 작품처럼 지어진 전시 공간인 이응노의집은 언제 방문해도 좋은 풍경을 만날 수 있다. 용봉산과 어우러지는 풍경이 눈 내린 다음 날 더욱 아름다워진다.

주소 충청남도 홍성군 홍성읍 아문길 20-1
전화번호 041-630-1226

홍성의 대표 여행지로 눈 내린 다음 성곽 걷기를 추천한다.

12월 넷째 주

추운 날은 실내로

51 week

SPOT 1

온실에서 만나는 크리스마스

국립 세종수목원

주소 세종특별자치시 연기면 수목원로 136 · **가는 법** 세종고속시외버스터미널에서 버스 221번 승차 → 국립세종수목원, 중앙공원 하차 · **운영시간** 하절기(3~10월) 09:00~18:00, 동절기(11~2월) 09:00~17:00/매주 월요일 휴관 · **입장료** 성인 5,000원, 청소년 4,000원, 어린이 3,000원 · **전화번호** 044-251-0001 · **홈페이지** https://www.sjna.or.kr/main/

세종시 도심 한가운데 위치한 수목원으로 국내 최초 도심형 수목원이다. 사계절온실, 한국전통정원 등 다양한 테마로 2,834종, 172만 본의 식물 관람이 가능하다. 사계절온실은 추운 겨울에 방문하기 최적이며 두꺼운 외투는 잠시 벗어두고 다녀도 될 만큼 따뜻하다.

사계절온실은 지중해전시실, 열대전시온실, 특별기획관으로 구성되어 다양한 기후대의 식물을 만날 수 있다. 특히 특별기획관에서는 계절에 맞춰 다양한 전시가 열리는데 겨울에 방문하면 대형 크리스마스트리 장식을 볼 수 있어 크리스마스 즈음 방문하면 좋다.

TIP
- 사계절온실은 더우니 외투는 입구에 있는 보관함에 보관하고 관람할 것을 추천한다.
- 온실 내에서 삼각대 사용은 불가하다.

주변 볼거리·먹거리

마가젱뽀프 낮에는 브런치, 저녁에는 와인바로 운영되는 작은 식당이다. 낮에는 고운동에 있는 나비노쉬와 같은 브런치 메뉴를 제공하며 저녁에는 다양한 와인을 음식과 페어링해 즐길 수 있다.

Ⓐ 세종특별자치시 도움8로 91 1층 119호
Ⓞ 10:30~23:00(14:00~18:00 브레이크 타임, 토요일 15:00~18:00 브레이크 타임)/매주 일~월요일 휴무 Ⓣ 0507-1496-0327 Ⓜ 나비노쉬플레이트 14,000원, 클래식프렌치토스트 12,000원, 버섯크림파스타 12,000원, 잠봉바게트 11,000원

SPOT 2

대한민국을 대표하는
가장 아름다운 성당
공세리성당

주소 충청남도 아산시 인주면 공세리성당길 10 · **가는 법** 삽교천시외버스터미널에서 버스 601번, 600번 승차 → 인주파출소 공세리성당 하차 · **전화번호** 041-533-8181

1894년에 설립된 공세리성당은 120여 년의 역사를 자랑하는 곳으로 병인박해 때 목숨을 바친 32명의 순교자를 모시는 순교 성지이기도 하다. 공세리성당이 있는 이곳은 한국 천주교 역사의 중요한 중심지로 아름다운 자연경관과 고풍스러운 성당 건축물 덕에 건축물 덕에 〈태극기 휘날리며〉, 〈사랑과 야망〉, 〈에덴의 동쪽〉 등 수많은 영화와 드라마 촬영지로 사랑받고 있다.

2005년 한국관광공사 주간 '대한민국을 대표하는 가장 아름다운 성당'으로 선정되기도 했다. 12월이 되면 화려한 크리스마스 장식으로 빛의 축제를 열어 마치 산타마을을 여행하는 느낌이 든다.

TIP
- 크리스마스 장식 조명은 17시부터 자정까지 밝혀 둔다.
- 봄에는 벚꽃, 여름에는 350년이 넘은 보호수가 만들어내는 초록빛, 가을에는 단풍이 아름다워 사계절 찾기 좋은 곳이다.

주변 볼거리·먹거리

카페 인주 인주에 자리 잡은 한옥 카페다. 야외공간이 넓어 사계절 아름다운 곳으로 베이커리류도 다양해 가족과 함께 찾기 좋은 곳이다.

Ⓐ 충청남도 아산시 인주면 아산만로 1608 가, 나, 다동 Ⓞ 10:00~22:00 Ⓣ 041-532-1010 Ⓜ 아메리카노 6,000원, 한방 쌍화차 13,000원, 인주라테 7,500원

SPOT 3

당진으로 떠나는 미국 여행
로드1950카페

주소 충청남도 당진시 신평면 매산로 170 · **가는 법** 당진버스터미널에서 버스 261번 승차 → 깔판 하차 → 도보 200m(또는 삽교천시외버스터미널에서 버스 265번 승차 → 깔판 하차 → 도보 200m) · **운영시간** 10:30~21:00 · **전화번호** 041-363-1950 · **대표메뉴** 매산리커피 9,500원, 로드1950버거 19,500원, 올데이브런치 18,500원, 치킨아라비아따파스타 22,000원

커피부터 베이커리, 브런치 식사까지 즐길 수 있는 대형 카페다. 야외 주차장의 스쿨버스를 비롯해 실내 곳곳 포토존이 가득하다. 당진에서 만나는 미국 감성을 위해 노력한 흔적이 많이 엿보인다. 날씨가 좋다면 야외 테이블도 좋고 겨울에는 넓은 실내 덕분에 답답하지 않게 실내 활동을 할 수 있다. 단, 음료 가격은 공간 이용에 대한 비용이 포함되어 많이 비싼 편이다.

주변 볼거리·먹거리

삽교호놀이동산 레트로 감성의 놀이공원이다. 저녁이 되면 화려한 조명으로 한낮과는 다른 분위기를 느낄 수 있다. 화려한 대형 회전관람차 덕분에 들판에서 함께 사진을 찍는 사진 명소이기도 하다.

Ⓐ 충청남도 당진시 신평면 삽교천3길 15 Ⓗ 10:00~22:00 Ⓗ http://www.sghland.com/

한진포구 한진포구는 서해대교를 조망할 수 있는 당진의 동북쪽에 있는 작은 포구이다. 왜목마을과 더불어 바다 너머 서해에서 일출을 볼 수 있다.

Ⓐ 충청남도 당진시 송악읍 한진리 95-14

추천 코스 젊은 천안의 도심 여행

1 COURSE
도보 2분
▶ 아라리오갤러리 조각광장

2 COURSE
도보 3분
▶ 정통옥수사

3 COURSE
▶ 브루어스커피

주소 충청남도 천안시 동남구 만남로 43
가는 법 천안종합버스터미널 → 도보 3분

천안종합버스터미널과 신세계백화점 앞에 있는 아라리오갤러리 조각광장은 천안 젊은이들의 약속 장소다. 2007년 우리나라 최고의 이름다운 광장으로 선정되어 국무총리상을 받았다. 천안 12경에 꼽히며 28점의 작품은 광장 어디서나 쉽게 관람할 수 있다.

주소 충청남도 천안시 동남구 먹거리11길 17
운영시간 11:00~21:00/매월 둘째, 넷째 주 일요일 휴무
전화번호 041-568-4433
대표메뉴 칼국수 8,000원, 콩국수 8,000원, 수육 33,000원

30년 이상 된 칼국수집이다. 오랜 세월 인기를 끌어 방송에도 자주 출연한 인기 맛집이다. 한우 양지를 우려 육수로 사용하지만 굴과 바지락이 들어 있어 시원한 국물을 맛볼 수 있다.

주소 충청남도 천안시 동남구 먹거리9길 20
운영시간 12:00~21:00
전화번호 0507-1408-2011
대표메뉴 플랫화이트 4,000원, 아몬드 크림모카 6,000원

천안 시내에서 유명한 커피 맛집으로 힙한 감성을 느낄 수 있는 곳이다. 구움과자도 수준 이상이고 진득한 그라데이션의 플랫화이트는 따로 찾아가 마실 정도다. 처음 작은 매장으로 시작했던 카페는 확장해 운영 중이다.

12월 다섯째 주

올해의 마지막
일몰은 여기에서

52 week

SPOT 1

천수만을 품은

남당항과
남당노을
전망대

주소 충청남도 홍성군 서부면 남당리 859-2(남당항), 충청남도 홍성군 서부면 남당리 767-18(남당노을전망대) · **가는 법** 광천역 신진정류장에서 버스 277번 승차 → 남당항 정류장 하차

　홍성에서 남쪽에 있는 항구로 대하, 우럭, 새조개, 꽃게, 새우 등 수산물의 보고로 알려져 있다. 항구에는 새로 단장한 대형 회센터가 있어 선택의 폭이 넓다. 겨울철에는 '홍성남당항새조개축제'가 열리고 9월에서 10월까지 '홍성남당대하축제'가 열린다. 배로 10분 거리에는 대나무섬으로 유명한 죽도가 있고 안면도가 보인다.

　남당항에서 북쪽 어사리포구 방향으로 바닷가를 따라 올라가면 2021년 새로 만들어진 남당노을전망대가 보인다. 빨간색 전망대가 인상적이며 무엇보다 놀라운 것은 천수만에서 보기 드문 고운 모래사장이 있다는 사실이다. 이곳의 모래사장은 자연 그대

주변 볼거리·먹거리

서해랑길63코스 남당항에서 연결되는 둘레길이다. 서해랑길이란 코리아둘레길 중 서해안길을 의미하며 전라남도 해남 땅끝부터 인천 강화까지 109곳의 노선 총 1,800km인 걷기 여행길이다. 홍성의 서해랑길은 궁리항에서 시작해 보령 천북 굴단지까지 총거리 11.2km이며 4시간 가량 소요된다. 어느 위치든 탁 트인 천수만 바다를 보며 걸을 수 있고 해 질 녘에는 일몰을 감상할 수 있다.

Ⓒ 궁리항-속동전망대-속동해안공원-어사리노을공원-남당노을전망대-남당항-모산도공원-홍성방조제-천북 굴단지

로라기보다는 노력으로 만들어진 백사장이다. 높은 파도로 백사장이 유실되고 연안이 침식되면서 대대적인 정비사업을 추진했다. 그 결과 6만 7,000㎡ 규모의 백사장을 볼 수 있게 된 것이다. 부드러운 모래는 맨발로 걸어도 좋다. 전망대는 죽도 방향으로 향해 있으며 저녁 시간에 방문한다면 일몰을 볼 수 있다.

TIP
- 전망대 위를 걷는 것도 좋지만 아래를 걸어보자. 부드러운 모래를 밟으며 빨간전망대 사진을 남기는 것도 좋다.
- 물이 들어오는 시간이라면 맑은 물빛과 모래사장을 볼 수 있다.

SPOT 2

세종의 상징
세종호수공원

주소 세종특별자치시 호수공원길 155 · **가는 법** 세종고속시외버스터미널에서 버스 205번 승차 → 국립세종도서관정문 하차 · 운영시간 05:00~23:00 · **전화번호** 044-301-3922

　세종시에 있는 인공호수공원으로 2013년 세종시가 시작되면서 함께 문을 연 세종시를 상징하는 곳이다. 호수공원 중심에는 조약돌을 형상화해 만든 수상무대섬이 있으며 저녁이 되면 화려한 조명이 들어오고 세종시 문화 공연의 중심이 되는 곳이다.
　바람의 언덕은 일몰을 감상하기 좋은 곳이며 그 아래에 있는 국가균형발전 상징공원은 세종시를 만든 노무현 대통령의 상징물이 들어서 있다. 겨울에는 꽁꽁 언 호수 위로 눈이 쌓여 새하얀 눈으로 뒤덮인 호수를 감상할 수도 있다. 사방이 트여 있어 일출 일몰 모두 가능하며 세종시의 해넘이 해돋이 행사가 열리는 곳이기도 하다.

TIP
- 일출은 컨벤션센터 방향에서 수상무대섬을 바라보며 조망할 수 있고, 일몰은 바람의언덕에서 수상무대섬을 바라보며 볼 수 있다.
- 바로 옆에 있는 중앙공원 어울림정원 내 도심전망대로 올라가 한눈에 내려다보는 풍경도 좋다.

주변 볼거리·먹거리

대통령기록관 대한민국 역대 대통령이 국정을 운영하면서 발생한 기록과 자료를 보관하는 곳이다. 4층으로 이루어진 건물에 역대 대통령과 관련된 자료들을 만나 볼 수 있고, 3층에서는 영빈관, 춘추관이 재현되어 있어 실제인 듯 사진을 남길 수 있다.

Ⓐ 세종특별자치시 다솜로 250 Ⓞ 10:00~18:00/매주 월요일 휴무 ⓣ 044-211-2000 Ⓗ https://www.pa.go.kr/index.jsp

SPOT 3

추운 겨울 맛보는 빙수
미세스피베리

주소 충청남도 공주시 번영1로 84-5 1층 · 가는 법 황간역 → 도보 12분 · 운영시간 12:00~22:00/매주 일~월요일 휴무 · 전화번호 0507-1458-7797 · 대표메뉴 생애플망고빙수 21,500원(2~3인용), 아메리카노 3,500원, 자몽에이드 6,500원 · 홈페이지 https://www.instagram.com/mrs.pberry/

간판이 잘 보이지 않는데 실제 들어가면 넓고 아기자기하게 꾸며진 카페다. 겨울 벽난로 앞은 인기 자리이며 크리스마스 장식으로 누군가의 집에 와 있는 듯 아늑한 분위기를 연출한다. 대학가라 학생들이 많이 찾는 곳으로 계절별 다양한 빙수를 맛볼 수 있다.

주변 볼거리·먹거리

피탕김탕 탕수육 전문점으로 김치피자치즈탕수육, 피자치즈탕수육 등 다양한 탕수육을 맛볼 수 있다. 치즈와 김치가 들어간 탕수육이라니 상상이 되지 않는 맛이지만 일단 뜨거운 김피탕을 받아 쭉쭉 늘어나는 치즈와 함께 탕수육을 먹으면 왜 이곳이 인기 있는 맛집인지 알 수 있다.

ⓐ 충청남도 공주시 한적2길 41-11 ⓞ 12:00~24:00(15:00~17:00 브레이크 타임)/매주 월요일 휴무 ⓣ 041-856-3366 ⓜ 피자치즈탕수육(小) 20,000원, 김치피자치즈탕수육 22,000원

추천 코스 천수만을 따라 일몰 드라이브

1 COURSE 🚗 자동차 12분 **2 COURSE** 🚗 자동차 7분 **3 COURSE**
▶ 어사리노을공원   ▶ 속동전망대   ▶ 궁리포구

주소 충청남도 홍성군 서부면 남당항자전거길 53
가는 길 홍성종합터미널에서 버스 276번 승차 → 어사리정류장 하차 → 도보 400m

두 남녀가 행복한 모습으로 소중한 약속을 하는 모습의 조형물 <행복한 시간> 너머로 화려한 노을을 볼 수 있는 곳이다. 낮에는 푸른 바다를 배경으로, 저녁이 되면 일몰과 함께하는 이곳에는 전망대, 광장 등이 있어 천수만에서 일몰 보기에 최적의 장소다.

주소 충청남도 홍성군 서부면 남당항로 689

데크로 만들어진 전망대에서는 바다와 일몰을 한눈에 볼 수 있다. 전망대에서 보이는 섬은 모섬으로 데크로 연결되며 그곳에는 배모형의 포토존이 있어 일몰과 함께 사진 찍기 좋은 곳이다.

주소 충청남도 홍성군 서부면 궁리 540-116

천수만과 AB방조제, 간월도, 그리고 안면도가 어우러지는 일몰을 볼 수 있는 곳이다. 임해관광도로 드라이브 코스의 시작점이며 갯벌체험이 가능하다. 빨간 등대와 수많은 고깃배가 인상적이다.

12월의 충청도
한 해 마무리는 서해를 바라보며

12월이 되면 한 해를 잘 마무리할 해넘이 장소를 찾는다. 천수만을 따라서 보령 오천항에서 서산 간월암까지 올라오다 보면 일몰은 저절로 보게 된다. 추운 겨울이면 가장 맛있어지는 굴, 천북 굴단지에서는 굴찜으로, 간월도에서는 굴밥정식을 맛보다 보면 겨울의 맛을 제대로 느끼는 여행이 된다. 간월도와 웅도는 닮아있지만 다른 모습이다. 간월도는 밀물에 섬이 되어 갈 수 없지만, 웅도는 바닷물에 잠기는 유두교를 위해 밀물이 반가워진다.

2박 3일 코스 한눈에 보기

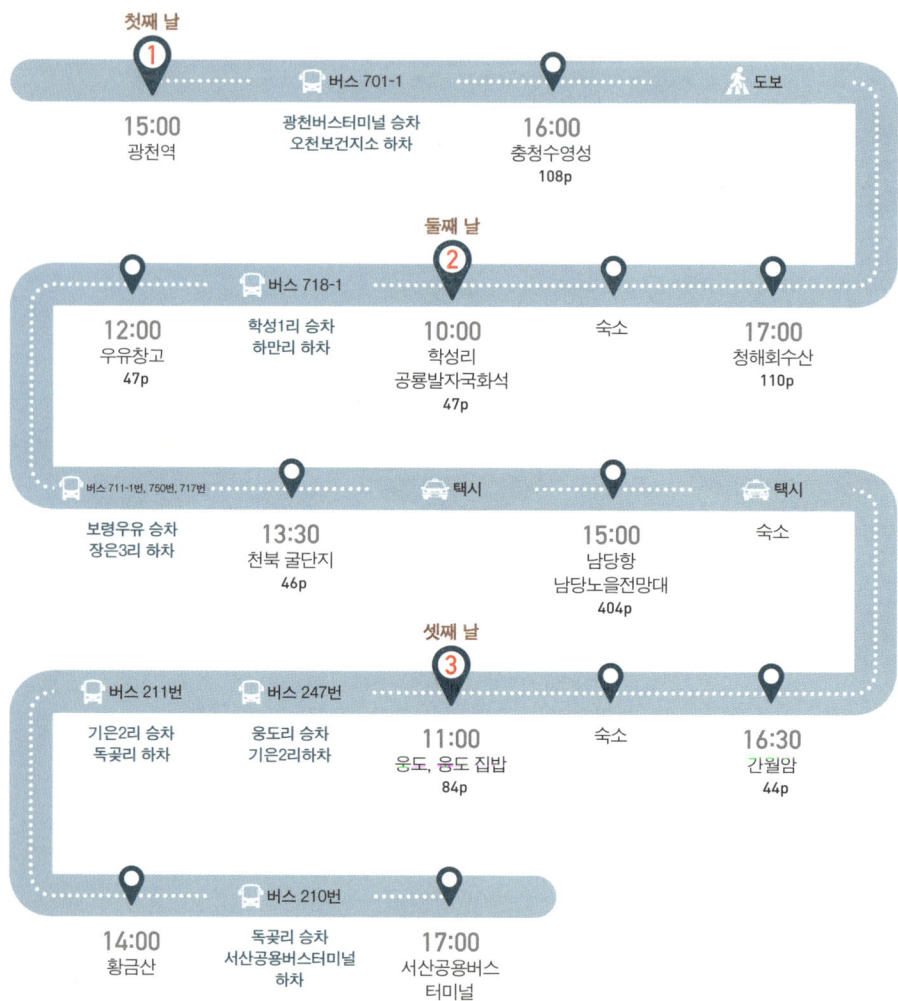

충청수영성

청해회수산

학성리 공룡발자국화석

우유창고

천북 굴단지

남당항

웅도

황금산